TRANZLATY

El idioma es para todos

भाषा सभी के लिए है

El llamado de lo salvaje

जंगल की आवाज़

Jack London
जैक लंदन

Español / हिंदी

Hacia lo primitivo
आदिम में

Buck no leía los periódicos.

बक अखबार नहीं पढ़ता था।

Si hubiera leído los periódicos habría sabido que se avecinaban problemas.

अगर उसने समाचार पत्र पढ़े होते तो उसे पता चल जाता कि मुसीबत आने वाली है।

Hubo problemas, no sólo para él sino para todos los perros de la marea.

यह केवल उसके लिए ही नहीं, बल्कि हर समुद्री कुत्ते के लिए परेशानी थी।

Todo perro con músculos fuertes y pelo largo y cálido iba a estar en problemas.

हर मजबूत मांसपेशियों वाला और गर्म, लंबे बालों वाला कुत्ता परेशानी में पड़ने वाला था।

Desde Puget Bay hasta San Diego ningún perro podía escapar de lo que se avecinaba.

पुगेट बे से सैन डिएगो तक कोई भी कुत्ता आने वाली मुसीबत से बच नहीं सकता था।

Los hombres, a tientas en la oscuridad del Ártico, encontraron un metal amarillo.

आर्कटिक के अंधेरे में टटोलते हुए लोगों को एक पीली धातु मिली थी।

Las compañías navieras y de transporte iban en busca del descubrimiento.

स्टीमशिप और परिवहन कम्पनियां इस खोज की तलाश में थीं।

Miles de hombres se precipitaron hacia el norte.

हजारों लोग उत्तरी क्षेत्र की ओर भाग रहे थे।

Estos hombres querían perros, y los perros que querían eran perros pesados.

इन लोगों को कुत्ते चाहिए थे और जो कुत्ते वे चाहते थे वे भारी कुत्ते थे।

Perros con músculos fuertes para trabajar.

मजबूत मांसपेशियों वाले कुत्ते जिनसे परिश्रम किया जा सके।

Perros con abrigos peludos para protegerlos de las heladas.

ठंड से बचाने के लिए रोयेंदार कोट पहने कुत्ते।

Buck vivía en una casa grande en el soleado valle de Santa Clara.

बक, धूप से भरी सांता क्लारा घाटी में एक बड़े घर में रहता था।

El lugar del juez Miller, se llamaba su casa.

जज मिलर का स्थान, उनके घर को बुलाया गया।

Su casa estaba apartada de la carretera, medio oculta entre los árboles.

उसका घर सड़क से पीछे, पेड़ों के बीच छिपा हुआ था।

Se podían ver destellos de la amplia terraza que rodeaba la casa.

घर के चारों ओर फैले चौड़े बरामदे की झलक देखी जा सकती थी।

Se accedía a la casa mediante caminos de grava.

घर तक पहुंचने के लिए बजरी से बने रास्ते थे।

Los caminos serpenteaban a través de amplios prados.

रास्ते चौड़े-चौड़े लॉन के बीच से होकर गुजरते थे।

Allá arriba se veían las ramas entrelazadas de altos álamos.

ऊपर ऊंचे चिनार के पेड़ों की आपस में जुड़ी हुई शाखाएं थीं।

En la parte trasera de la casa las cosas eran aún más espaciosas.

घर के पीछे की ओर चीजें और भी अधिक विशाल थीं।

Había grandes establos, donde una docena de mozos de cuadra charlaban.

वहाँ बड़े अस्तबल थे, जहाँ एक दर्जन दूल्हे बातें कर रहे थे

Había hileras de casas de servicio cubiertas de enredaderas.

वहाँ बेल-बूटे से सजे नौकरों की झोपड़ियाँ कतारों में थीं

Y había una interminable y ordenada serie de letrinas.

और वहाँ बाहरी घरों की एक अंतहीन और व्यवस्थित श्रृंखला थी

Largos parrales, verdes pastos, huertos y campos de bayas.

लम्बे अंगूर के बगीचे, हरे-भरे चरागाह, बगीचे और बेरी के खेत।

Luego estaba la planta de bombeo del pozo artesiano.

फिर वहां आर्टेसियन कुँए के लिए पम्पिंग प्लांट भी था।

Y allí estaba el gran tanque de cemento lleno de agua.

और वहां पानी से भरा बड़ा सीमेंट का टैंक था।

Aquí los muchachos del juez Miller dieron su chapuzón matutino.

यहां जज मिलर के लड़कों ने सुबह की सैर की।

Y allí también se refrescaron en la calurosa tarde.

और वे वहां गर्म दोपहर में भी ठंडक पाते थे।

Y sobre este gran dominio, Buck era quien lo gobernaba todo.

और इस विशाल क्षेत्र पर, बक ही शासन करता था।

Buck nació en esta tierra y vivió aquí todos sus cuatro años.

बक का जन्म इसी भूमि पर हुआ था और उन्होंने अपने पूरे चार वर्ष यहीं बिताए।

Efectivamente había otros perros, pero realmente no importaban.

वहाँ अन्य कुते भी थे, लेकिन उनका कोई विशेष महत्व नहीं था।

En un lugar tan vasto como éste se esperaban otros perros.

इस विशाल स्थान पर अन्य कुत्तों की भी अपेक्षा की जा सकती थी।

Estos perros iban y venían, o vivían dentro de las concurridas perreras.

ये कुत्ते आते-जाते रहते थे या व्यस्त कुत्तों के बाड़ों में रहते थे।

Algunos perros vivían escondidos en la casa, como Toots e Ysabel.

कुछ कुत्ते घर में छिपे रहते थे, जैसे टूट्स और यिसाबेल।

Toots era un pug japonés, Ysabel una perra mexicana sin pelo.

टूट्स एक जापानी पग नस्ल का कुत्ता था, जबकि यिसाबेल एक मैक्सिकन बाल रहित कुत्ता था।

Estas extrañas criaturas rara vez salían de la casa.

ये विचित्र प्राणी शायद ही कभी घर से बाहर निकलते हों।

No tocaron el suelo ni olieron el aire libre del exterior.

उन्होंने न तो ज़मीन को छुआ और न ही बाहर की खुली हवा को सूँघा।

También estaban los fox terriers, al menos veinte en número.

वहाँ फ़ॉक्स टेरियर भी थे, जिनकी संख्या कम से कम बीस थी।

Estos terriers le ladraron ferozmente a Toots y a Ysabel dentro de la casa.

ये टेरियर कुत्ते घर के अंदर टूट्स और यिसाबेल पर भयंकर रूप से भौंकते थे।

Toots e Ysabel se quedaron detrás de las ventanas, a salvo de todo daño.

टूट्स और यिसाबेल खिड़कियों के पीछे सुरक्षित रहे।

Estaban custodiados por criadas con escobas y trapeadores.

उनकी सुरक्षा झाड़ू और पोछा लेकर घरेलू नौकरानियां करती थीं।

Pero Buck no era un perro de casa ni tampoco de perrera.

लेकिन बक कोई घरेलू कुत्ता नहीं था, और न ही वह कोई केनेल कुत्ता था।

Toda la propiedad pertenecía a Buck como su legítimo reino.

सम्पूर्ण सम्पत्ति बक की थी तथा उस पर उसका वास्तविक अधिकार था।

Buck nadaba en el tanque o salía a cazar con los hijos del juez.

बक टैंक में तैरता था या जज के बेटों के साथ शिकार करने जाता था।

Caminaba con Mollie y Alice temprano o tarde.

वह सुबह-सुबह या देर शाम मोली और ऐलिस के साथ टहलता था।

En las noches frías yacía junto al fuego de la biblioteca con el juez.

ठण्डी रातों में वह जज के साथ लाइब्रेरी की आग के सामने लेटता था।

Buck llevaba a los nietos del juez en su fuerte espalda.

बक ने जज के पोतों को अपनी मजबूत पीठ पर बिठाकर घुमाया।

Se revolcó en el césped con los niños, vigilándolos de cerca.

वह लड़कों के साथ घास में लोटता रहा और उनकी कड़ी निगरानी करता रहा।

Se aventuraron hasta la fuente e incluso pasaron por los campos de bayas.

वे फव्वारे तक गए और यहां तक कि बेरी के खेतों के पास से भी गुजरे।

Entre los fox terriers, Buck caminaba siempre con orgullo real.

फॉक्स टेरियर कुत्तों के बीच, बक हमेशा शाही गर्व के साथ चलता था।

Él ignoró a Toots y Ysabel, tratándolos como si fueran aire.

उसने टूट्स और यिसाबेल को नजरअंदाज कर दिया, उनके साथ ऐसा व्यवहार किया जैसे वे हवा हों।

Buck reinaba sobre todas las criaturas vivientes en la tierra del juez Miller.

बक जज मिलर की भूमि पर सभी जीवित प्राणियों पर शासन करता था।

Él gobernaba a los animales, a los insectos, a los pájaros e incluso a los humanos.

उसने पशुओं, कीड़ों, पक्षियों और यहां तक कि मनुष्यों पर भी शासन किया।

El padre de Buck, Elmo, había sido un San Bernardo enorme y leal.

बक के पिता एल्मो एक विशाल और वफादार सेंट बर्नार्ड थे।

Elmo nunca se apartó del lado del juez y le sirvió fielmente.

एल्मो ने कभी भी जज का साथ नहीं छोड़ा और उनकी ईमानदारी से सेवा की।

Buck parecía dispuesto a seguir el noble ejemplo de su padre.

बक अपने पिता के महान उदाहरण का अनुसरण करने के लिए तैयार लग रहा था।

Buck no era tan grande: pesaba ciento cuarenta libras.

बक इतना बड़ा नहीं था, उसका वजन एक सौ चालीस पाउंड था।

Su madre, Shep, había sido una excelente perra pastor escocesa.

उनकी माँ, शेप, एक अच्छी स्कॉटिश शेफर्ड कुतिया थी।

Pero incluso con ese peso, Buck caminaba con presencia majestuosa.

लेकिन उस वजन पर भी, बक राजसी उपस्थिति के साथ चलता था।

Esto fue gracias a la buena comida y al respeto que siempre recibió.

यह सब अच्छे भोजन और हमेशा प्राप्त सम्मान के कारण संभव हुआ।

Durante cuatro años, Buck había vivido como un noble mimado.

चार साल तक बक एक बिगड़ैल रईस की तरह रहा था।

Estaba orgulloso de sí mismo y hasta era un poco egoísta.

उसे अपने आप पर गर्व था और वह थोड़ा अहंकारी भी था।

Ese tipo de orgullo era común entre los señores de países remotos.

दूरदराज के गांवों के सरदारों में इस तरह का गर्व आम बात थी।

Pero Buck se salvó de convertirse en un perro doméstico mimado.

लेकिन बक ने खुद को लाड़-प्यार में पाला गया घरेलू कुत्ता बनने से बचा लिया।

Se mantuvo delgado y fuerte gracias a la caza y el ejercicio.

शिकार और व्यायाम के माध्यम से वह दुबला और मजबूत बना रहा।

Amaba profundamente el agua, como la gente que se baña en lagos fríos.

वह पानी से बहुत प्रेम करता था, जैसे लोग ठण्डी झीलों में स्नान करते हैं।

Este amor por el agua mantuvo a Buck fuerte y muy saludable.

पानी के प्रति इस प्रेम ने बक को मजबूत और बहुत स्वस्थ रखा।

Éste era el perro en que se había convertido Buck en el otoño de 1897.

यह वह कुत्ता था जो बक 1897 की शरद ऋतु में बन गया था।

Cuando la huelga de Klondike arrastró a los hombres hacia el gélido Norte.

जब क्लोंडाइक हमले ने लोगों को बर्फीले उतर की ओर खींच लिया।

La gente acudió en masa desde todos los rincones del mundo hacia aquella tierra fría.

दुनिया भर से लोग इस ठण्डी भूमि की ओर दौड़ पड़े।

Buck, sin embargo, no leía los periódicos ni entendía las noticias.

हालाँकि, बक न तो अखबार पढ़ते थे और न ही समाचार समझते थे।

Él no sabía que Manuel era un mal hombre con quien estar.

वह नहीं जानता था कि मैनुअल एक बुरा आदमी था।

Manuel, que ayudaba en el jardín, tenía un problema profundo.

बगीचे में मदद करने वाले मैनुअल के सामने एक गंभीर समस्या थी।

Manuel era adicto al juego de la lotería china.

मैनुअल को चीनी लॉटरी में जुआ खेलने की लत थी।

También creía firmemente en un sistema fijo para ganar.

वह जीत के लिए एक निश्चित प्रणाली में भी दृढ़ता से विश्वास करते थे।

Esa creencia hizo que su fracaso fuera seguro e inevitable.

इस विश्वास ने उनकी असफलता को निश्चित और अपरिहार्य बना दिया।

Jugar con un sistema exige dinero, del que Manuel carecía.

किसी सिस्टम को चलाने के लिए धन की आवश्यकता होती है, जो मैनुअल के पास नहीं था।

Su salario apenas alcanzaba para mantener a su esposa y a sus numerosos hijos.

उनके वेतन से उनकी पत्नी और कई बच्चों का गुजारा मुश्किल से हो पाता था।

La noche en que Manuel traicionó a Buck, las cosas estaban normales.

जिस रात मैनुअल ने बक को धोखा दिया, उस रात सब कुछ सामान्य था।

El juez estaba en una reunión de la Asociación de Productores de Pasas.

न्यायाधीश किशमिश उत्पादक संघ की बैठक में थे।

Los hijos del juez estaban entonces ocupados formando un club atlético.

उस समय जज के बेटे एक एथलेटिक क्लब बनाने में व्यस्त थे।

Nadie vio a Manuel y Buck salir por el huerto.

किसी ने भी मैनुअल और बक को बाग से जाते हुए नहीं देखा।

Buck pensó que esta caminata era simplemente un simple paseo nocturno.

बक ने सोचा कि यह सैर एक साधारण रात्रिकालीन सैर मात्र थी।

Se encontraron con un solo hombre en la estación de la bandera, en College Park.

कॉलेज पार्क स्थित फ्लैग स्टेशन पर उनकी मुलाकात केवल एक व्यक्ति से हुई।

Ese hombre habló con Manuel y intercambiaron dinero.

उस आदमी ने मैनुअल से बात की और उन्होंने पैसों का लेन-देन किया।

"Envuelva la mercancía antes de entregarla", sugirió.

उन्होंने सुझाव दिया, "माल पहुंचाने से पहले उसे लपेट लें।"

La voz del hombre era áspera e impaciente mientras hablaba.

बोलते समय उस आदमी की आवाज़ कर्कश और अधीर थी।

Manuel ató cuidadosamente una cuerda gruesa alrededor del cuello de Buck.

मैनुअल ने सावधानीपूर्वक बक की गर्दन के चारों ओर एक मोटी रस्सी बाँधी।

"Si retuerces la cuerda, lo estrangularás bastante"

"रस्सी को मोड़ो, और तुम उसका खूब गला घोंटोगे"

El extraño emitió un gruñido, demostrando que entendía bien.

अजनबी ने घुरघुराहट से यह दर्शाया कि वह अच्छी तरह समझ गया है।

Buck aceptó la cuerda con calma y tranquila dignidad ese día.

उस दिन बक ने शांति और गरिमा के साथ रस्सी स्वीकार कर ली।

Fue un acto inusual, pero Buck confiaba en los hombres que conocía.

यह एक असामान्य कार्य था, लेकिन बक को उन लोगों पर भरोसा था जिन्हें वह जानता था।

Él creía que su sabiduría iba mucho más allá de su propio pensamiento.

उनका मानना था कि उनकी बुद्धिमत्ता उनकी सोच से कहीं आगे थी।

Pero entonces la cuerda fue entregada a manos del extraño.

लेकिन फिर रस्सी अजनबी के हाथ में सौंप दी गई।

Buck emitió un gruñido bajo que advertía con una amenaza silenciosa.

बक ने धीमी आवाज में गुर्राहट की, जो शांत धमकी के साथ चेतावनी थी।

Era orgulloso y autoritario y quería mostrar su descontento.

वह घमंडी और दबंग था, और अपनी नाराजगी जाहिर करना चाहता था।

Buck creyó que su advertencia sería entendida como una orden.

बक का मानना था कि उसकी चेतावनी को आदेश समझा जाएगा।

Para su sorpresa, la cuerda se tensó rápidamente alrededor de su grueso cuello.

उसे यह देख कर आश्चर्य हुआ कि रस्सी उसकी मोटी गर्दन के चारों ओर तेजी से कस गई।

Se quedó sin aire y comenzó a luchar con una furia repentina.

उसकी सांस रुक गई और वह अचानक गुस्से में लड़ने लगा।

Saltó hacia el hombre, quien rápidamente se encontró con Buck en el aire.

वह उस आदमी की ओर झपटा, जो तुरन्त ही हवा में बक से जा मिला।

El hombre agarró la garganta de Buck y lo retorció hábilmente en el aire.

उस आदमी ने बक का गला पकड़ लिया और उसे कुशलता से हवा में घुमा दिया।

Buck fue arrojado al suelo con fuerza, cayendo de espaldas.

बक को जोर से नीचे फेंका गया और वह पीठ के बल गिरा।

La cuerda ahora lo estrangulaba cruelmente mientras él pateaba salvajemente.

रस्सी ने अब उसका गला बेरहमी से दबा दिया और वह बेतहाशा लातें मारने लगा।

Se le cayó la lengua, su pecho se agitó, pero no recuperó el aliento.

उसकी जीभ बाहर गिर गई, छाती फूल गई, परन्तु सांस नहीं आई।

Nunca había sido tratado con tanta violencia en su vida.

उनके जीवन में कभी भी उनके साथ इतनी हिंसा नहीं की गयी थी।

Tampoco nunca antes se había sentido tan lleno de furia.

वह पहले कभी इतने गहरे क्रोध से भरा नहीं था।

Pero el poder de Buck se desvaneció y sus ojos se volvieron vidriosos.

लेकिन बक की शक्ति फीकी पड़ गई और उसकी आंखें काँच जैसी हो गईं।

Se desmayó justo cuando un tren se detuvo cerca.

जैसे ही एक रेलगाड़ी पास में रुकी, वह बेहोश हो गया।

Luego los dos hombres lo arrojaron rápidamente al vagón de equipaje.

फिर दोनों व्यक्तियों ने उसे तेजी से सामान ढोने वाली गाड़ी में फेंक दिया।

Lo siguiente que sintió Buck fue dolor en su lengua hinchada.

अगली बात जो बक ने महसूस की वह थी उसकी सूजी हुई जीभ में दर्द।

Se desplazaba en un carro tambaleante, apenas consciente.

वह हिलती हुई गाड़ी में आगे बढ़ रहा था, उसे केवल हल्का सा होश था।

El agudo grito del silbato del tren le indicó a Buck su ubicación.

रेलगाड़ी की सीटी की तेज आवाज ने बक को उसका स्थान बता दिया।

Había viajado muchas veces con el Juez y conocía esa sensación.

वह कई बार जज के साथ सफर कर चुका था और उस भावना को जानता था।

Fue una experiencia única viajar nuevamente en un vagón de equipajes.

यह एक बार फिर सामान ढोने वाली गाड़ी में यात्रा करने का अनोखा अनुभव था।

Buck abrió los ojos y su mirada ardía de rabia.

बक ने अपनी आँखें खोलीं और उसकी निगाहें क्रोध से जल उठीं।

Esta fue la ira de un rey orgulloso destronado.

यह एक घमंडी राजा का क्रोध था जिसे उसके सिंहासन से उतार दिया गया था।

Un hombre intentó agarrarlo, pero Buck lo atacó primero.

एक आदमी उसे पकड़ने के लिए आगे बढ़ा, लेकिन बक ने पहले हमला कर दिया।

Hundió los dientes en la mano del hombre y la sujetó con fuerza.

उसने उस आदमी के हाथ में अपने दांत गड़ा दिए और उसे कसकर पकड़ लिया।

No lo soltó hasta que se desmayó por segunda vez.

उसने तब तक नहीं छोड़ा जब तक कि वह दूसरी बार बेहोश नहीं हो गया।

—Sí, tiene ataques —murmuró el hombre al maletero.

"हाँ, उसे दौरे पड़ते हैं," आदमी ने सामान वाले से कहा।

El maletero había oído la lucha y se acercó.

सामान उठाने वाले ने संघर्ष की आवाज सुनी और पास आ गया।

"Lo llevaré a Frisco para el jefe", explicó el hombre.

"मैं उसे बॉस के लिए 'फ्रिस्को' ले जा रहा हूँ," आदमी ने समझाया।

"Allí hay un buen veterinario que dice poder curarlos".

"वहाँ एक अच्छा कुत्ता-डॉक्टर है जो कहता है कि वह उन्हें ठीक कर सकता है।"

Más tarde esa noche, el hombre dio su propio relato completo.

बाद में उस रात उस आदमी ने अपना पूरा ब्यौरा बताया।

Habló desde un cobertizo detrás de un salón en los muelles.

उन्होंने यह बात डॉक पर स्थित एक सैलून के पीछे बने शेड से कही।

"Lo único que me dieron fueron cincuenta dólares", se quejó al tabernero.

"मुझे केवल पचास डॉलर दिए गए थे," उसने सैलून वाले से शिकायत की।

"No lo volvería a hacer ni por mil dólares en efectivo".

"मैं ऐसा दोबारा नहीं करूंगा, एक हजार रुपये की नकदी के लिए भी नहीं।"

Su mano derecha estaba fuertemente envuelta en un paño ensangrentado.

उसका दाहिना हाथ खून से सने कपड़े में कसकर बंधा हुआ था।

La pernera de su pantalón estaba abierta de par en par desde la rodilla hasta el pie.

उसकी पतलून का पैर घुटने से लेकर पैर तक फटा हुआ था।

—¿Cuánto le pagaron al otro tipo? —preguntó el tabernero.

"दूसरे मग को कितने पैसे मिले?" सैलून वाले ने पूछा।

"Cien", respondió el hombre, "no aceptaría ni un centavo menos".

"सौ," आदमी ने जवाब दिया, "वह एक सेंट भी कम नहीं लेगा।"

—Eso suma ciento cincuenta —dijo el tabernero.

"इसका मूल्य डेढ़ सौ आता है," सैलून वाले ने कहा।

"Y él lo vale todo, o no soy más que un idiota".

"और वह इस सब के लायक है, अन्यथा मैं एक मूर्ख से बेहतर कुछ नहीं हूँ।"

El hombre abrió los envoltorios para examinar su mano.

उस आदमी ने अपना हाथ जांचने के लिए कागज की पट्टियाँ खोलीं।

La mano estaba gravemente desgarrada y cubierta de sangre seca.

हाथ बुरी तरह से फट गया था और उस पर सूखा खून लगा हुआ था।

"Si no consigo la hidrofobia..." empezó a decir.

"अगर मुझे हाइड्रोफोबिया नहीं हुआ तो..." उसने कहना शुरू किया।

"Será porque naciste para la horca", dijo entre risas.

"ऐसा इसलिए होगा क्योंकि तुम लटकने के लिए ही पैदा हुए हो," एक हंसी आई।

"Ven a ayudarme antes de irte", le pidieron.

उनसे कहा गया, "जाने से पहले मेरी मदद करो।"

Buck estaba aturdido por el dolor en la lengua y la garganta.

बक अपनी जीभ और गले में दर्द से स्तब्ध था।

Estaba medio estrangulado y apenas podía mantenerse en pie.

उसका गला आधा दबा हुआ था और वह मुश्किल से सीधा खड़ा हो पा रहा था।

Aún así, Buck intentó enfrentar a los hombres que lo habían lastimado.

फिर भी, बक ने उन लोगों का सामना करने की कोशिश की जिन्होंने उसे चोट पहुंचाई थी।

Pero lo derribaron y lo estrangularon una vez más.

लेकिन उन्होंने उसे नीचे गिरा दिया और एक बार फिर उसका गला घोंट दिया।

Sólo entonces pudieron quitarle el pesado collar de bronce.

तभी वे उसके भारी पीतल के कॉलर को काट कर अलग कर सके।

Le quitaron la cuerda y lo metieron en una caja.

उन्होंने रस्सी हटा दी और उसे एक टोकरे में डाल दिया।

La caja era pequeña y tenía la forma de una tosca jaula de hierro.

टोकरा छोटा था और उसका आकार किसी खुरदरे लोहे के पिंजरे जैसा था।

Buck permaneció allí toda la noche, lleno de ira y orgullo herido.

बक क्रोध और आहत अभिमान से भरा हुआ पूरी रात वहीं पड़ा रहा।

No podía ni siquiera empezar a comprender lo que le estaba pasando.

वह समझ ही नहीं पा रहा था कि उसके साथ क्या हो रहा है।

¿Por qué estos hombres extraños lo mantenían en esa pequeña caja?

ये अजीब आदमी उसे इस छोटे से बक्से में क्यों रख रहे थे?

¿Qué querían de él y por qué este cruel cautiverio?

वे उससे क्या चाहते थे और उसे यह क्रूर कैद क्यों दी गयी?

Sintió una presión oscura; una sensación de desastre que se acercaba.

उसे एक अंधकारमय दबाव महसूस हुआ; एक विपत्ति का एहसास जो उसके करीब आ रहा था।

Era un miedo vago, pero que se apoderó pesadamente de su espíritu.

यह एक अस्पष्ट भय था, लेकिन यह उसके मन पर गहरा असर कर रहा था।

Saltó varias veces cuando la puerta del cobertizo vibró.

कई बार शेड का दरवाजा खटखटाने पर वह उछल पड़ा।

Esperaba que el juez o los muchachos aparecieran y lo rescataran.

उसे उम्मीद थी कि जज या लड़के आकर उसे बचा लेंगे।

Pero cada vez sólo se asomaba el rostro gordo del tabernero.

लेकिन हर बार केवल सैलून-कीपर का मोटा चेहरा ही अंदर झांकता था।

El rostro del hombre estaba iluminado por el tenue resplandor de una vela de sebo.

आदमी का चेहरा मोमबत्तियों की मंद रोशनी से रोशन था।

Cada vez, el alegre ladrido de Buck cambiaba a un gruñido bajo y enojado.

हर बार, बक की खुशी भरी भौंक एक धीमी, क्रोधित गुर्राहट में बदल जाती थी।

El tabernero lo dejó solo durante la noche en el cajón.

सैलून-कीपर ने उसे रात भर पिंजरे में अकेला छोड़ दिया

Pero cuando se despertó por la mañana, venían más hombres.

लेकिन जब वह सुबह उठा तो और भी लोग आ रहे थे।

Llegaron cuatro hombres y recogieron la caja con cuidado y sin decir palabra.

चार आदमी आये और बिना कुछ कहे, सावधानी से टोकरा उठा लिया।

Buck supo de inmediato en qué situación se encontraba.

बक को तुरन्त पता चल गया कि वह किस स्थिति में है।

Eran otros torturadores contra los que tenía que luchar y a los que tenía que temer.

वे और भी अधिक कष्टदायक थे जिनसे उसे लड़ना और डरना पड़ा।

Estos hombres parecían malvados, andrajosos y muy mal arreglados.

ये लोग दुष्ट, फटेहाल और बहुत बुरी तरह से तैयार दिख रहे थे।

Buck gruñó y se abalanzó sobre ellos ferozmente a través de los barrotes.

बक गुर्राया और सलाखों के बीच से उन पर भयंकर रूप से झपटा।

Ellos simplemente se rieron y lo golpearon con largos palos de madera.

वे बस हंसते रहे और उस पर लंबी लकड़ी की छड़ियों से प्रहार करते रहे।

Buck mordió los palos y luego se dio cuenta de que eso era lo que les gustaba.

बक ने लाठी को चबाया, फिर उसे एहसास हुआ कि उन्हें यही पसंद है।

Así que se quedó acostado en silencio, hosco y ardiendo de rabia silenciosa.

इसलिए वह चुपचाप लेट गया, उदास और शांत क्रोध से जलता हुआ।

Subieron la caja a un carro y se fueron con él.

उन्होंने टोकरा एक गाड़ी में डाला और उसे लेकर चले गए।

La caja, con Buck encerrado dentro, cambiaba de manos a menudo.

बक को अंदर बंद कर देने वाला यह टोकरा अक्सर हाथों में बदलता रहता था।

Los empleados de la oficina exprés se hicieron cargo de él y lo atendieron brevemente.

एक्सप्रेस कार्यालय के क्लर्कों ने कार्यभार संभाला और कुछ देर तक उसे संभाला।

Luego, otro carro transportó a Buck a través de la ruidosa ciudad.

फिर एक अन्य गाड़ी बक को शोरगुल वाले शहर से होकर ले गई।

Un camión lo llevó con cajas y paquetes a un ferry.

एक ट्रक उसे बक्सों और पार्सलों के साथ एक नौका पर ले गया।

Después de cruzar, el camión lo descargó en una estación ferroviaria.

सड़क पार करने के बाद ट्रक ने उसे एक रेल डिपो पर उतार दिया।

Finalmente, colocaron a Buck dentro de un vagón expreso que lo esperaba.

अंततः बक को प्रतीक्षारत एक्सप्रेस बोगी में बिठाया गया।

Durante dos días y dos noches, los trenes arrastraron el vagón expreso.

दो दिन और दो रात तक रेलगाड़ियाँ एक्सप्रेस डिब्बे को खींचती रहीं।

Buck no comió ni bebió durante todo el doloroso viaje.

पूरी कष्टसाध्य यात्रा के दौरान बक ने न तो कुछ खाया और न ही कुछ पिया।

Cuando los mensajeros expresos intentaron acercarse a él, gruñó.

जब एक्सप्रेस संदेशवाहक उसके पास आने की कोशिश करने लगे तो वह गुर्राने लगा।

Ellos respondieron burlándose de él y molestándolo cruelmente.

उन्होंने उसका मजाक उड़ाया और उसे क्रूरतापूर्वक चिढ़ाया।

Buck se arrojó contra los barrotes, echando espuma y temblando.

बक ने खुद को सलाखों पर फेंक दिया, झाग उगल रहा था और कांप रहा था

Se rieron a carcajadas y se burlaron de él como matones del patio de la escuela.

वे जोर-जोर से हंसे और स्कूल के गुंडों की तरह उसका मजाक उड़ाया।

Ladraban como perros de caza y agitaban los brazos.

वे नकली कुत्तों की तरह भौंकने लगे और अपनी भुजाएं फड़फड़ाने लगे।

Incluso cantaron como gallos sólo para molestarlo más.

वे उसे और अधिक परेशान करने के लिए मुर्गों की तरह बांग भी देने लगे।

Fue un comportamiento tonto y Buck sabía que era ridículo.

यह मूर्खतापूर्ण व्यवहार था और बक जानता था कि यह हास्यास्पद है।

Pero eso sólo profundizó su sentimiento de indignación y vergüenza.

लेकिन इससे उनका आक्रोश और शर्म और बढ़ गई।

Durante el viaje no le molestó mucho el hambre.

यात्रा के दौरान उन्हें भूख की ज्यादा चिंता नहीं हुई।

Pero la sed traía consigo un dolor agudo y un sufrimiento insoportable.

लेकिन प्यास के कारण तीव्र दर्द और असहनीय पीड़ा हुई।

Su garganta y lengua secas e inflamadas ardían de calor.

उसका सूखा, सूजा हुआ गला और जीभ गर्मी से जलने लगे।

Este dolor alimentó la fiebre que crecía dentro de su orgulloso cuerpo.

इस दर्द ने उसके गर्वित शरीर के भीतर बढ़ते बुखार को और बढ़ा दिया।

Buck estuvo agradecido por una sola cosa durante esta prueba.

इस परीक्षण के दौरान बक एक बात के लिए आभारी था।

Le habían quitado la cuerda que le rodeaba el grueso cuello.

उसकी मोटी गर्दन से रस्सी हटा दी गई थी।

La cuerda había dado a esos hombres una ventaja injusta y cruel.

रस्सी ने उन लोगों को अनुचित और क्रूर लाभ दिया था।

Ahora la cuerda había desaparecido y Buck juró que nunca volvería.

अब रस्सी गायब हो चुकी थी, और बक ने कसम खाई कि वह कभी वापस नहीं आएगी।

Decidió que nunca más volvería a pasarle una cuerda al cuello.

उसने निश्चय किया कि अब कभी भी उसकी गर्दन में रस्सी नहीं पड़ेगी।

Durante dos largos días y noches sufrió sin comer.

दो दिन और दो रात तक वह बिना भोजन के कष्ट झेलता रहा।

Y en esas horas se fue acumulando en su interior una rabia enorme.

और उन घंटों में, उसके अंदर बहुत अधिक क्रोध पैदा हो गया।

Sus ojos se volvieron inyectados en sangre y salvajes por la ira constante.

लगातार क्रोध से उसकी आंखें लाल और उग्र हो गयीं।

Ya no era Buck, sino un demonio con mandíbulas chasqueantes.

वह अब बक नहीं था, बल्कि एक तीखे जबड़े वाला राक्षस था।

Ni siquiera el juez habría reconocido a esta loca criatura.

यहां तक कि जज भी इस पागल प्राणी को नहीं जानते होंगे।

Los mensajeros exprés suspiraron aliviados cuando llegaron a Seattle.

एक्सप्रेस संदेशवाहकों ने सिएटल पहुंचने पर राहत की सांस ली

Cuatro hombres levantaron la caja y la llevaron a un patio trasero.

चार लोगों ने टोकरा उठाया और उसे पिछवाड़े में ले आये।

El patio era pequeño, rodeado de muros altos y sólidos.

आँगन छोटा था, जो ऊँची और ठोस दीवारों से घिरा हुआ था।

Un hombre corpulento salió con una camisa roja holgada.

एक बड़ा आदमी लाल रंग की ढीली स्वेटर शर्ट पहने बाहर निकला।

Firmó el libro de entrega con letra gruesa y atrevida.

उन्होंने डिलीवरी बुक पर मोटे और मोटे हाथ से हस्ताक्षर किये।

Buck sintió de inmediato que este hombre era su próximo torturador.

बक को तुरन्त ही यह आभास हो गया कि यह आदमी ही उसका अगला उत्पीड़क है।

Se abalanzó violentamente contra los barrotes, con los ojos rojos de furia.

वह हिंसक ढंग से सलाखों पर झपटा, उसकी आंखें क्रोध से लाल थीं।

El hombre simplemente sonrió oscuramente y fue a buscar un hacha.

वह आदमी बस मंद-मंद मुस्कुराया और कुल्हाड़ी लाने चला गया।

También traía un garrote en su gruesa y fuerte mano derecha.

वह अपने मोटे और मजबूत दाहिने हाथ में एक डंडा भी लाया था।

"¿Vas a sacarlo ahora?" preguntó preocupado el conductor.

"अब आप उसे बाहर ले जाओगे?" ड्राइवर ने चिंतित होकर पूछा।

—Claro —dijo el hombre, metiendo el hacha en la caja a modo de palanca.

"ज़रूर," आदमी ने कहा और कुल्हाड़ी को लीवर की तरह टोकरे में ठूंस दिया।

Los cuatro hombres se dispersaron instantáneamente y saltaron al muro del patio.

चारों व्यक्ति तुरन्त तितर-बितर हो गए और कूदकर आँगन की दीवार पर चढ़ गए।

Desde sus lugares seguros arriba, esperaban para observar el espectáculo.

वे ऊपर अपने सुरक्षित स्थानों से इस तमाशे को देखने के लिए इंतजार कर रहे थे।

Buck se abalanzó sobre la madera astillada, mordiéndola y sacudiéndola ferozmente.

बक ने टूटी हुई लकड़ी पर झपट्टा मारा, उसे जोर से काटने और हिलाने लगा।

Cada vez que el hacha golpeaba la jaula, Buck estaba allí para atacarla.

हर बार जब कुल्हाड़ी पिंजरे से टकराती, तो बक उस पर हमला करने के लिए वहां मौजूद होता।

Gruñó y chasqueó los dientes con furia salvaje, ansioso por ser liberado.

वह जंगली क्रोध से गुर्राया और चिल्लाया, वह आज़ाद होने के लिए उत्सुक था।

El hombre que estaba afuera estaba tranquilo y firme, concentrado en su tarea.

बाहर खड़ा आदमी शांत और स्थिर था तथा अपने काम पर ध्यान लगाए हुए था।

"Muy bien, demonio de ojos rojos", dijo cuando el agujero fue grande.

"ठीक है, तुम लाल आंखों वाले शैतान," उसने कहा जब छेद बड़ा था।

Dejó caer el hacha y tomó el garrote con su mano derecha.

उसने कुल्हाड़ी गिरा दी और डंडा अपने दाहिने हाथ में ले लिया।

Buck realmente parecía un demonio; con los ojos inyectados en sangre y llameantes.

बक सचमुच शैतान जैसा दिख रहा था; उसकी आंखें लाल और धधक रही थीं।

Su pelaje se erizó, le salía espuma por la boca y sus ojos brillaban.

उसका कोट कड़ा हो गया, उसके मुंह से झाग निकल रहा था, आंखें चमक रही थीं।

Tensó los músculos y se lanzó directamente hacia el suéter rojo.

उसने अपनी मांसपेशियां सिकोड़ीं और सीधे लाल स्वेटर की ओर झपटा।

Ciento cuarenta libras de furia volaron hacia el hombre tranquilo.

एक सौ चालीस पाउंड का क्रोध शांत आदमी पर टूट पड़ा।

Justo antes de que sus mandíbulas se cerraran, un golpe terrible lo golpeó.

इससे पहले कि उसके जबड़े बंद होते, एक भयानक प्रहार ने उसे घायल कर दिया।

Sus dientes chasquearon al chocar contra nada más que el aire.

उसके दांत हवा के अलावा किसी और चीज पर नहीं टकराए

Una sacudida de dolor resonó a través de su cuerpo

दर्द की एक लहर उसके शरीर में गूंज उठी

Dio una vuelta en el aire y se estrelló sobre su espalda y su costado.

वह हवा में उछलकर पीठ और बाजू के बल नीचे गिर पड़ा।

Nunca antes había sentido el golpe de un garrote y no podía agarrarlo.

उसने पहले कभी डंडे की मार महसूस नहीं की थी और वह उसे पकड़ नहीं पाया था।

Con un gruñido estridente, mitad ladrido, mitad grito, saltó de nuevo.

एक तीखी गुर्राहट, कुछ भौंकने और कुछ चीख के साथ, वह फिर से उछला।

Otro golpe brutal lo alcanzó y lo arrojó al suelo.

एक और क्रूर प्रहार ने उसे घायल कर दिया और वह जमीन पर गिर पड़ा।

Esta vez Buck lo entendió: era el pesado garrote del hombre.

इस बार बक को समझ आ गया - यह उस आदमी का भारी डंडा था।

Pero la rabia lo cegó y no pensó en retirarse.

लेकिन क्रोध ने उसे अंधा कर दिया था, और पीछे हटने का उसे कोई विचार नहीं सूझा।

Doce veces se lanzó y doce veces cayó.

बारह बार उसने स्वयं को आगे बढ़ाया, और बारह बार वह नीचे गिरा।

El palo de madera lo golpeaba cada vez con una fuerza despiadada y aplastante.

लकड़ी का डंडा हर बार उसे निर्दयी, कुचलने वाली ताकत से कुचल देता था।

Después de un golpe feroz, se tambaleó hasta ponerse de pie, aturdido y lento.

एक भयंकर प्रहार के बाद वह लड़खड़ाते हुए, स्तब्ध और धीमा होकर अपने पैरों पर खड़ा हुआ।

Le salía sangre de la boca, de la nariz y hasta de las orejas.

उसके मुंह, नाक और यहां तक कि कान से भी खून बह रहा था।

Su pelaje, otrora hermoso, estaba manchado de espuma sanguinolenta.

उसका कभी सुन्दर कोट खूनी झाग से सना हुआ था।

Entonces el hombre se adelantó y le dio un golpe tremendo en la nariz.

तभी वह आदमी आगे बढ़ा और उसकी नाक पर एक जोरदार वार किया।

La agonía fue más aguda que cualquier cosa que Buck hubiera sentido jamás.

यह पीड़ा बक ने कभी महसूस की हुई किसी भी पीड़ा से अधिक तीव्र थी।

Con un rugido más de bestia que de perro, saltó nuevamente para atacar.

कुत्ते से अधिक जानवर जैसी दहाड़ के साथ, वह फिर से हमला करने के लिए उछला।

Pero el hombre se agarró la mandíbula inferior y la torció hacia atrás.

लेकिन उस आदमी ने उसका निचला जबड़ा पकड़ लिया और उसे पीछे की ओर मोड़ दिया।

Buck se dio una vuelta de cabeza y volvió a caer con fuerza.

बक सिर के बल पलटा और फिर से जोर से नीचे गिरा।

Una última vez, Buck cargó contra él, ahora apenas capaz de mantenerse en pie.

एक आखिरी बार, बक ने उस पर हमला किया, अब वह मुश्किल से खड़ा हो पा रहा था।

El hombre atacó con una sincronización experta, dando el golpe final.

उस आदमी ने विशेषज्ञ समय पर अंतिम प्रहार किया।

Buck se desplomó en un montón, inconsciente e inmóvil.

बक बेहोश होकर गिर पड़ा और उसकी हालत स्थिर थी।

"No es ningún inútil a la hora de domar perros, eso es lo que digo", gritó un hombre.

एक आदमी चिल्लाया, "मैं तो यही कहता हूं कि वह कुत्तों को भगाने में माहिर है।"

"Druther puede quebrar la voluntad de un perro cualquier día de la semana".

"ड्रूथर सप्ताह के किसी भी दिन शिकारी कुत्ते की इच्छाशक्ति को तोड़ सकता है।"

"¡Y dos veces el domingo!" añadió el conductor.

"और रविवार को दो बार!" ड्राइवर ने कहा।

Se subió al carro y tiró de las riendas para partir.

वह गाड़ी में चढ़ गया और निकलने के लिए लगाम कस ली।

Buck recuperó lentamente el control de su conciencia.

बक ने धीरे-धीरे अपनी चेतना पर नियंत्रण पा लिया

Pero su cuerpo todavía estaba demasiado débil y roto para moverse.

लेकिन उसका शरीर अभी भी इतना कमजोर और टूटा हुआ था कि वह हिल नहीं सकता था।

Se quedó donde había caído, observando al hombre del suéter rojo.

वह जहां गिरा था, वहीं पड़ा रहा और लाल स्वेटर वाले आदमी को देखता रहा।

"Responde al nombre de Buck", dijo el hombre, leyendo en voz alta.

"उसका नाम बक है," उस आदमी ने ऊंची आवाज में पढ़ते हुए कहा।

Citó la nota enviada con la caja de Buck y los detalles.

उन्होंने बक के टोकरे के साथ भेजे गए नोट और विवरण का हवाला दिया।

—Bueno, Buck, muchacho —continuó el hombre con tono amistoso—.

"ठीक है, बक, मेरे लड़के," आदमी ने दोस्ताना लहजे में कहा,

"Hemos tenido nuestra pequeña pelea y ahora todo ha terminado entre nosotros".

"हमारे बीच छोटी सी लड़ाई हुई थी और अब यह हमारे बीच ख़त्म हो गई है।"

"Tú has aprendido cuál es tu lugar y yo he aprendido cuál es el mío", añadió.

उन्होंने कहा, "आपने अपनी जगह सीख ली है और मैंने अपनी जगह सीख ली है।"

"Sé bueno y todo irá bien y la vida será placentera".

"अच्छे बनो, तो सब ठीक हो जाएगा और जीवन सुखद हो जाएगा।"

"Pero si te portas mal, te daré una paliza, ¿entiendes?"

"लेकिन अगर तुम बुरे बनोगे, तो मैं तुम्हें बुरी तरह पीटूंगा, समझे?"

Mientras hablaba, extendió la mano y acarició la cabeza dolorida de Buck.

बोलते समय उसने अपना हाथ आगे बढ़ाया और बक के दुखते सिर पर थपथपाया।

El cabello de Buck se erizó ante el toque del hombre, pero no se resistió.

उस आदमी के स्पर्श से बक के रोंगटे खड़े हो गए, लेकिन उसने प्रतिरोध नहीं किया।

El hombre le trajo agua, que Buck bebió a grandes tragos.

वह आदमी उसके लिए पानी लाया, जिसे बक ने बड़े घूंटों से पी लिया।

Luego vino la carne cruda, que Buck devoró trozo a trozo.

फिर कच्चा मांस आया, जिसे बक ने टुकड़े-टुकड़े करके खा लिया।

Sabía que estaba derrotado, pero también sabía que no estaba roto.

वह जानता था कि उसे पीटा गया है, लेकिन वह यह भी जानता था कि वह टूटा नहीं है।

No tenía ninguna posibilidad contra un hombre armado con un garrote.

डंडे से लैस एक आदमी के सामने उसके पास कोई मौका नहीं था।

Había aprendido la verdad y nunca olvidó esa lección.

उसने सच्चाई सीख ली थी और वह उस सबक को कभी नहीं भूला।

Esa arma fue el comienzo de la ley en el nuevo mundo de Buck.

वह हथियार बक की नई दुनिया में कानून की शुरुआत थी।

Fue el comienzo de un orden duro y primitivo que no podía negar.

यह एक कठोर, आदिम व्यवस्था की शुरुआत थी जिसे वह नकार नहीं सकते थे।

Aceptó la verdad; sus instintos salvajes ahora estaban despiertos.

उसने सत्य स्वीकार कर लिया; उसकी जंगली प्रवृत्तियाँ अब जाग चुकी थीं।

El mundo se había vuelto más duro, pero Buck lo afrontó con valentía.

दुनिया कठोर होती जा रही थी, लेकिन बक ने उसका बहादुरी से सामना किया।

Afrontó la vida con nueva cautela, astucia y fuerza silenciosa.

उन्होंने जीवन का सामना नई सावधानी, चतुराई और शांत शक्ति के साथ किया।

Llegaron más perros, atados con cuerdas o cajas como había estado Buck.

और भी कुत्ते आ गए, जो बक की तरह रस्सियों या बक्सों में बंधे हुए थे।

Algunos perros llegaron con calma, otros se enfurecieron y pelearon como bestias salvajes.

कुछ कुत्ते शांतिपूर्वक आये, जबकि अन्य उग्र होकर जंगली जानवरों की तरह लड़ने लगे।

Todos ellos quedaron bajo el dominio del hombre del suéter rojo.

उन सभी को लाल स्वेटर वाले आदमी के शासन के अधीन लाया गया।

Cada vez, Buck observaba y veía cómo se desarrollaba la misma lección.

हर बार बक ने देखा कि उसे वही सबक मिल रहा है।

El hombre con el garrote era la ley, un amo al que había que obedecer.

डंडा लिये हुए आदमी कानून था; एक मालिक जिसका पालन किया जाना था।

No necesitaba ser querido, pero sí obedecido.

उसे पसंद किये जाने की आवश्यकता नहीं थी, बल्कि उसकी आज्ञा का पालन किया जाना आवश्यक था।

Buck nunca adulaba ni meneaba la cola como lo hacían los perros más débiles.

बक कभी भी कमज़ोर कुत्तों की तरह चापलूसी या हरकत नहीं करता था।

Vio perros que estaban golpeados y todavía lamían la mano del hombre.

उसने देखा कि कुत्ते पीटे जाने के बावजूद भी उस आदमी का हाथ चाट रहे थे।

Vio un perro que no obedecía ni se sometía en absoluto.

उसने एक कुत्ते को देखा जो न तो आज्ञा मानता था और न ही किसी के अधीन होता था।

Ese perro luchó hasta que murió en la batalla por el control.

वह कुत्ता नियंत्रण की लड़ाई में तब तक लड़ता रहा जब तक कि वह मारा नहीं गया।

A veces, desconocidos venían a ver al hombre del suéter rojo.

कभी-कभी अजनबी लोग लाल स्वेटर वाले उस आदमी को देखने आते थे।

Hablaban en tonos extraños, suplicando, negociando y riendo.

वे अजीब स्वर में बोल रहे थे, विनती कर रहे थे, मोल-तोल कर रहे थे और हंस रहे थे।

Cuando se intercambiaba dinero, se iban con uno o más perros.

जब पैसे का लेन-देन हो जाता था, तो वे एक या अधिक कुत्तों के साथ चले जाते थे।

Buck se preguntó a dónde habían ido esos perros, pues ninguno regresaba jamás.

बक को आश्चर्य हुआ कि ये कुत्ते कहां चले गए, क्योंकि कोई भी कभी वापस नहीं आया।

El miedo a lo desconocido llenaba a Buck cada vez que un hombre extraño se acercaba.

हर बार जब कोई अनजान आदमी सामने आता तो बक के मन में अज्ञात भय भर जाता

Se alegraba cada vez que se llevaban a otro perro en lugar de a él mismo.

वह हर बार खुश होता था जब कोई दूसरा कुत्ता ले जाया जाता था, न कि खुद को।

Pero finalmente, llegó el turno de Buck con la llegada de un hombre extraño.

लेकिन अंततः एक अजीब आदमी के आगमन के साथ बक की बारी आई।

Era pequeño, fibroso y hablaba un inglés deficiente y decía palabrotas.

वह छोटा, दुबला-पतला था और टूटी-फूटी अंग्रेजी बोलता था तथा गालियां देता था।

—¡Sacredam! —gritó cuando vio el cuerpo de Buck.

"पवित्र!" वह चिल्लाया जब उसने बक के शरीर पर नजर डाली।

—¡Qué perro tan bravucón! ¿Eh? ¿Cuánto? —preguntó en voz alta.

"यह तो बहुत ही बदमाश कुत्ता है! है न? कितना?" उसने ऊंची आवाज में पूछा।

"Trescientos, y es un regalo a ese precio".

"तीन सौ, और वह उस कीमत पर एक उपहार है,"

—Como es dinero del gobierno, no deberías quejarte, Perrault.

"चूंकि यह सरकारी पैसा है, इसलिए आपको शिकायत नहीं करनी चाहिए, पेरौल्ट।"

Perrault sonrió ante el trato que acababa de hacer con aquel hombre.

पेरौल्ट ने उस आदमी के साथ जो सौदा किया था, उसे देखकर मुस्कुराया।

El precio de los perros se disparó debido a la repentina demanda.

अचानक मांग बढ़ने के कारण कुत्तों की कीमत आसमान छू रही थी।

Trescientos dólares no era injusto para una bestia tan bella.

इतने अच्छे जानवर के लिए तीन सौ डॉलर अनुचित नहीं था।

El gobierno canadiense no perdería nada con el acuerdo

इस सौदे में कनाडा सरकार को कुछ भी नुकसान नहीं होगा

Además sus despachos oficiales tampoco sufrirían demoras en el tránsito.

न ही उनके आधिकारिक प्रेषण में देरी होगी।

Perrault conocía bien a los perros y podía ver que Buck era algo raro.

पेरौल्ट कुत्तों को अच्छी तरह से जानते थे, और जानते थे कि बक एक दुर्लभ प्राणी है।

"Uno entre diez diez mil", pensó mientras estudiaba la complexión de Buck.

बक की काया का अध्ययन करते हुए उसने सोचा, "दस हजार में से एक।"

Buck vio que el dinero cambiaba de manos, pero no mostró sorpresa.

बक ने पैसे को हाथों में बदलते देखा, लेकिन कोई आश्चर्य नहीं जताया।

Pronto él y Curly, un gentil Terranova, fueron llevados lejos.

जल्द ही उसे और घुँघराले नामक एक सौम्य न्यूफाउंडलैंड को वहां से ले जाया गया।

Siguieron al hombrecito desde el patio del suéter rojo.

वे लाल स्वेटर वाले के आँगन से उस छोटे आदमी का पीछा करने लगे।

Esa fue la última vez que Buck vio al hombre con el garrote de madera.

वह आखिरी बार था जब बक ने लकड़ी के डंडे के साथ उस आदमी को देखा था।

Desde la cubierta del Narwhal vio cómo Seattle se desvanecía en la distancia.

नारव्हेल के डेक से उसने सिएटल को दूर तक लुप्त होते देखा।

También fue la última vez que vio las cálidas tierras del Sur.

यह आखिरी बार था जब उन्होंने गर्म साउथलैंड को देखा था।

Perrault los llevó bajo cubierta y los dejó con François.

पेरौल्ट उन्हें डेक के नीचे ले गया और फ्राँस्वा के पास छोड़
दिया।

François era un gigante de cara negra y manos ásperas y
callosas.

फ्राँस्वा एक काले चेहरे वाला विशालकाय व्यक्ति था जिसके
हाथ खुरदरे और कठोर थे।

Era oscuro y moreno, un mestizo francocanadiense.

वह सांवला और काला था; एक अर्ध-नस्ल फ्रांसीसी-कनाडाई।

Para Buck, estos hombres eran de un tipo que nunca había
visto antes.

बक के लिए ये लोग ऐसे थे जिन्हें उसने पहले कभी नहीं देखा
था।

En los días venideros conocería a muchos hombres así.

आने वाले दिनों में उसे ऐसे कई लोगों से परिचय होगा।

No llegó a encariñarse con ellos, pero llegó a respetarlos.

वह उनसे प्रेम तो नहीं करने लगा, परन्तु उनका आदर करने
लगा।

Eran justos y sabios, y no se dejaban engañar fácilmente por
ningún perro.

वे निष्पक्ष और बुद्धिमान थे, और किसी भी कुत्ते द्वारा
आसानी से मूर्ख नहीं बनाये जा सकते थे।

Juzgaban a los perros con calma y castigaban sólo cuando lo
merecían.

वे कुत्तों का शांतिपूर्वक मूल्यांकन करते थे, तथा केवल तभी
दण्ड देते थे जब वह दण्ड योग्य होता था।

En la cubierta inferior del Narwhal, Buck y Curly se
encontraron con dos perros.

नरव्हेल के निचले डेक पर बक और घुँघराले की मुलाकात दो
कुत्तों से हुई।

Uno de ellos era un gran perro blanco procedente de la
lejana y gélida región de Spitzbergen.

उनमें से एक बड़ा सफेद कुता था जो दूर स्थित बर्फीले स्पित्स्बर्गेन से आया था।

Una vez navegó con un ballenero y se unió a un grupo de investigación.

वह एक बार एक व्हेलर के साथ यात्रा कर चुके थे और एक सर्वेक्षण समूह में शामिल हो गए थे।

Era amigable de una manera astuta, deshonesta y tramposa.

वह धूर्त, छलपूर्ण और चालाक ढंग से मित्रतापूर्ण व्यवहार करता था।

En su primera comida, robó un trozo de carne de la sartén de Buck.

अपने पहले भोजन के समय, उसने बक के पैन से मांस का एक टुकड़ा चुरा लिया।

Buck saltó para castigarlo, pero el látigo de François golpeó primero.

बक उसे दण्ड देने के लिए कूदा, लेकिन फ्रांकोइस का चाबुक पहले ही लग गया।

El ladrón blanco gritó y Buck recuperó el hueso robado.

सफेद चोर चिल्लाया और बक ने चुराई हुई हड्डी वापस ले ली।

Esa imparcialidad impresionó a Buck y François se ganó su respeto.

इस निष्पक्षता ने बक को प्रभावित किया और फ्रांकोइस ने उनका सम्मान अर्जित किया।

El otro perro no saludó y no quiso recibir saludos a cambio.

दूसरे कुत्ते ने कोई अभिवादन नहीं किया, तथा बदले में कुछ भी नहीं चाहा।

No robaba comida ni olfateaba con interés a los recién llegados.

वह न तो भोजन चुराता था, न ही नए आने वालों पर दिलचस्पी से नज़र डालता था।

Este perro era sombrío y silencioso, melancólico y de movimientos lentos.

यह कुत्ता गंभीर और शांत, उदास और धीमी गति से चलने वाला था।

Le advirtió a Curly que se mantuviera alejada simplemente mirándola fijamente.

उसने घुँघराले को घूरकर दूर रहने की चेतावनी दी।

Su mensaje fue claro: déjenme en paz o habrá problemas.

उनका संदेश स्पष्ट था; मुझे अकेला छोड़ दो, नहीं तो मुसीबत हो जायेगी।

Se llamaba Dave y apenas se fijaba en su entorno.

उसका नाम डेव था और वह अपने आस-पास की चीज़ों पर ध्यान ही नहीं देता था।

Dormía a menudo, comía tranquilamente y bostezaba de vez en cuando.

वह अक्सर सोता था, चुपचाप खाता था, और कभी-कभी जम्हाई लेता था।

El barco zumbaba constantemente con la hélice golpeando debajo.

जहाज नीचे धड़कते प्रोपेलर के साथ लगातार गुनगुना रहा था।

Los días pasaron con pocos cambios, pero el clima se volvió más frío.

दिन तो थोड़े परिवर्तन के साथ बीत गए, लेकिन मौसम ठंडा हो गया।

Buck podía sentirlo en sus huesos y notó que los demás también lo sentían.

बक इसे अपनी हड्डियों में महसूस कर सकता था, और उसने देखा कि अन्य लोग भी इसे महसूस कर रहे थे।

Entonces, una mañana, la hélice se detuvo y todo quedó en silencio.

फिर एक सुबह, प्रोपेलर बंद हो गया और सब कुछ शांत हो गया।

Una energía recorrió la nave; algo había cambiado.

जहाज में एक ऊर्जा का संचार हुआ; कुछ बदल गया था।

François bajó, les puso las correas y los trajo arriba.

फ़्रॉंस्वा नीचे आया, उन्हें पट्टे पर बाँधा और ऊपर ले आया।

Buck salió y encontró el suelo suave, blanco y frío.

बक ने बाहर कदम रखा और पाया कि ज़मीन नरम, सफ़ेद और ठंडी थी।

Saltó hacia atrás alarmado y resopló totalmente confundido.

वह घबराकर पीछे हट गया और पूरी तरह से असमंजस में पड़कर खर्राटे लेने लगा।

Una extraña sustancia blanca caía del cielo gris.

भूरे आकाश से अजीब सफेद चीज गिर रही थी।

Se sacudió, pero los copos blancos seguían cayendo sobre él.

उसने अपने आप को हिलाया, लेकिन सफेद परतें उस पर गिरती रहीं।

Olió con cuidado la sustancia blanca y lamió algunos trocitos helados.

उसने उस सफ़ेद चीज़ को ध्यान से सूँघा और कुछ बर्फीले टुकड़े चाटे।

El polvo ardió como fuego y luego desapareció de su lengua.

पाउडर आग की तरह जलने लगा, फिर उसकी जीभ से गायब हो गया।

Buck lo intentó de nuevo, desconcertado por la extraña frialdad que desaparecía.

बक ने पुनः प्रयास किया, वह उस अजीब सी लुप्त होती ठंडक से हैरान था।

Los hombres que lo rodeaban se rieron y Buck se sintió avergonzado.

उसके आस-पास खड़े लोग हंसने लगे और बक को शर्मिंदगी महसूस हुई।

No sabía por qué, pero le avergonzaba su reacción.

उसे पता नहीं था कि ऐसा क्यों हुआ, लेकिन उसे अपनी प्रतिक्रिया पर शर्म आ रही थी।

Fue su primera experiencia con la nieve y le confundió.

बर्फ के साथ यह उसका पहला अनुभव था और इससे वह उलझन में पड़ गया।

La ley del garrote y el colmillo
क्लब और फैंग का नियम

El primer día de Buck en la playa de Dyea se sintió como una terrible pesadilla.

डाईया समुद्र तट पर बक का पहला दिन एक भयानक दुःस्वप्न जैसा लगा।

Cada hora traía nuevas sorpresas y cambios inesperados para Buck.

प्रत्येक घंटा बक के लिए नये झटके और अप्रत्याशित परिवर्तन लेकर आया।

Lo habían sacado de la civilización y lo habían arrojado a un caos salvaje.

उसे सभ्यता से खींचकर जंगली अराजकता में फेंक दिया गया था।

Aquella no era una vida soleada y tranquila, llena de aburrimiento y descanso.

यह कोई धूप-भरी, ऊबाऊ और आराम वाली आलसी जिंदगी नहीं थी।

No había paz, ni descanso, ni momento sin peligro.

वहाँ न शांति थी, न विश्राम, और न ही कोई क्षण खतरे से मुक्त था।

La confusión lo dominaba todo y el peligro siempre estaba cerca.

हर जगह भ्रम की स्थिति थी और खतरा हमेशा करीब था।

Buck tuvo que mantenerse alerta porque estos hombres y perros eran diferentes.

बक को सतर्क रहना पड़ा क्योंकि ये आदमी और कुत्ते अलग-अलग थे।

No eran de pueblos; eran salvajes y sin piedad.

वे नगरों से नहीं थे; वे जंगली और निर्दयी थे।

Estos hombres y perros sólo conocían la ley del garrote y el colmillo.

ये लोग और कुते केवल डंडे और नुकीले दांतों का कानून ही जानते थे।

Buck nunca había visto perros pelear como estos salvajes huskies.

बक ने कभी भी इन क्रूर हस्की कुत्तों की तरह लड़ते नहीं देखा था।

Su primera experiencia le enseñó una lección que nunca olvidaría.

उनके पहले अनुभव ने उन्हें एक ऐसा सबक सिखाया जिसे वे कभी नहीं भूलेंगे।

Tuvo suerte de que no fuera él, o habría muerto también.

वह भाग्यशाली था कि वह नहीं था, अन्यथा वह भी मर जाता।

Curly fue el que sufrió mientras Buck observaba y aprendía.

घुँघराले को कष्ट सहना पड़ा, जबकि बक देखता रहा और सीखता रहा।

Habían acampado cerca de una tienda construida con troncos.

उन्होंने लकड़ियों से बने एक स्टोर के पास शिविर बनाया था।

Curly intentó ser amigable con un husky grande, parecido a un lobo.

घुँघराले ने एक बड़े, भेड़िये जैसे हस्की कुत्ते के साथ मित्रतापूर्ण व्यवहार करने की कोशिश की।

El husky era más pequeño que Curly, pero parecía salvaje y malvado.

हस्की घुँघराले से छोटा था, लेकिन जंगली और क्रूर लग रहा था।

Sin previo aviso, saltó y le abrió el rostro.

बिना किसी चेतावनी के, वह कूदा और उसके चेहरे पर वार कर दिया।

Sus dientes la atravesaron desde el ojo hasta la mandíbula en un solo movimiento.

उसके दांतों ने एक ही झटके में उसकी आंख से लेकर जबड़े तक काट दिया।

Así era como peleaban los lobos: golpeaban rápido y saltaban.

भेड़िये इसी तरह लड़ते थे - तेजी से हमला करते और दूर कूद जाते।

Pero había mucho más que aprender de ese único ataque.

लेकिन उस एक हमले से सीखने के लिए और भी बहुत कुछ था।

Decenas de huskies entraron corriendo y formaron un círculo silencioso.

दर्जनों हस्की पक्षी दौड़कर आए और एक खामोश घेरा बना लिया।

Observaron atentamente y se lamieron los labios con hambre.

उन्होंने ध्यान से देखा और भूख से अपने होंठ चाटने लगे।

Buck no entendió su silencio ni sus miradas ansiosas.

बक को उनकी चुप्पी या उनकी उत्सुक आँखें समझ में नहीं आईं।

Curly se apresuró a atacar al husky por segunda vez.

घुँघराले दूसरी बार हस्की पर हमला करने के लिए दौड़ा।

Él usó su pecho para derribarla con un movimiento fuerte.

उसने अपनी छाती का इस्तेमाल करके उसे जोर से गिरा दिया।

Ella cayó de lado y no pudo levantarse más.

वह एक ओर गिर पड़ी और फिर उठ न सकी।

Eso era lo que los demás habían estado esperando todo el tiempo.

यह वही था जिसका अन्य लोग लंबे समय से इंतजार कर रहे थे।

Los perros esquimales saltaron sobre ella, aullando y gruñendo frenéticamente.

कर्कश पक्षी उस पर कूद पड़े, और उन्माद में चिल्लाने और गुर्राने लगे।

Ella gritó cuando la enterraron bajo una pila de perros.

जब उसे कुत्तों के ढेर के नीचे दफनाया गया तो वह चीखने लगी।

El ataque fue tan rápido que Buck se quedó paralizado por la sorpresa.

हमला इतना तेज था कि बक सदमे से वहीं जम गया।

Vio a Spitz sacar la lengua de una manera que parecía una risa.

उसने देखा कि स्पिट्ज़ अपनी जीभ इस तरह बाहर निकाल रहा था जैसे वह हंस रहा हो।

François cogió un hacha y corrió directamente hacia el grupo de perros.

फ़ाँस्वा ने एक कुल्हाड़ी पकड़ी और सीधे कुत्तों के समूह में भाग गया।

Otros tres hombres usaron palos para ayudar a ahuyentar a los perros esquimales.

तीन अन्य लोगों ने हस्की को भगाने के लिए डंडों का प्रयोग किया।

En sólo dos minutos, la pelea terminó y los perros desaparecieron.

मात्र दो मिनट में ही लड़ाई ख़त्म हो गई और कुत्ते चले गए।

Curly yacía muerta en la nieve roja y pisoteada, con su cuerpo destrozado.

घुँघराले लाल, कुचली हुई बर्फ में मृत पड़ी थी, उसका शरीर टुकड़े-टुकड़े हो गया था।

Un hombre de piel oscura estaba de pie sobre ella, maldiciendo la brutal escena.

एक काले रंग का आदमी उसके ऊपर खड़ा होकर उस क्रूर दृश्य को कोस रहा था।

El recuerdo permaneció con Buck y atormentó sus sueños por la noche.

यह स्मृति बक के साथ बनी रही और रात में उसके सपनों में आती रही।

Así era aquí: sin justicia, sin segundas oportunidades.

यहीं तो तरीका था; न कोई निष्पक्षता, न कोई दूसरा मौका।

Una vez que un perro caía, los demás lo mataban sin piedad.

एक बार कोई कुत्ता गिर जाता तो बाकी कुत्ते उसे बिना किसी दया के मार देते।

Buck decidió entonces que nunca se permitiría caer.

बक ने तब निर्णय लिया कि वह स्वयं को कभी गिरने नहीं देगा।

Spitz volvió a sacar la lengua y se rió de la sangre.

स्पिट्ज़ ने फिर से अपनी जीभ बाहर निकाली और खून को देखकर हँसा।

Desde ese momento, Buck odió a Spitz con todo su corazón.

उस क्षण से, बक स्पिट्ज से पूरे दिल से नफरत करने लगा।

Antes de que Buck pudiera recuperarse de la muerte de Curly, sucedió algo nuevo.

इससे पहले कि बक घुँघराले की मौत से उबर पाता, कुछ नया घटित हुआ।

François se acercó y ató algo alrededor del cuerpo de Buck.

फ़ॉस्वा आया और उसने बक के शरीर के चारों ओर कुछ बाँध दिया।

Era un arnés como los que usaban los caballos en el rancho.

यह एक प्रकार का पट्टा था, जैसा कि फार्म में घोड़ों पर लगाया जाता है।

Así como Buck había visto trabajar a los caballos, ahora él también estaba obligado a trabajar.

चूँकि बक ने घोड़ों को काम करते देखा था, इसलिए अब उसे भी काम करना पड़ा।

Tuvo que arrastrar a François en un trineo hasta el bosque cercano.

उसे फ्रांकोइस को स्लेज पर खींचकर पास के जंगल में ले जाना पड़ा।

Después tuvo que arrastrar una carga de leña pesada.

फिर उसे भारी मात्रा में लकड़ियाँ खींचकर ले जाना पड़ा।

Buck era orgulloso, por eso le dolía que lo trataran como a un animal de trabajo.

बक घमंडी था, इसलिए उसे यह देखकर दुख होता था कि उसके साथ एक कामकाजी जानवर जैसा व्यवहार किया जा रहा है।

Pero él era sabio y no intentó luchar contra la nueva situación.

लेकिन वह बुद्धिमान था और उसने नई परिस्थिति से लड़ने की कोशिश नहीं की।

Aceptó su nueva vida y dio lo mejor de sí en cada tarea.

उन्होंने अपना नया जीवन स्वीकार किया और हर कार्य में अपना सर्वश्रेष्ठ दिया।

Todo en la obra le resultaba extraño y desconocido.

काम से जुड़ी हर चीज़ उसके लिए अजीब और अपरिचित थी।

Francisco era estricto y exigía obediencia sin demora.

फ़्रांस्वा सख्त थे और बिना देरी के आज्ञाकारिता की मांग करते थे।

Su látigo garantizaba que cada orden fuera seguida al instante.

उनके चाबुक से यह सुनिश्चित होता था कि प्रत्येक आदेश का तुरंत पालन किया जाए।

Dave era el que conducía el trineo, el perro que estaba más cerca de él, detrás de Buck.

डेव व्हीलर था, बक के पीछे स्लेज के सबसे निकट वाला कुत्ता।

Dave mordió a Buck en las patas traseras si cometía un error.

यदि बक कोई गलती करता तो डेव उसके पिछले पैरों पर काट लेता था।

Spitz era el perro líder, hábil y experimentado en su función.

स्पिट्ज़ प्रमुख कुत्ता था, जो इस भूमिका में कुशल और अनुभवी था।

Spitz no pudo alcanzar a Buck fácilmente, pero aún así lo corrigió.

स्पिट्ज़ आसानी से बक तक नहीं पहुंच सका, लेकिन फिर भी उसने उसे सुधार दिया।

Gruñó con dureza o tiró del trineo de maneras que le enseñaron a Buck.

वह कठोरता से गुर्राता था या स्लेज को ऐसे खींचता था जो बक को सिखाया गया था।

Con este entrenamiento, Buck aprendió más rápido de lo que cualquiera de ellos esperaba.

इस प्रशिक्षण के तहत, बक ने किसी की भी अपेक्षा से अधिक तेजी से सीखा।

Trabajó duro y aprendió tanto de François como de los otros perros.

उन्होंने कड़ी मेहनत की और फ्रांकोइस तथा अन्य कुत्तों से सीखा।

Cuando regresaron, Buck ya conocía los comandos clave.

जब वे वापस लौटे, बक को पहले से ही प्रमुख आदेश पता थे।

Aprendió a detenerse al oír la palabra "ho" gracias a François.

उन्होंने फ्राँस्वा से "हो" की ध्वनि पर रुकना सीखा।

Aprendió cuando tenía que tirar del trineo y correr.

उन्होंने यह सीख लिया कि कब उन्हें स्लेज खींचकर भागना है।

Aprendió a girar abiertamente en las curvas del camino sin problemas.

उन्होंने बिना किसी परेशानी के रास्ते में मोड़ पर चौड़ा मोड़ लेना सीख लिया।

También aprendió a evitar a Dave cuando el trineo descendía rápidamente.

उन्होंने यह भी सीख लिया कि जब स्लेज तेजी से नीचे की ओर जाए तो डेव से बचना चाहिए।

"Son perros muy buenos", le dijo orgulloso François a Perrault.

"वे बहुत अच्छे कुत्ते हैं," फ्राँस्वा ने गर्व से पेरौल्ट से कहा।

"Ese Buck tira como un demonio. Le enseño rapidísimo".

"वह बक बहुत तेज़ खींचतान करता है - मैं उसे बहुत जल्दी सिखा देता हूँ।"

Más tarde ese día, Perrault regresó con dos perros husky más.

उस दिन बाद में, पेरौल्ट दो और कर्कश कुत्तों के साथ वापस आया।

Se llamaban Billee y Joe y eran hermanos.

उनके नाम बिली और जो थे और वे भाई थे।

Venían de la misma madre, pero no se parecían en nada.

वे एक ही मां से थे, लेकिन बिल्कुल एक जैसे नहीं थे।

Billee era de carácter dulce y muy amigable con todos.

बिली बहुत ही मधुर स्वभाव की थी और सभी के साथ बहुत ही मित्रवत व्यवहार करती थी।

Joe era todo lo contrario: tranquilo, enojado y siempre gruñendo.

जो इसके विपरीत था - शांत, क्रोधित और हमेशा गुर्राता हुआ।

Buck los saludó de manera amigable y se mostró tranquilo con ambos.

बक ने उनका मित्रतापूर्ण तरीके से स्वागत किया और दोनों के साथ शांत व्यवहार किया।

Dave no les prestó atención y permaneció en silencio como siempre.

डेव ने उन पर कोई ध्यान नहीं दिया और हमेशा की तरह चुप रहा।

Spitz atacó primero a Billee, luego a Joe, para demostrar su dominio.

स्पिट्ज़ ने अपना प्रभुत्व दिखाने के लिए पहले बिली पर और फिर जो पर हमला किया।

Billee movió la cola y trató de ser amigable con Spitz.

बिली ने अपनी पूँछ हिलाई और स्पिट्ज़ के साथ मित्रतापूर्ण व्यवहार करने की कोशिश की।

Cuando eso no funcionó, intentó huir.

जब वह सफल नहीं हुआ तो उसने भागने की कोशिश की।

Lloró tristemente cuando Spitz lo mordió fuerte en el costado.

जब स्पिट्ज़ ने उसे जोर से काटा तो वह दुखी होकर रोने लगा।

Pero Joe era muy diferente y se negaba a dejarse intimidar.

लेकिन जो बहुत अलग था और उसने धमकाए जाने से इनकार कर दिया।

Cada vez que Spitz se acercaba, Joe giraba rápidamente para enfrentarlo.

जब भी स्पिट्ज़ पास आता, जो तेजी से घूमकर उसका सामना करता।

Su pelaje se erizó, sus labios se curvaron y sus dientes chasquearon salvajemente.

उसका फर खड़ा हो गया, उसके होठ मुड़ गए, और उसके दांत बेतहाशा चटकने लगे।

Los ojos de Joe brillaron de miedo y rabia, desafiando a Spitz a atacar.

जो की आंखें भय और क्रोध से चमक उठीं और उसने स्पिट्ज को हमला करने के लिए ललकारा।

Spitz abandonó la lucha y se alejó, humillado y enojado.

स्पिट्ज़ ने लड़ाई छोड़ दी और अपमानित और क्रोधित होकर वापस चला गया।

Descargó su frustración en el pobre Billee y lo ahuyentó.

उसने बेचारे बिली पर अपनी भड़ास निकाली और उसे भगा दिया।

Esa noche, Perrault añadió un perro más al equipo.

उस शाम, पेरौल्ट ने टीम में एक और कुत्ता शामिल कर लिया।

Este perro era viejo, delgado y cubierto de cicatrices de batalla.

यह कुत्ता बूढ़ा, दुबला-पतला और युद्ध के जख्मों से भरा हुआ था।

Le faltaba un ojo, pero el otro brillaba con poder.

उसकी एक आँख गायब थी, लेकिन दूसरी आँख में शक्ति चमक रही थी।

El nombre del nuevo perro era Solleks, que significaba "el enojado".

नए कुत्ते का नाम सोलेक्स था, जिसका अर्थ था गुस्सैल।

Al igual que Dave, Solleks no pidió nada a los demás y no dio nada a cambio.

डेव की तरह सोलेक्स ने भी दूसरों से कुछ नहीं मांगा और बदले में कुछ नहीं दिया।

Cuando Solleks entró lentamente al campamento, incluso Spitz se mantuvo alejado.

जब सोलेक्स धीरे-धीरे शिविर में चला गया, तो स्पिट्ज़ भी दूर ही रहा।

Tenía un hábito extraño que Buck tuvo la mala suerte de descubrir.

उसकी एक अजीब आदत थी जिसका पता बक को दुर्भाग्यवश चल गया।

A Solleks le disgustaba que se acercaran a él por el lado donde estaba ciego.

सोलेक्स को उस तरफ से संपर्क किया जाना नापसंद था जहां वह अंधा था।

Buck no sabía esto y cometió ese error por accidente.

बक को यह बात पता नहीं थी और उसने गलती से यह गलती कर दी।

Solleks se dio la vuelta y cortó el hombro de Buck profunda y rápidamente.

सोलेक्स ने घूमकर बक के कंधे पर गहरा और तेज वार किया।

A partir de ese momento, Buck nunca se acercó al lado ciego de Solleks.

उस क्षण के बाद से, बक कभी भी सोलेक्स के अंधे पक्ष के पास नहीं आया।

Nunca volvieron a tener problemas durante el resto del tiempo que estuvieron juntos.

उनके साथ रहने के शेष समय में उन्हें फिर कभी कोई
परेशानी नहीं हुई।

Solleks sólo quería que lo dejaran solo, como el tranquilo
Dave.

सोलेक्स भी शांत डेव की तरह अकेला रहना चाहता था।

Pero Buck se enteraría más tarde de que cada uno tenía otro
objetivo secreto.

लेकिन बाद में बक को पता चला कि उन दोनों का एक और
गुप्त लक्ष्य था।

Esa noche, Buck se enfrentó a un nuevo y preocupante
desafío: cómo dormir.

उस रात बक को एक नई और परेशान करने वाली चुनौती का
सामना करना पड़ा - कैसे सोये।

La tienda brillaba cálidamente con la luz de las velas en el
campo nevado.

बर्फीले मैदान में मोमबत्ती की रोशनी से तम्बू गर्म होकर
चमक रहा था।

Buck entró, pensando que podría descansar allí como antes.

बक अंदर चला गया, यह सोचते हुए कि वह पहले की तरह
वहां आराम कर सकेगा।

Pero Perrault y François le gritaron y le lanzaron sartenes.

लेकिन पेरौल्ट और फ्राँस्वा उस पर चिल्लाये और पैन फेंके।

Sorprendido y confundido, Buck corrió hacia el frío helado.

हैरान और भ्रमित होकर बक बर्फीली ठंड में बाहर भाग गया।

Un viento amargo le azotó el hombro herido y le congeló las
patas.

एक कड़क हवा ने उसके घायल कंधे को डंक मारा और उसके
पंजे जम गये।

Se tumbó en la nieve y trató de dormir al aire libre.

वह बर्फ में लेट गया और खुले में सोने की कोशिश करने
लगा।

Pero el frío pronto le obligó a levantarse de nuevo, temblando mucho.

लेकिन ठंड के कारण उन्हें जल्द ही उठना पड़ा, वे बुरी तरह कांप रहे थे।

Deambuló por el campamento intentando encontrar un lugar más cálido.

वह शिविर में घूमता रहा और गर्म स्थान ढूंढने की कोशिश करता रहा।

Pero cada rincón estaba tan frío como el anterior.

लेकिन हर कोना पहले की तरह ही ठंडा था।

A veces, perros salvajes saltaban sobre él desde la oscuridad.

कभी-कभी अंधेरे में से जंगली कुत्ते उस पर झपट पड़ते।

Buck erizó su pelaje, mostró los dientes y gruñó en señal de advertencia.

बक ने अपने रोएं खड़े कर लिए, दांत दिखाए और चेतावनी देते हुए गुर्राया।

Estaba aprendiendo rápido y los otros perros se alejaban rápidamente.

वह तेजी से सीख रहा था, और अन्य कुत्ते तुरंत पीछे हट गये।

Aún así, no tenía dónde dormir ni idea de qué hacer.

फिर भी, उसके पास सोने के लिए कोई जगह नहीं थी और उसे यह भी नहीं पता था कि क्या करे।

Por fin se le ocurrió una idea: ver cómo estaban sus compañeros de equipo.

अंततः उसके मन में एक विचार आया - अपने साथियों की जांच करनी चाहिए।

Regresó a su zona y se sorprendió al descubrir que habían desaparecido.

वह उनके क्षेत्र में वापस आया और उन्हें गायब देखकर आश्चर्यचकित हुआ।

Nuevamente buscó por todo el campamento, pero todavía no pudo encontrarlos.

उसने फिर शिविर की तलाश की, लेकिन फिर भी उन्हें नहीं ढूंढ सका।

Sabía que ellos no podían estar en la tienda, o él también lo estaría.

वह जानता था कि वे तम्बू में नहीं हो सकते, अन्यथा वह भी वहाँ होता।

Entonces ¿a dónde se habían ido todos los perros en este campamento helado?

तो फिर इस बर्फीले शिविर में सारे कुत्ते कहां चले गए?

Buck, frío y miserable, caminó lentamente alrededor de la tienda.

बक, ठण्ड और दुःख से व्याकुल, धीरे-धीरे तम्बू के चारों ओर चक्कर लगाने लगा।

De repente, sus patas delanteras se hundieron en la nieve blanda y lo sobresaltó.

अचानक, उसके अगले पैर नरम बर्फ में धंस गए और वह चौंक गया।

Algo se movió bajo sus pies y saltó hacia atrás asustado.

उसके पैरों के नीचे कुछ सरसराया और वह डर के मारे पीछे हट गया।

Gruñó y rugió sin saber qué había debajo de la nieve.

वह गुर्राया और गुर्राया, उसे नहीं मालूम था कि बर्फ के नीचे क्या छिपा है।

Entonces oyó un ladrido amistoso que alivió su miedo.

तभी उसने एक दोस्ताना हल्की सी भौंकने की आवाज सुनी जिससे उसका डर कम हो गया।

Olfateó el aire y se acercó para ver qué estaba oculto.

उसने हवा सूँची और यह देखने के लिए पास आया कि क्या छिपा हुआ है।

Bajo la nieve, acurrucada en una bola cálida, estaba la pequeña Billee.

बर्फ के नीचे, एक गर्म गेंद की तरह मुड़ी हुई, छोटी सी बिली थी।

Billee movió la cola y lamió la cara de Buck para saludarlo.

बिली ने अपनी पूँछ हिलाई और बक का चेहरा चाटकर उसका स्वागत किया।

Buck vio cómo Billee había hecho un lugar para dormir en la nieve.

बक ने देखा कि बिली ने बर्फ में सोने की जगह बना ली थी।

Había cavado y usado su propio calor para mantenerse caliente.

उसने नीचे खुदाई की और गर्म रहने के लिए अपनी ही गर्मी का इस्तेमाल किया।

Buck había aprendido otra lección: así era como dormían los perros.

बक ने एक और सबक सीखा था - कुत्ते ऐसे सोते हैं।

Eligió un lugar y comenzó a cavar su propio hoyo en la nieve.

उसने एक स्थान चुना और बर्फ में अपना गड्ढा खोदना शुरू कर दिया।

Al principio, se movía demasiado y desperdiciaba energía.

पहले तो वह बहुत ज्यादा घूमता था और अपनी ऊर्जा बर्बाद करता था।

Pero pronto su cuerpo calentó el espacio y se sintió seguro.

लेकिन जल्द ही उसके शरीर ने जगह को गर्म कर दिया, और वह सुरक्षित महसूस करने लगा।

Se acurrucó fuertemente y al poco tiempo estaba profundamente dormido.

वह कसकर लिपट गया और कुछ ही देर में गहरी नींद में सो गया।

El día había sido largo y duro, y Buck estaba exhausto.

दिन काफी लम्बा और कठिन था और बक थक चुका था।

Durmió profundamente y cómodamente, aunque sus sueños fueron salvajes.

वह गहरी और आरामदायक नींद सो गया, यद्यपि उसके सपने विचित्र थे।

Gruñó y ladró mientras dormía, retorciéndose mientras soñaba.

वह नींद में गुर्राता और भौंकता था, सपने में करवटें बदलता रहता था।

Buck no se despertó hasta que el campamento ya estaba cobrando vida.

बक तब तक नहीं जागा जब तक शिविर में जान नहीं आ गई।

Al principio, no sabía dónde estaba ni qué había sucedido.

पहले तो उसे पता ही नहीं चला कि वह कहां है और क्या हुआ है।

Había nevado durante la noche y había enterrado completamente su cuerpo.

रात भर हुई बर्फबारी ने उसके शरीर को पूरी तरह से दफन कर दिया था।

La nieve lo apretaba por todos lados.

बर्फ उसके चारों ओर, चारों ओर से दबाव डाल रही थी।

De repente, una ola de miedo recorrió todo el cuerpo de Buck.

अचानक बक के पूरे शरीर में भय की लहर दौड़ गयी।

Era el miedo a quedar atrapado, un miedo que provenía de instintos profundos.

यह फँस जाने का भय था, गहरी अन्तर्ज्ञान से उत्पन्न भय था।

Aunque nunca había visto una trampa, el miedo vivía dentro de él.

हालाँकि उसने कभी जाल नहीं देखा था, फिर भी डर उसके अंदर रहता था।

Era un perro domesticado, pero ahora sus viejos instintos salvajes estaban despertando.

वह एक पालतू कुत्ता था, लेकिन अब उसकी पुरानी जंगली प्रवृत्तियाँ जाग रही थीं।

Los músculos de Buck se tensaron y se le erizó el pelaje por toda la espalda.

बक की मांसपेशियां तनावग्रस्त हो गईं और उसकी पीठ पर बाल खड़े हो गए।

Gruñó ferozmente y saltó hacia arriba a través de la nieve.

वह जोर से गुर्राया और बर्फ में सीधा ऊपर उछला।

La nieve voló en todas direcciones cuando estalló la luz del día.

जैसे ही वह दिन के उजाले में आया, बर्फ हर दिशा में उड़ने लगी।

Incluso antes de aterrizar, Buck vio el campamento extendido ante él.

उतरने से पहले ही बक ने अपने सामने फैला हुआ शिविर देखा।

Recordó todo del día anterior, de repente.

उसे एकाएक पिछले दिन की सारी बातें याद आ गईं।

Recordó pasear con Manuel y terminar en ese lugar.

उसे याद आया कि वह मैनुअल के साथ घूम रहा था और इसी स्थान पर पहुंचा था।

Recordó haber cavado el hoyo y haberse quedado dormido en el frío.

उसे याद आया कि कैसे उसने गड्ढा खोदा था और ठंड में सो गया था।

Ahora estaba despierto y el mundo salvaje que lo rodeaba estaba claro.

अब वह जाग चुका था और उसके चारों ओर की जंगली दुनिया साफ़ दिखाई दे रही थी।

Un grito de François saludó la repentina aparición de Buck.

बक के अचानक प्रकट होने पर फ़्रॉस्वा ने चिल्लाकर उसका स्वागत किया।

—¿Qué te dije? —gritó en voz alta el conductor del perro a Perrault.

"मैंने क्या कहा?" कुत्ते-चालक ने पेरौल्ट से ऊंची आवाज में पूछा।

"Ese Buck sin duda aprende muy rápido", añadió François.

"वह बक निश्चित रूप से बहुत जल्दी सीखता है," फ्रांकोइस ने कहा।

Perrault asintió gravemente, claramente satisfecho con el resultado.

पेरौल्ट ने गंभीरता से सिर हिलाया, वह परिणाम से स्पष्टतः प्रसन्न थे।

Como mensajero del gobierno canadiense, transportaba despachos.

कनाडा सरकार के लिए कूरियर के रूप में वह संदेश ले जाते थे।

Estaba ansioso por encontrar los mejores perros para su importante misión.

वह अपने महत्वपूर्ण मिशन के लिए सर्वोत्तम कुत्तों को खोजने के लिए उत्सुक थे।

Se sintió especialmente complacido ahora que Buck era parte del equipo.

अब उन्हें विशेष रूप से खुशी महसूस हुई कि बक टीम का हिस्सा था।

Se agregaron tres huskies más al equipo en una hora.

एक घंटे के भीतर टीम में तीन और हस्की शामिल कर लिए गए।

Eso elevó el número total de perros en el equipo a nueve.

इससे टीम में कुत्तों की कुल संख्या नौ हो गई।

En quince minutos todos los perros estaban en sus arneses.

पंद्रह मिनट के भीतर सभी कुत्ते अपने-अपने बंधनों में थे।

El equipo de trineos avanzaba por el sendero hacia Dyea Cañón.

स्लेज टीम डाइया कैनन की ओर जाने वाले रास्ते पर आगे बढ़ रही थी।

Buck se sintió contento de partir, incluso si el trabajo que tenía por delante era duro.

बक को जाने में खुशी महसूस हुई, भले ही आगे का काम कठिन था।

Descubrió que no despreciaba especialmente el trabajo ni el frío.

उसने पाया कि उसे श्रम या ठण्ड से कोई विशेष घृणा नहीं थी।

Le sorprendió el entusiasmo que llenaba a todo el equipo.

वह पूरी टीम में व्याप्त उत्सुकता देखकर आश्चर्यचकित थे।

Aún más sorprendente fue el cambio que se produjo en Dave y Solleks.

इससे भी अधिक आश्चर्यजनक बात यह थी कि डेव और सोलेक्स में परिवर्तन आ गया था।

Estos dos perros eran completamente diferentes cuando estaban enjaezados.

जब इन दोनों कुत्तों को बांधा गया तो वे पूरी तरह से अलग थे।

Su pasividad y falta de preocupación habían desaparecido por completo.

उनकी निष्क्रियता और चिंता की कमी पूरी तरह से गायब हो गई थी।

Estaban alertas y activos, y ansiosos por hacer bien su trabajo.

वे सतर्क और सक्रिय थे तथा अपना काम अच्छी तरह से करने के लिए उत्सुक थे।

Se irritaban ferozmente ante cualquier cosa que causara retraso o confusión.

वे किसी भी ऐसी बात पर बुरी तरह चिढ़ जाते थे जिससे देरी या भ्रम पैदा होता था।

El duro trabajo en las riendas era el centro de todo su ser.

लगाम पर किया गया कठोर परिश्रम ही उनके सम्पूर्ण अस्तित्व का केन्द्र था।

Tirar del trineo parecía ser lo único que realmente disfrutaban.

स्लेज खींचना ही एकमात्र ऐसी चीज थी जिसका उन्हें सचमुच आनंद आता था।

Dave estaba en la parte de atrás del grupo, más cerca del trineo.

डेव समूह के पीछे था, स्लेज के सबसे निकट।

Buck fue colocado delante de Dave, y Solleks se adelantó a Buck.

बक को डेव के सामने रखा गया और सोलेक्स बक से आगे निकल गया।

El resto de los perros estaban dispersos adelante, en una sola fila.

बाकी कुत्ते एक पंक्ति में आगे की ओर बढ़ गए।

La posición de cabeza en la parte delantera quedó ocupada por Spitz.

आगे का प्रमुख स्थान स्पिट्ज़ ने भरा।

Buck había sido colocado entre Dave y Solleks para recibir instrucción.

बक को निर्देश के लिए डेव और सोलेक्स के बीच रखा गया था।

Él aprendía rápido y sus profesores eran firmes y capaces.

वह शीघ्र सीखने वाले थे और वे दृढ़ एवं योग्य शिक्षक थे।

Nunca permitieron que Buck permaneciera en el error por mucho tiempo.

उन्होंने बक को लंबे समय तक गलती करने की इजाजत नहीं दी।

Enseñaron sus lecciones con dientes afilados cuando era necesario.

जब जरूरत पड़ी तो उन्होंने अपनी शिक्षा तीखे दांतों से दी।

Dave era justo y mostraba un tipo de sabiduría tranquila y seria.

डेव निष्पक्ष थे और उन्होंने शांत, गंभीर प्रकार की बुद्धिमत्ता दिखाई।

Él nunca mordió a Buck sin una buena razón para hacerlo.

वह कभी भी बिना किसी अच्छे कारण के बक को नहीं काटता था।

Pero nunca dejó de morder cuando Buck necesitaba corrección.

लेकिन जब भी बक को सुधार की आवश्यकता होती थी, तो वह उसे सुधारने में कभी असफल नहीं होते थे।

El látigo de Francisco estaba siempre listo y respaldaba su autoridad.

फ़्राँस्वा का चाबुक हमेशा तैयार रहता था और उनके अधिकार को समर्थन देता था।

Buck pronto descubrió que era mejor obedecer que defenderse.

बक को जल्द ही यह समझ आ गया कि जवाबी हमले की अपेक्षा आज्ञा का पालन करना बेहतर है।

Una vez, durante un breve descanso, Buck se enredó en las riendas.

एक बार, थोड़े समय के विश्राम के दौरान, बक लगाम में उलझ गया।

Retrasó el inicio y confundió los movimientos del equipo.

उन्होंने शुरुआत में देरी की और टीम की चाल को भ्रमित कर दिया।

Dave y Solleks se abalanzaron sobre él y le dieron una paliza brutal.

डेव और सोलेक्स उस पर टूट पड़े और उसकी बुरी तरह पिटाई कर दी।

El enredo sólo empeoró, pero Buck aprendió bien la lección.

उलझन और भी बदतर हो गई, लेकिन बक ने अपना सबक अच्छी तरह सीख लिया।

A partir de entonces, mantuvo las riendas tensas y trabajó con cuidado.

तब से उन्होंने लगाम कसी रखी और सावधानी से काम किया।

Antes de que terminara el día, Buck había dominado gran parte de su tarea.

दिन समाप्त होने से पहले बक ने अपने अधिकांश कार्य पूरे कर लिये थे।

Sus compañeros casi dejaron de corregirlo y morderlo.

उसके साथियों ने उसे सुधारना या डांटना लगभग बंद कर दिया।

El látigo de François resonaba cada vez con menos frecuencia en el aire.

फ़ाँस्वा का कोड़ा हवा में कम ही फटता था।

Perrault incluso levantó los pies de Buck y examinó cuidadosamente cada pata.

पेरौल्ट ने तो बक के पैर भी उठाए और उनके प्रत्येक पंजे की सावधानीपूर्वक जांच की।

Había sido un día de carrera duro, largo y agotador para todos ellos.

यह एक कठिन दिन था, उन सभी के लिए लम्बा और थका देने वाला।

Viajaron por el Cañón, atravesando Sheep Camp y pasando por Scales.

वे कैनोन से होते हुए, भेड़ शिविर से होते हुए, और स्केल्स तक पहुंचे।

Cruzaron la línea de árboles, luego glaciares y bancos de nieve de muchos metros de profundidad.

उन्होंने लकड़ी की रेखा को पार किया, फिर ग्लेशियरों और कई फीट गहरे बर्फ के ढेरों को पार किया।

Escalaron la gran, fría y prohibitiva divisoria de Chilkoot.

वे महान ठण्डे और दुर्गम चिलकूट डिवाइड पर चढ़ गए।

Esa alta cresta se encontraba entre el agua salada y el interior helado.

वह ऊंची चोटी खारे पानी और जमे हुए अंदरूनी भाग के बीच स्थित थी।

Las montañas custodiaban con hielo y empinadas subidas el triste y solitario Norte.

पहाड़ बर्फ और खड़ी चढ़ाई के साथ उदास और एकाकी उत्तर की रक्षा करते थे।

Avanzaron a buen ritmo por una larga cadena de lagos debajo de la divisoria.

उन्होंने विभाजन रेखा के नीचे झीलों की एक लम्बी श्रृंखला को पार करने में अच्छा समय बिताया।

Esos lagos llenaban los antiguos cráteres de volcanes extintos.

ये झीलें विलुप्त ज्वालामुखियों के प्राचीन गड्ढों को भर देती थीं।

Tarde esa noche, llegaron a un gran campamento en el lago Bennett.

उस रात देर से वे बेनेट झील के पास एक बड़े शिविर में पहुंचे।

Miles de buscadores de oro estaban allí, construyendo barcos para la primavera.

हजारों की संख्या में सोना खोजने वाले लोग वहां मौजूद थे, जो वसंत के लिए नावें बना रहे थे।

El hielo se rompería pronto y tenían que estar preparados.

बर्फ जल्द ही पिघलने वाली थी और उन्हें तैयार रहना था।

Buck cavó su hoyo en la nieve y cayó en un sueño profundo.

बक ने बर्फ में अपना गड्ढा खोदा और गहरी नींद में सो गया।

Durmió como un trabajador, exhausto por la dura jornada de trabajo.

वह दिन भर की कठोर मेहनत से थककर एक कामकाजी व्यक्ति की तरह सो गया।

Pero demasiado pronto, en la oscuridad, fue sacado del sueño.

लेकिन बहुत जल्दी ही अँधेरे में उसे नींद से खींच लिया गया।

Fue enganchado nuevamente con sus compañeros y sujeto al trineo.

उसे फिर से उसके साथियों के साथ जोतकर स्लेज से जोड़ दिया गया।

Aquel día hicieron cuarenta millas, porque la nieve estaba muy pisoteada.

उस दिन वे चालीस मील चले, क्योंकि बर्फ अच्छी तरह जमी हुई थी।

Al día siguiente, y durante muchos días más, la nieve estaba blanda.

अगले दिन और उसके बाद कई दिनों तक बर्फ नरम रही।

Tuvieron que hacer el camino ellos mismos, trabajando más duro y moviéndose más lento.

उन्हें स्वयं ही रास्ता बनाना पड़ा, कड़ी मेहनत करनी पड़ी और धीमी गति से चलना पड़ा।

Por lo general, Perrault caminaba delante del equipo con raquetas de nieve palmeadas.

आमतौर पर, पेरौल्ट जालदार स्नोशूज़ पहनकर टीम के आगे चलते थे।

Sus pasos compactaron la nieve, facilitando el movimiento del trineo.

उसके कदमों ने बर्फ को ढक दिया, जिससे स्लेज का चलना आसान हो गया।

François, que dirigía el barco desde la dirección, a veces tomaba el relevo.

फ्रांकोइस, जो जी-पोल से संचालन करते थे, कभी-कभी कमान संभाल लेते थे।

Pero era raro que François tomara la iniciativa.

लेकिन यह दुर्लभ था कि फ्रांकोइस ने नेतृत्व संभाला

porque Perrault tenía prisa por entregar las cartas y los paquetes.

क्योंकि पेरौल्ट को पत्र और पार्सल पहुंचाने की जल्दी थी।

Perrault estaba orgulloso de su conocimiento de la nieve, y especialmente del hielo.

पेरौल्ट को बर्फ़, विशेषकर बर्फ़ के बारे में अपने ज्ञान पर गर्व था।

Ese conocimiento era esencial porque el hielo en otoño era peligrosamente delgado.

यह जानकारी आवश्यक थी, क्योंकि गिरने वाली बर्फ खतरनाक रूप से पतली थी।

Allí donde el agua fluía rápidamente bajo la superficie, no había hielo en absoluto.

जहां सतह के नीचे पानी तेजी से बहता था, वहां बर्फ बिल्कुल नहीं थी।

Día tras día, la misma rutina se repetía sin fin.

दिन-प्रतिदिन, बिना अंत के वही दिनचर्या दोहराई जाती रही।

Buck trabajó incansablemente en las riendas desde el amanecer hasta la noche.

बक ने सुबह से लेकर रात तक लगाम संभाले रखने में अथक परिश्रम किया।

Abandonaron el campamento en la oscuridad, mucho antes de que saliera el sol.

वे सूरज उगने से बहुत पहले ही अंधेरे में शिविर छोड़कर चले गए।

Cuando amaneció, ya habían recorrido muchos kilómetros.

जब दिन का उजाला हुआ तो कई मील की दूरी उनसे पीछे छूट चुकी थी।

Acamparon después del anochecer, comieron pescado y excavaron en la nieve.

वे अंधेरा होने के बाद शिविर लगाते, मछलियाँ खाते और बर्फ में बिल बनाते।

Buck siempre tenía hambre y nunca estaba realmente satisfecho con su ración.

बक हमेशा भूखा रहता था और अपने भोजन से कभी संतुष्ट नहीं होता था।

Recibía una libra y media de salmón seco cada día.

उन्हें प्रतिदिन डेढ़ पाउंड सूखा सामन मिलता था।

Pero la comida parecía desaparecer dentro de él, dejando atrás el hambre.

लेकिन ऐसा लग रहा था जैसे कि भोजन उसके अंदर से गायब हो गया हो और पीछे भूख रह गई हो।

Sufría constantes dolores de hambre y soñaba con más comida.

वह लगातार भूख से पीड़ित रहता था और अधिक भोजन के सपने देखता था।

Los otros perros sólo ganaron una libra, pero se mantuvieron fuertes.

अन्य कुत्तों को केवल एक पाउंड भोजन मिला, लेकिन वे मजबूत बने रहे।

Eran más pequeños y habían nacido en la vida del norte.

वे छोटे थे और उत्तरी जीवनशैली में पैदा हुए थे।

Perdió rápidamente la meticulosidad que había caracterizado su antigua vida.

उसने शीघ्र ही वह मितव्ययिता त्याग दी जो उसके पुराने जीवन की पहचान थी।

Había sido un comensal delicado, pero ahora eso ya no era posible.

वह बहुत स्वादिष्ट भोजन करता था, लेकिन अब ऐसा करना संभव नहीं था।

Sus compañeros terminaron primero y le robaron su ración sobrante.

उसके साथियों ने पहले खाना ख़त्म कर दिया और उसका अधूरा राशन लूट लिया।

Una vez que empezaron, no había forma de defender su comida de ellos.

एक बार जब वे शुरू हो गए तो उनसे भोजन बचाने का कोई रास्ता नहीं था।

Mientras él luchaba contra dos o tres perros, los otros le robaron el resto.

जब वह दो या तीन कुत्तों से लड़ने लगा तो बाकी कुत्तों ने बाकी कुत्तों को चुरा लिया।

Para solucionar esto, comenzó a comer tan rápido como los demás.

इसे ठीक करने के लिए, उसने भी उतनी ही तेजी से खाना शुरू कर दिया, जितनी तेजी से अन्य लोग खाते थे।

El hambre lo empujó tan fuerte que incluso tomó comida que no era suya.

भूख ने उसे इतना परेशान कर दिया कि उसने अपना भोजन भी नहीं खाया।

Observó a los demás y aprendió rápidamente de sus acciones.

उसने दूसरों को देखा और उनके कार्यों से शीघ्र ही सीख लिया।

Vio a Pike, un perro nuevo, robarle una rebanada de tocino a Perrault.

उसने देखा कि पाइक नामक नया कुत्ता, पेरौल्ट से बेकन का एक टुकड़ा चुरा रहा है।

Pike había esperado hasta que Perrault se dio la espalda para robarle el tocino.

पाइक ने बेकन चुराने के लिए पेरौल्ट की पीठ मुड़ने तक इंतजार किया था।

Al día siguiente, Buck copió a Pike y robó todo el trozo.

अगले दिन, बक ने पाइक की नकल की और पूरा टुकड़ा चुरा लिया।

Se produjo un gran alboroto, pero no se sospechó de Buck.

इसके बाद बहुत हंगामा हुआ, लेकिन बक को संदेह नहीं हुआ।

Dub, un perro torpe que siempre era atrapado, fue castigado.

डब नामक अनाड़ी कुत्ते को, जो हमेशा पकड़ा जाता था, दण्ड दिया गया।

Ese primer robo marcó a Buck como un perro apto para sobrevivir en el Norte.

उस पहली चोरी ने बक को उत्तर में जीवित रहने के लिए उपयुक्त कुत्ते के रूप में चिह्नित कर दिया।

Demostró que podía adaptarse a nuevas condiciones y aprender rápidamente.

उन्होंने दिखाया कि वे नई परिस्थितियों के अनुकूल ढल सकते हैं और शीघ्रता से सीख सकते हैं।

Sin esa adaptabilidad, habría muerto rápida y gravemente.

ऐसी अनुकूलनशीलता के बिना, उनकी मृत्यु शीघ्र और बुरी तरह हो जाती।

También marcó el colapso de su naturaleza moral y de sus valores pasados.

इससे उनकी नैतिक प्रकृति और पिछले मूल्यों का भी पतन हो गया।

En el Sur, había vivido bajo la ley del amor y la bondad.

साउथलैंड में वह प्रेम और दया के नियम के अधीन रहता था।

Allí tenía sentido respetar la propiedad y los sentimientos de los otros perros.

वहां संपत्ति और अन्य कुत्तों की भावनाओं का सम्मान करना समझदारी थी।

Pero en el Norte se aplicaba la ley del garrote y la ley del colmillo.

लेकिन नॉर्थलैंड ने क्लब के कानून और फेंग के कानून का पालन किया।

Quienquiera que respetara los viejos valores aquí sería un tonto y fracasaría.

जो भी यहां पुराने मूल्यों का सम्मान करेगा वह मूर्ख होगा और असफल होगा।

Buck no razonó todo esto en su mente.

बक ने अपने मन में यह सब तर्क नहीं किया।

Estaba en forma y se adaptó sin necesidad de pensar.

वह स्वस्थ था, इसलिए उसने बिना सोचे-समझे ही अपने आपको समायोजित कर लिया।

Durante toda su vida, nunca había huido de una pelea.

अपने पूरे जीवन में, वह कभी भी किसी लड़ाई से भागे नहीं थे।

Pero el garrote de madera del hombre del suéter rojo cambió esa regla.

लेकिन लाल स्वेटर वाले आदमी के लकड़ी के डंडे ने उस नियम को बदल दिया।

Ahora seguía un código más profundo y antiguo escrito en su ser.

अब वह अपने अस्तित्व में लिखे एक गहरे, पुराने कोड का अनुसरण करने लगा।

No robó por placer sino por el dolor del hambre.

वह खुशी से नहीं, बल्कि भूख की पीड़ा से चोरी करता था।

Él nunca robaba abiertamente, sino que hurtaba con astucia y cuidado.

वह कभी भी खुलेआम लूट नहीं करता था, बल्कि चालाकी और सावधानी से चोरी करता था।

Actuó por respeto al garrote de madera y por miedo al colmillo.

उसने लकड़ी के डंडे के प्रति सम्मान और नुकीले दांत के डर से ऐसा किया।

En resumen, hizo lo que era más fácil y seguro que no hacerlo.

संक्षेप में, उन्होंने वही किया जो न करने की अपेक्षा अधिक आसान और सुरक्षित था।

Su desarrollo —o quizás su regreso a los viejos instintos— fue rápido.

उनका विकास - या शायद पुरानी प्रवृत्ति की ओर उनकी वापसी - तेजी से हुई।

Sus músculos se endurecieron hasta sentirse tan fuertes como el hierro.

उसकी मांसपेशियाँ इतनी सख्त हो गईं कि वे लोहे की तरह मजबूत लगने लगीं।

Ya no le importaba el dolor, a menos que fuera grave.

अब उसे दर्द की परवाह नहीं थी, जब तक कि वह गंभीर न हो।

Se volvió eficiente por dentro y por fuera, sin desperdiciar nada.

वह अंदर और बाहर से कुशल बन गया, और उसने कुछ भी बर्बाद नहीं किया।

Podía comer cosas viles, podridas o difíciles de digerir.

वह ऐसी चीज़ें खा सकता था जो ख़राब, सड़ी हुई या पचाने में कठिन होती थीं।

Todo lo que comía, su estómago aprovechaba hasta el último vestigio de valor.

वह जो कुछ भी खाता था, उसका पेट उसका पूरा-पूरा उपयोग कर लेता था।

Su sangre transportaba los nutrientes a través de su poderoso cuerpo.

उसका रक्त पोषक तत्वों को उसके शक्तिशाली शरीर से दूर तक ले जाता था।

Esto creó tejidos fuertes que le dieron una resistencia increíble.

इससे उनके ऊतक मजबूत हुए, जिससे उन्हें अविश्वसनीय सहनशक्ति प्राप्त हुई।

Su vista y su olfato se volvieron mucho más sensibles que antes.

उसकी दृष्टि और गंध पहले की तुलना में बहुत अधिक संवेदनशील हो गयी।

Su audición se agudizó tanto que podía detectar sonidos débiles durante el sueño.

उसकी सुनने की शक्ति इतनी तेज हो गई कि वह नींद में भी धीमी आवाजें सुन सकता था।

Sabía en sueños si los sonidos significaban seguridad o peligro.

वह अपने सपनों में जानता था कि ये ध्वनियाँ सुरक्षा या खतरे का संकेत हैं।

Aprendió a morder el hielo entre los dedos de los pies con los dientes.

उसने अपने पैरों की उंगलियों के बीच की बर्फ को दांतों से काटना सीखा।

Si un charco de agua se congelaba, rompía el hielo con las piernas.

यदि कोई पानी का गड्ढा जम जाता तो वह अपने पैरों से बर्फ तोड़ता।

Se encabritó y golpeó con fuerza el hielo con sus rígidas patas delanteras.

वह पीछे की ओर उठा और अपने अगले कड़े पैरों से बर्फ पर जोरदार प्रहार किया।

Su habilidad más sorprendente era predecir los cambios del viento durante la noche.

उनकी सबसे उल्लेखनीय क्षमता रात में हवा में होने वाले परिवर्तन की भविष्यवाणी करना थी।

Incluso cuando el aire estaba quieto, elegía lugares protegidos del viento.

यहां तक कि जब हवा शांत होती थी, तब भी वह हवा से सुरक्षित स्थानों को चुनता था।

Dondequiera que cavaba su nido, el viento del día siguiente lo pasaba de largo.

जहां भी वह अपना घोंसला खोदता, अगले दिन की हवा उसके पास से गुजर जाती।

Siempre acababa abrigado y protegido, a sotavento de la brisa.

वह हमेशा आरामदायक और सुरक्षित स्थान पर, हवा की दिशा में रहता था।

Buck no sólo aprendió con la experiencia: sus instintos también regresaron.

बक ने न केवल अनुभव से सीखा - उसकी सहज प्रवृत्ति भी लौट आई।

Los hábitos de las generaciones domesticadas comenzaron a desaparecer.

घरेलू पीढ़ियों की आदतें खत्म होने लगीं।

De manera vaga, recordaba los tiempos antiguos de su raza.

अस्पष्ट रूप से, उसे अपनी नस्ल के प्राचीन समय की याद आ गई।

Recordó cuando los perros salvajes corrían en manadas por los bosques.

उसे वह समय याद आया जब जंगली कुते झुंड में जंगल में दौड़ते थे।

Habían perseguido y matado a su presa mientras la perseguían.

उन्होंने अपने शिकार का पीछा किया और उसे मार डाला।

Para Buck fue fácil aprender a pelear con dientes y velocidad.

बक के लिए यह सीखना आसान था कि दांत और गति के साथ कैसे लड़ना है।

Utilizaba cortes, tajos y chasquidos rápidos igual que sus antepasados.

वह अपने पूर्वजों की तरह ही कट, स्लैश और त्वरित स्नैप का प्रयोग करता था।

Aquellos antepasados se agitaron dentro de él y despertaron su naturaleza salvaje.

उन पूर्वजों ने उसके भीतर हलचल मचा दी और उसकी जंगली प्रकृति को जगा दिया।

Sus antiguas habilidades habían pasado a él a través de la línea de sangre.

उनके पुराने कौशल रक्त-परंपरा के माध्यम से उनमें चले आये थे।

Sus trucos ahora eran suyos, sin necesidad de práctica ni esfuerzo.

अब उनकी चालें उनकी थीं, अभ्यास या प्रयास की कोई आवश्यकता नहीं थी।

En las noches frías y quietas, Buck levantaba la nariz y aullaba.

शांत, ठंडी रातों में, बक अपनी नाक उठाकर चिल्लाता था।

Aulló largo y profundamente, como lo hacían los lobos antaño.

वह बहुत देर तक और गहरी आवाज में चिल्लाया, जिस तरह भेड़िये बहुत पहले चिल्लाया करते थे।

A través de él, sus antepasados muertos apuntaron sus narices y aullaron.

उसके माध्यम से, उसके मृत पूर्वजों ने अपनी नाक उठाई और चिल्लाया।

Aullaron a través de los siglos con su voz y su forma.

वे उसकी आवाज़ और आकार में सदियों से गूँज रहे हैं।

Sus cadencias eran las de ellos, viejos gritos que hablaban de dolor y frío.

उसकी लय उनकी थी, पुरानी चीखें जो दुख और ठंड की कहानी बयां करती थीं।

Cantaron sobre la oscuridad, el hambre y el significado del invierno.

उन्होंने अंधकार, भूख और सर्दी के अर्थ के बारे में गीत गाये।

Buck demostró cómo la vida está determinada por fuerzas ajenas a uno mismo.

बक ने यह सिद्ध किया कि किस प्रकार जीवन स्वयं से परे शक्तियों द्वारा आकार लेता है।

La antigua canción se elevó a través de Buck y se apoderó de su alma.

वह प्राचीन गीत बक के मन में गूंज उठा और उसकी आत्मा पर छा गया।

Se encontró a sí mismo porque los hombres habían encontrado oro en el Norte.

उसने स्वयं को इसलिए पाया क्योंकि लोगों को उत्तर में सोना मिल गया था।

Y se encontró porque Manuel, el ayudante del jardinero, necesitaba dinero.

और वह वहां इसलिए पहुंचा क्योंकि माली के सहायक मैनुअल को पैसों की जरूरत थी।

La Bestia Primordial Dominante
प्रमुख आदिम जानवर

La bestia primordial dominante era tan fuerte como siempre en Buck.

बक में प्रमुख आदिम जानवर पहले की तरह ही शक्तिशाली था।

Pero la bestia primordial dominante yacía latente en él.

लेकिन प्रमुख आदिम जानवर उसके अंदर निष्क्रिय पड़ा था।

La vida en el camino era dura, pero fortalecía a la bestia que Buck llevaba dentro.

ट्रेल जीवन कठोर था, लेकिन इसने बक के अंदर के जानवर को मजबूत कर दिया।

En secreto, la bestia se hacía cada día más fuerte.

गुप्त रूप से वह जानवर हर दिन अधिक शक्तिशाली होता जा रहा था।

Pero ese crecimiento interior permaneció oculto para el mundo exterior.

लेकिन वह आंतरिक विकास बाहरी दुनिया से छिपा रहा।

Una fuerza primordial, tranquila y calmada se estaba construyendo dentro de Buck.

बक के अंदर एक शांत और स्थिर आदिम शक्ति का निर्माण हो रहा था।

Una nueva astucia le proporcionó a Buck equilibrio, calma, control y aplomo.

नई चालाकी ने बक को संतुलन, शांत नियंत्रण और संतुलन दिया।

Buck se concentró mucho en adaptarse, sin sentirse nunca totalmente relajado.

बक ने अनुकूलन पर पूरा ध्यान केन्द्रित किया, कभी भी पूरी तरह से आराम महसूस नहीं किया।

Él evitaba los conflictos, nunca iniciaba peleas ni buscaba problemas.

वह संघर्ष से बचते थे, कभी झगड़ा नहीं करते थे, न ही कभी परेशानी मोल लेते थे।

Una reflexión lenta y constante moldeó cada movimiento de Buck.

धीमी, स्थिर विचारशीलता ने बक के हर कदम को आकार दिया।

Evitó las elecciones precipitadas y las decisiones repentinas e imprudentes.

उन्होंने जल्दबाजी में लिए गए निर्णयों और अचानक, लापरवाही भरे फैसलों से परहेज किया।

Aunque Buck odiaba profundamente a Spitz, no le mostró ninguna agresión.

हालाँकि बक स्पिट्ज़ से बहुत नफरत करता था, फिर भी उसने उसके प्रति कोई आक्रामकता नहीं दिखाई।

Buck nunca provocó a Spitz y mantuvo sus acciones moderadas.

बक ने कभी भी स्पिट्ज़ को उकसाया नहीं, तथा अपने कार्यों को संयमित रखा।

Spitz, por otro lado, percibió el creciente peligro en Buck.

दूसरी ओर, स्पिट्ज़ को बक में बढ़ते खतरे का आभास हो गया था।

Él veía a Buck como una amenaza y un serio desafío a su poder.

उन्होंने बक को अपनी सत्ता के लिए एक खतरा और गंभीर चुनौती के रूप में देखा।

Aprovechó cada oportunidad para gruñir y mostrar sus afilados dientes.

वह गुर्राने और अपने तीखे दांत दिखाने के हर मौके का फायदा उठाता था।

Estaba tratando de iniciar la pelea mortal que estaba por venir.

वह उस घातक लड़ाई को शुरू करने की कोशिश कर रहा था जो होनी ही थी।

Al principio del viaje casi se desató una pelea entre ellos.

यात्रा के आरंभ में ही उनके बीच झगड़ा होने की नौबत आ गई।

Pero un accidente inesperado detuvo la pelea.

लेकिन एक अप्रत्याशित दुर्घटना के कारण लड़ाई रुक गई।

Esa tarde acamparon en el gélido lago Le Barge.

उस शाम उन्होंने कड़ाके की ठण्डी लेक ले बार्ज पर शिविर स्थापित किया।

La nieve caía con fuerza y el viento cortaba como un cuchillo.

बर्फ़ तेज़ी से गिर रही थी और हवा चाकू की तरह काट रही थी।

La noche había llegado demasiado rápido y la oscuridad los rodeaba.

रात बहुत जल्दी आ गयी थी और अँधेरे ने उन्हें घेर लिया था।

Difícilmente podrían haber elegido un peor lugar para descansar.

उन्होंने आराम करने के लिए इससे ख़राब जगह शायद ही चुनी होगी।

Los perros buscaban desesperadamente un lugar donde tumbarse.

कुत्ते बेचैनी से लेटने के लिए जगह खोज रहे थे।

Detrás del pequeño grupo se alzaba una alta pared de roca.

छोटे समूह के पीछे एक ऊंची चट्टान की दीवार खड़ी थी।

La tienda de campaña había sido abandonada en Dyea para aligerar la carga.

बोझ हल्का करने के लिए तम्बू को डाया में ही छोड़ दिया गया था।

No les quedó más remedio que hacer el fuego sobre el propio hielo.

उनके पास बर्फ पर ही आग जलाने के अलावा कोई विकल्प नहीं था।

Extendieron sus batas para dormir directamente sobre el lago helado.

उन्होंने अपने शयन वस्त्र सीधे जमी हुई झील पर बिछा दिये।

Unos cuantos palitos de madera flotante les dieron un poco de fuego.

कुछ लकड़ियों से उन्हें थोड़ी सी आग मिल गई।

Pero el fuego se construyó sobre el hielo y se descongeló a través de él.

लेकिन आग बर्फ पर जलाई गई थी, और उसे पिघलाया गया।

Al final, estaban comiendo su cena en la oscuridad.

अंततः वे अंधेरे में अपना खाना खा रहे थे।

Buck se acurrucó junto a la roca, protegido del viento frío.

बक ठंडी हवा से बचने के लिए चट्टान के पास लेट गया।

El lugar era tan cálido y seguro que Buck odiaba mudarse.

वह स्थान इतना गर्म और सुरक्षित था कि बक को वहां से जाने में नफरत हो रही थी।

Pero François había calentado el pescado y estaba repartiendo raciones.

लेकिन फ़्रॉंस्वा ने मछली गर्म कर ली थी और राशन बाँट रहा था।

Buck terminó de comer rápidamente y regresó a su cama.

बक ने जल्दी से खाना ख़त्म किया और अपने बिस्तर पर वापस आ गया।

Pero Spitz ahora estaba acostado donde Buck había hecho su cama.

लेकिन स्पिट्ज़ अब वहीं लेटा था जहाँ बक ने उसका बिस्तर बनाया था।

Un gruñido bajo advirtió a Buck que Spitz se negaba a moverse.

एक धीमी गुर्राहट ने बक को चेतावनी दी कि स्पिट्ज हिलने से इनकार कर रहा है।

Hasta ahora, Buck había evitado esta pelea con Spitz.

अब तक बक स्पिट्ज़ के साथ इस लड़ाई से बचते रहे थे।

Pero en lo más profundo de Buck la bestia finalmente se liberó.

लेकिन बक के अंदर गहरे में वह राक्षस अंततः मुक्त हो गया।

El robo de su lugar para dormir era algo demasiado difícil de tolerar.

उसके सोने के स्थान की चोरी बर्दाश्त से बाहर थी।

Buck se lanzó hacia Spitz, lleno de ira y rabia.

बक क्रोध और गुस्से से भरकर स्पिट्ज पर झपटा।

Hasta ahora Spitz había pensado que Buck era sólo un perro grande.

अब तक स्पिट्ज ने यह नहीं सोचा था कि बक एक बड़ा कुत्ता है।

No creía que Buck hubiera sobrevivido a través de su espíritu.

उन्होंने यह नहीं सोचा था कि बक उनकी आत्मा के माध्यम से जीवित बच गया था।

Esperaba miedo y cobardía, no furia y venganza.

वह भय और कायरता की अपेक्षा कर रहा था, क्रोध और बदले की नहीं।

François se quedó mirando mientras los dos perros salían del nido en ruinas.

फ़्रॉंस्वा दोनों कुत्तों को उजड़े हुए घोंसले से बाहर निकलते देख रहा था।

Comprendió de inmediato lo que había iniciado la salvaje lucha.

वह तुरन्त समझ गया कि यह भयंकर संघर्ष किस बात से शुरू हुआ था।

—¡Ah! —gritó François en apoyo del perro marrón.

"आ-आह!" फ्राँस्वा भूरे कुत्ते के समर्थन में चिल्लाया।

¡Dale una paliza! ¡Por Dios, castiga a ese ladrón astuto!

"उसे खूब पीटा! भगवान की कसम, उस धूर्त चोर को सज़ा दो!"

Spitz mostró la misma disposición y un entusiasmo salvaje por luchar.

स्पिट्ज़ ने भी लड़ने के लिए समान तत्परता और जंगली उत्सुकता दिखाई।

Gritó de rabia mientras giraba rápidamente en busca de una abertura.

वह तेजी से चक्कर लगाते हुए, मौका तलाशते हुए गुस्से में चिल्लाया।

Buck mostró el mismo hambre de luchar y la misma cautela.

बक ने लड़ने की वही भूख और वही सावधानी दिखाई।

También rodeó a su oponente, intentando obtener la ventaja en la batalla.

उसने अपने प्रतिद्वंद्वी की भी परिक्रमा की, तथा युद्ध में बढ़त हासिल करने का प्रयास किया।

Entonces sucedió algo inesperado y lo cambió todo.

तभी कुछ अप्रत्याशित हुआ और सब कुछ बदल गया।

Ese momento retrasó la eventual lucha por el liderazgo.

उस क्षण ने अंततः नेतृत्व के लिए लड़ाई को विलंबित कर दिया।

Muchos kilómetros de camino y lucha aún nos esperaban antes del final.

अंत से पहले अभी भी कई मील की यात्रा और संघर्ष बाकी था।

Perrault gritó un juramento cuando un garrote impactó contra el hueso.

जैसे ही एक डंडा हड्डी पर मारा गया, पेरौल्ट ने शपथ ली।

Se escuchó un agudo grito de dolor y luego el caos explotó por todas partes.

इसके बाद दर्द की तीव्र चीख निकली और फिर चारों ओर अफरा-तफरी मच गई।

En el campamento se movían figuras oscuras: perros esquimales salvajes, hambrientos y feroces.

शिविर में काले रंग की आकृतियाँ घूम रही थीं; जंगली हस्की, भूखे और खूंखार।

Cuatro o cinco docenas de perros esquimales habían olfateado el campamento desde lejos.

चार-पांच दर्जन हस्की पक्षी दूर से ही शिविर को सूंघ रहे थे।

Se habían colado sigilosamente mientras los dos perros peleaban cerca.

वे चुपचाप अंदर घुस आए थे, जबकि पास में दो कुत्ते लड़ रहे थे।

François y Perrault atacaron con garrotes a los invasores.

फ़ाँस्वा और पेरौल्ट ने आक्रमणकारियों पर लाठियाँ भांजते हुए हमला किया।

Los perros esquimales hambrientos mostraron los dientes y contraatacaron frenéticamente.

भूखे-प्यासे हस्की ने अपने दांत दिखाए और उन्मत्त होकर लड़ने लगे।

El olor a carne y a pan les había hecho perder todo miedo.

मांस और रोटी की गंध ने उनका सारा भय दूर कर दिया था।

Perrault golpeó a un perro que había enterrado su cabeza en el cajón de comida.

पेरौल्ट ने एक कुत्ते को पीटा जिसने अपना सिर भोजन-पेटी में दबा रखा था।

El golpe fue muy fuerte y la caja se volcó, derramándose comida.

झटका जोर से लगा और बक्सा पलट गया तथा भोजन बाहर गिर गया।

En cuestión de segundos, una veintena de bestias salvajes destrozaron el pan y la carne.

कुछ ही सेकंड में दर्जनों जंगली जानवरों ने रोटी और मांस को नोच डाला।

Los garrotes de los hombres asestaron golpe tras golpe, pero ningún perro se apartó.

पुरुषों के क्लबों ने एक के बाद एक कई वार किए, लेकिन कोई भी कुत्ता पीछे नहीं हटा।

Aullaron de dolor, pero lucharon hasta que no quedó comida.

वे दर्द से चिल्लाते रहे, लेकिन तब तक लड़ते रहे जब तक कि भोजन नहीं बचा।

Mientras tanto, los perros de trineo habían saltado de sus camas nevadas.

इस बीच, स्लेज-कुत्ते अपने बर्फीले बिस्तरों से कूद पड़े थे।

Fueron atacados instantáneamente por los feroces y hambrientos huskies.

उन पर तुरंत ही भूखे खूंखार पक्षियों ने हमला कर दिया।

Buck nunca había visto criaturas tan salvajes y hambrientas antes.

बक ने पहले कभी ऐसे जंगली और भूखे जीव नहीं देखे थे।

Su piel colgaba suelta, ocultando apenas sus esqueletos.

उनकी त्वचा ढीली होकर लटक रही थी, जिससे उनका कंकाल मुश्किल से छिप रहा था।

Había un fuego en sus ojos, de hambre y locura.

उनकी आँखों में भूख और पागलपन की आग थी

No había manera de detenerlos, de resistirse a su ataque salvaje.

उन्हें रोकना संभव नहीं था; उनकी क्रूर दौड़ का प्रतिरोध करना भी संभव नहीं था।

Los perros de trineo fueron empujados hacia atrás y presionados contra la pared del acantilado.

स्लेज-कुत्तों को पीछे धकेल दिया गया और उन्हें चट्टान की दीवार से दबा दिया गया।

Tres perros esquimales atacaron a Buck a la vez, desgarrando su carne.

तीन हस्की ने एक साथ बक पर हमला किया और उसके मांस को नोच डाला।

La sangre le brotaba de la cabeza y de los hombros, donde había recibido el corte.

उसके सिर और कंधों से खून बह रहा था, जहां उसे काटा गया था।

El ruido llenó el campamento: gruñidos, aullidos y gritos de dolor.

शिविर में शोर भर गया; गुर्राहट, चीखें और दर्द भरी चीखें।

Billee gritó fuerte, como siempre, atrapada en la pelea y el pánico.

हमेशा की तरह, झगड़े और घबराहट में फंसकर बिली जोर-जोर से रोने लगी।

Dave y Solleks estaban uno al lado del otro, sangrando pero desafiantes.

डेव और सोलेक्स एक दूसरे के बगल में खड़े थे, खून बह रहा था लेकिन उनका मनोबल डगमगा रहा था।

Joe peleó como un demonio, mordiendo todo lo que se acercaba.

जो एक राक्षस की तरह लड़ रहा था, जो भी उसके करीब आता उसे काट लेता था।

Aplastó la pata de un husky con un brutal chasquido de sus mandíbulas.

उसने अपने जबड़े के एक क्रूर प्रहार से एक हस्की का पैर कुचल दिया।

Pike saltó sobre el husky herido y le rompió el cuello instantáneamente.

पाइक घायल हस्की पर कूद पड़ा और तुरन्त उसकी गर्दन तोड़ दी।

Buck agarró a un husky por el cuello y le arrancó la vena.

बक ने एक हस्की का गला पकड़ लिया और उसकी नस फाड़ दी।

La sangre salpicó y el sabor cálido llevó a Buck al frenesí.

खून छिड़का, और गर्म स्वाद ने बक को उन्माद में डाल दिया।

Se abalanzó sobre otro atacante sin dudarlo.

उसने बिना किसी हिचकिचाहट के दूसरे हमलावर पर हमला कर दिया।

En ese mismo momento, unos dientes afilados se clavaron en la garganta de Buck.

उसी क्षण, बक के गले में उसके तीखे दांत गड़ गये।

Spitz había atacado desde un costado, sin previo aviso.

स्पिट्ज़ ने बिना किसी चेतावनी के, बगल से हमला कर दिया था।

Perrault y François habían derrotado a los perros robando la comida.

पेरौल्ट और फ़्राँस्वा ने भोजन चुराने वाले कुत्तों को हरा दिया था।

Ahora se apresuraron a ayudar a sus perros a luchar contra los atacantes.

अब वे हमलावरों से लड़ने के लिए अपने कुत्तों की मदद करने के लिए दौड़े।

Los perros hambrientos se retiraron mientras los hombres blandían sus garrotes.

जब पुरुषों ने अपनी लाठियां घुमानी शुरू कीं तो भूखे कुत्ते पीछे हट गए।

Buck se liberó del ataque, pero el escape fue breve.

बक हमले से बच निकला, लेकिन वह बचकर नहीं निकल सका।

Los hombres corrieron a salvar a sus perros, y los huskies volvieron a atacarlos.

लोग अपने कुत्तों को बचाने के लिए भागे, और हस्की फिर से झुंड में आ गए।

Billee, aterrorizado y valiente, saltó hacia la jauría de perros.

डर के मारे बिली ने हिम्मत जुटाई और कुत्तों के झुंड में कूद पड़ी।

Pero luego huyó a través del hielo, presa del terror y el pánico.

लेकिन फिर वह भय और घबराहट में बर्फ के पार भाग गया।

Pike y Dub los siguieron de cerca, corriendo para salvar sus vidas.

पाइक और डब भी अपनी जान बचाने के लिए पीछे-पीछे भागे।

El resto del equipo se separó y se dispersó, siguiéndolos.

टीम के बाकी सदस्य भी टूटकर बिखर गए और उनके पीछे चले गए।

Buck reunió sus fuerzas para correr, pero entonces vio un destello.

बक ने भागने के लिए अपनी ताकत जुटाई, लेकिन तभी उसे एक चमक दिखाई दी।

Spitz se abalanzó sobre el costado de Buck, intentando derribarlo al suelo.

स्पिट्ज़ ने बक की ओर झपट्टा मारा और उसे ज़मीन पर गिराने की कोशिश की।

Bajo esa turba de perros esquimales, Buck no habría tenido escapatoria.

हस्कीज़ की उस भीड़ के नीचे, बक के पास बचने का कोई रास्ता नहीं था।

Pero Buck se mantuvo firme y se preparó para el golpe de Spitz.

लेकिन बक दृढ़ रहे और स्पिट्ज़ के प्रहार का सामना करने के लिए तैयार रहे।

Luego se dio la vuelta y salió corriendo al hielo con el equipo que huía.

फिर वह मुड़ा और भागती हुई टीम के साथ बर्फ पर भाग गया।

Más tarde, los nueve perros de trineo se reunieron al abrigo del bosque.

बाद में, नौ स्लेज-कुत्ते जंगल की शरण में एकत्र हुए।

Ya nadie los perseguía, pero estaban maltratados y heridos.

अब किसी ने उनका पीछा नहीं किया, लेकिन वे बुरी तरह घायल हो गये।

Cada perro tenía heridas: cuatro o cinco cortes profundos en cada cuerpo.

प्रत्येक कुत्ते के शरीर पर चार या पांच गहरे घाव थे।

Dub tenía una pata trasera herida y ahora le costaba caminar.

डब का पिछला पैर घायल हो गया था और अब उसे चलने में कठिनाई हो रही थी।

Dolly, la perrita más nueva de Dyea, tenía la garganta cortada.

डाया की सबसे नई कुतिया डॉली का गला कटा हुआ था।

Joe había perdido un ojo y la oreja de Billee estaba cortada en pedazos.

जो की एक आंख चली गई थी और बिली का कान टुकड़ों में कट गया था

Todos los perros lloraron de dolor y derrota durante toda la noche.

सभी कुत्ते रात भर दर्द और हार से रोते रहे।

Al amanecer regresaron al campamento doloridos y destrozados.

भोर होते ही वे थके हुए और टूटे हुए, धीरे-धीरे शिविर की ओर लौट आए।

Los perros esquimales habían desaparecido, pero el daño ya estaba hecho.

हस्कीज़ गायब हो गए थे, लेकिन नुकसान हो चुका था।

Perrault y François estaban de mal humor ante las ruinas.

पेराल्ट और फ्रॉस्वा खंडहर को देखकर दुखी हो गए।

La mitad de la comida había desaparecido, robada por los ladrones hambrientos.

आधा खाना भूखे चोरों ने छीन लिया।

Los perros esquimales habían destrozado las ataduras y la lona del trineo.

हस्कीज़ ने स्लेज की बाइंडिंग और कैनवास को फाड़ दिया था।

Todo lo que tenía olor a comida había sido devorado por completo.

भोजन की गंध वाली हर चीज को पूरी तरह खा लिया गया था।

Se comieron un par de botas de viaje de piel de alce de Perrault.

उन्होंने पेरौल्ट के मूस-चमड़े से बने यात्रा के जूतों की एक जोड़ी खा ली।

Masticaban correas de cuero y arruinaban las correas hasta dejarlas inservibles.

वे चमड़े की रीस चबाते थे और पट्टियों को इतना खराब कर देते थे कि उनका कोई उपयोग नहीं रह जाता था।

François dejó de mirar el látigo roto para revisar a los perros.

फ्राँस्वा ने कुत्तों की जाँच करने के लिए फटे हुए कोड़े को देखना बंद कर दिया।

—Ah, amigos míos —dijo en voz baja y llena de preocupación.

"आह, मेरे दोस्तों," उसने कहा, उसकी आवाज़ धीमी और चिंता से भरी हुई थी।

"Tal vez todas estas mordeduras os conviertan en bestias locas."

"हो सकता है कि ये सारे काटने तुम्हें पागल जानवर बना दें।"

—¡Quizás todos sean perros rabiosos, sacredam! ¿Qué opinas, Perrault?

"शायद सभी पागल कुत्ते हैं, सेक्रेडम! तुम क्या रोचते हो, पेरौल्ट?"

Perrault meneó la cabeza; sus ojos estaban oscuros por la preocupación y el miedo.

पेरौल्ट ने अपना सिर हिलाया, उनकी आंखें चिंता और भय से काली हो गयीं।

Todavía había cuatrocientas millas entre ellos y Dawson.

उनके और डावसन के बीच अभी भी चार सौ मील की दूरी थी।

La locura canina ahora podría destruir cualquier posibilidad de supervivencia.

कुत्तों का पागलपन अब जीवित रहने की किसी भी संभावना को नष्ट कर सकता है।

Pasaron dos horas maldiciendo y tratando de arreglar el engranaje.

उन्होंने दो घंटे गाली-गलौज और गियर ठीक करने में बिता दिए।

El equipo herido finalmente abandonó el campamento, destrozado y derrotado.

घायल टीम अंततः टूटी हुई और पराजित होकर शिविर से बाहर निकल गई।

Éste fue el camino más difícil hasta ahora y cada paso era doloroso.

यह अब तक का सबसे कठिन रास्ता था और हर कदम कष्टदायक था।

El río Treinta Millas no se había congelado y su caudal corría con fuerza.

थर्टी माइल नदी जमी नहीं थी, तथा वह तेजी से बह रही थी।

Sólo en los lugares tranquilos y en los remolinos el hielo logró retenerse.

केवल शांत स्थानों और घुमावदार भँवरों में ही बर्फ जमी रहती है।

Pasaron seis días de duro trabajo hasta recorrer las treinta millas.

तीस मील की दूरी पूरी होने तक छह दिन तक कड़ी मेहनत करनी पड़ी।

Cada kilómetro del camino traía consigo peligro y amenaza de muerte.

रास्ते का प्रत्येक मील खतरे और मौत का खतरा लेकर आता था।

Los hombres y los perros arriesgaban sus vidas con cada doloroso paso.

पुरुषों और कुत्तों ने हर दर्दनाक कदम उठाते हुए अपनी जान जोखिम में डाली।

Perrault rompió delgados puentes de hielo una docena de veces diferentes.

पेरौल्ट ने एक दर्जन बार पतली बर्फ के पुल को तोड़ा।

Llevó un palo y lo dejó caer sobre el agujero que había hecho su cuerpo.

उसने एक डंडा उठाया और उसे अपने शरीर से बने गड्ढे पर गिरा दिया।

Más de una vez ese palo salvó a Perrault de ahogarse.

एक से अधिक बार उस खंभे ने पेरौल्ट को डूबने से बचाया।

La ola de frío se mantuvo firme y el aire estaba a cincuenta grados bajo cero.

ठंड का प्रकोप जारी रहा, हवा का तापमान शून्य से पचास डिग्री नीचे था।

Cada vez que se caía, Perrault tenía que encender un fuego para sobrevivir.

हर बार जब वह पानी में गिरता था, तो जीवित रहने के लिए पेरौल्ट को आग जलानी पड़ती थी।

La ropa mojada se congelaba rápidamente, por lo que la secaba cerca del calor abrasador.

गीले कपड़े जल्दी जम जाते थे, इसलिए वह उन्हें तेज गर्मी में सुखाता था।

Ningún miedo afectó jamás a Perrault, y eso lo convirtió en mensajero.

पेरौल्ट को कभी भी किसी प्रकार का भय नहीं रहा और इसी डर ने उन्हें कूरियर बना दिया।

Fue elegido para el peligro y lo afrontó con tranquila resolución.

उन्हें खतरे के लिए चुना गया था, और उन्होंने इसका सामना शांत संकल्प के साथ किया।

Avanzó contra el viento, con el rostro arrugado y congelado.

वह हवा में आगे बढ़ा, उसका मुरझाया हुआ चेहरा बर्फ से जकड़ा हुआ था।

Desde el amanecer hasta el anochecer, Perrault los condujo hacia adelante.

भोर से लेकर शाम तक, पेरौल्ट ने उन्हें आगे बढ़ाया।

Caminó sobre un estrecho borde de hielo que se agrietaba con cada paso.

वह संकरी बर्फ पर चला जो हर कदम पर टूट रही थी।

No se atrevieron a detenerse: cada pausa suponía el riesgo de un colapso mortal.

उनमें रुकने की हिम्मत नहीं थी - प्रत्येक विराम से घातक पतन का खतरा था।

Una vez, el trineo se abrió paso y arrastró a Dave y Buck.

एक बार स्लेज टूट गई और डेव और बक भी उसमें फंस गए।

Cuando los liberaron, ambos estaban casi congelados.

जब तक उन्हें बाहर निकाला गया, दोनों लगभग जम चुके थे।

Los hombres hicieron un fuego rápidamente para mantener con vida a Buck y Dave.

बक और डेव को जीवित रखने के लिए लोगों ने तुरंत आग जलाई।

Los perros estaban cubiertos de hielo desde la nariz hasta la cola, rígidos como madera tallada.

कुत्ते नाक से लेकर पूँछ तक बर्फ से ढके हुए थे, नक्काशीदार लकड़ी की तरह सख्त।

Los hombres los hicieron correr en círculos cerca del fuego para descongelar sus cuerpos.

पुरुषों ने उनके शरीर को पिघलाने के लिए उन्हें आग के पास गोल-गोल घुमाया।

Se acercaron tanto a las llamas que su pelaje se quemó.

वे आग की लपटों के इतने करीब आ गए कि उनका फर झुलस गया।

Luego Spitz rompió el hielo y arrastró al equipo detrás de él.

स्पिट्ज़ ने अगली बार बर्फ को तोड़ दिया और टीम को अपने पीछे खींच लिया।

La ruptura llegó hasta donde Buck estaba tirando.

ब्रेक उस स्थान तक पहुंच गया जहां बक खींच रहा था।

Buck se reclinó con fuerza hacia atrás, sus patas resbalaron y temblaron en el borde.

बक ज़ोर से पीछे झुक गया, उसके पंजे फिसल रहे थे और किनारे पर काँप रहे थे।

Dave también se esforzó hacia atrás, justo detrás de Buck en la línea.

डेव भी पीछे की ओर झुक गया, लाइन पर बक के ठीक पीछे।

François tiró del trineo; sus músculos crujían por el esfuerzo.

फ़ाँस्वा स्लेज को खींच रहा था, प्रयास के कारण उसकी मांसपेशियाँ टूट रही थीं।

En otra ocasión, el borde del hielo se agrietó delante y detrás del trineo.

एक अन्य बार, स्लेज के आगे और पीछे रिम की बर्फ टूट गई।

No tenían otra salida que escalar una pared del acantilado congelado.

उनके पास जमी हुई चट्टान की दीवार पर चढ़ने के अलावा कोई रास्ता नहीं था।

De alguna manera Perrault logró escalar el muro; un milagro lo mantuvo con vida.

पेरौल्ट किसी तरह दीवार पर चढ़ गया; चमत्कार से वह जीवित बच गया।

François se quedó abajo, rezando por tener la misma suerte.

फ़ाँस्वा नीचे ही रुक गया और उसी तरह के भाग्य की प्रार्थना करने लगा।

Ataron todas las correas, amarres y tirantes hasta formar una cuerda larga.

उन्होंने हर पट्टा, बंधन और निशान को एक लम्बी रस्सी में बाँध दिया।

Los hombres subieron cada perro, uno a uno, hasta la cima.

पुरुषों ने एक-एक करके प्रत्येक कुत्ते को ऊपर खींच लिया।

François subió el último, después del trineo y toda la carga.

फ्रांकोइस स्लेज और पूरे सामान के बाद सबसे आखिर में चढ़ा।

Entonces comenzó una larga búsqueda de un camino para bajar de los acantilados.

फिर चट्टानों से नीचे उतरने के लिए रास्ते की लंबी खोज शुरू हुई।

Finalmente descendieron usando la misma cuerda que habían hecho.

अंततः वे उसी रस्सी का उपयोग करके नीचे उतरे जो उन्होंने बनाई थी।

La noche cayó cuando regresaron al lecho del río, exhaustos y doloridos.

रात होने पर वे थके हुए और दर्द से पीड़ित होकर नदी के किनारे लौटे।

El día completo les había proporcionado sólo un cuarto de milla de ganancia.

उन्हें केवल एक चौथाई मील की दूरी तय करने में पूरा दिन लग गया।

Cuando llegaron a Hootalinqua, Buck estaba agotado.

जब वे हूटालिंक्वा पहुंचे तो बक पूरी तरह थक चुका था।

Los demás perros sufrieron igual de mal las condiciones del sendero.

अन्य कुत्तों को भी ट्रेल की परिस्थितियों के कारण उतनी ही बुरी तरह से कष्ट सहना पड़ा।

Pero Perrault necesitaba recuperar tiempo y los presionaba cada día.

लेकिन पेरौल्ट को समय की बचत करनी थी और उन्होंने प्रत्येक दिन उन्हें आगे बढ़ाया।

El primer día viajaron treinta millas hasta Big Salmon.

पहले दिन वे बिग सैल्मन तक तीस मील की यात्रा की।

Al día siguiente viajaron treinta y cinco millas hasta Little Salmon.

अगले दिन वे पैंतीस मील की यात्रा करके लिटिल सैल्मन पहुंचे।

Al tercer día avanzaron a través de cuarenta largas y heladas millas.

तीसरे दिन वे चालीस मील लम्बी बर्फीली सड़क पार कर आगे बढ़े।

Para entonces, se estaban acercando al asentamiento de Five Fingers.

तब तक वे फाइव फिंगर्स के समझौते के करीब पहुंच चुके थे।

Los pies de Buck eran más suaves que los duros pies de los huskies nativos.

बक के पैर देशी हस्की के कठोर पैरों की तुलना में अधिक मुलायम थे।

Sus patas se habían vuelto tiernas a lo largo de muchas generaciones civilizadas.

कई सभ्य पीढ़ियों के दौरान उसके पंजे कोमल हो गए थे।

Hace mucho tiempo, sus antepasados habían sido domesticados por hombres del río o cazadores.

बहुत समय पहले, उसके पूर्वजों को नदी के लोगों या शिकारियों द्वारा पालतू बना लिया गया था।

Todos los días Buck cojeaba de dolor, caminando sobre sus patas doloridas y en carne viva.

हर दिन बक दर्द से लंगड़ाता हुआ, कच्चे, दुखते पंजों पर चलता था।

En el campamento, Buck cayó como un cuerpo sin vida sobre la nieve.

शिविर में, बक बर्फ पर एक निर्जीव शरीर की तरह गिर पड़ा।

Aunque estaba hambriento, Buck no se levantó a comer su cena.

भूख से व्याकुल होने के बावजूद, बक अपना शाम का खाना खाने के लिए नहीं उठा।

François le trajo a Buck su ración, poniendo pescado junto a su hocico.

फ़ॉस्वा बक के लिए राशन लेकर आया, और उसके थूथन के पास मछलियाँ रख दीं।

Cada noche, el conductor frotaba los pies de Buck durante media hora.

प्रत्येक रात ड्राइवर बक के पैरों को आधे घंटे तक रगड़ता था।

François incluso cortó sus propios mocasines para hacer calzado para perros.

फ़ॉस्वा ने तो कुत्तों के लिए जूते बनाने के लिए अपने मोकासिन भी स्वयं काटे।

Cuatro zapatos cálidos le dieron a Buck un gran y bienvenido alivio.

चार गर्म जूतों ने बक को बहुत राहत दी।

Una mañana, François olvidó los zapatos y Buck se negó a levantarse.

एक सुबह, फ़ॉस्वा जूते भूल गया, और बक ने उठने से इनकार कर दिया।

Buck yacía de espaldas, con los pies en el aire, agitándolos lastimeramente.

बक पीठ के बल लेटा था, पैर हवा में थे और दयनीय ढंग से उन्हें हिला रहा था।

Incluso Perrault sonrió al ver la dramática súplica de Buck.

बक की नाटकीय दलील को देखकर पेरौल्ट भी मुस्कुरा उठे।

Pronto los pies de Buck se endurecieron y los zapatos pudieron desecharse.

जल्द ही बक के पैर सख्त हो गए और जूते फेंकने पड़े।

En Pelly, durante el periodo de uso del arnés, Dolly emitió un aullido terrible.

पेली में, हार्नेस समय के दौरान, डॉली ने एक भयानक चीख निकाली।

El grito fue largo y lleno de locura, sacudiendo a todos los perros.

चीख बहुत लंबी और पागलपन से भरी थी, जिससे हर कुता कांप रहा था।

Cada perro se erizaba de miedo sin saber el motivo.

प्रत्येक कुता बिना कारण जाने ही डर से कांप उठा।

Dolly se volvió loca y se arrojó directamente hacia Buck.

डॉली पागल हो गई थी और सीधे बक पर झपटी।

Buck nunca había visto la locura, pero el horror llenó su corazón.

बक ने कभी पागलपन नहीं देखा था, लेकिन उसका दिल भय से भर गया था।

Sin pensarlo, se dio la vuelta y huyó presa del pánico absoluto.

बिना कुछ सोचे-समझे वह घबराकर मुड़ा और भाग गया।

Dolly lo persiguió con los ojos desorbitados y la saliva saliendo de sus mandíbulas.

डॉली ने उसका पीछा किया, उसकी आँखें पागलों जैसी थीं, उसके जबड़ों से लार बह रही थी।

Ella se mantuvo justo detrás de Buck, sin ganar terreno ni quedarse atrás.

वह बक के ठीक पीछे रही, न तो कभी आगे बढ़ी और न ही कभी पीछे हटी।

Buck corrió a través del bosque, bajó por la isla y cruzó el hielo irregular.

बक जंगलों से होते हुए, द्वीप के नीचे, दांतेदार बर्फ पर दौड़ा।

Cruzó hacia una isla, luego hacia otra, dando la vuelta nuevamente hasta el río.

वह एक द्वीप पार कर गया, फिर दूसरे द्वीप पर, और वापस नदी की ओर घूम गया।

Aún así Dolly lo persiguió, con su gruñido detrás de cada paso.

फिर भी डॉली उसका पीछा करती रही, हर कदम पर उसकी गुर्राहट उसके पीछे-पीछे आती रही।

Buck podía oír su respiración y su rabia, aunque no se atrevía a mirar atrás.

बक उसकी सांस और क्रोध को सुन सकता था, हालांकि वह पीछे मुड़कर देखने की हिम्मत नहीं कर सका।

François gritó desde lejos y Buck se giró hacia la voz.

फ़्राँस्वा ने दूर से चिल्लाकर कहा, और बक उस आवाज़ की ओर मुड़ा।

Todavía jadeando en busca de aire, Buck pasó corriendo, poniendo toda su esperanza en François.

अभी भी सांस के लिए हांफते हुए, बक भाग गया, और सारी उम्मीदें फ्रांकोइस पर टिका दीं।

El conductor del perro levantó un hacha y esperó mientras Buck pasaba volando.

कुत्ते के चालक ने कुल्हाड़ी उठाई और बक के उड़कर पास आने का इंतजार करने लगा।

El hacha cayó rápidamente y golpeó la cabeza de Dolly con una fuerza mortal.

कुल्हाड़ी तेजी से नीचे आई और डॉली के सिर पर घातक प्रहार किया।

Buck se desplomó cerca del trineo, jadeando e incapaz de moverse.

बक स्लेज के पास ही गिर पड़ा, उसे सांस लेने में तकलीफ हो रही थी और वह हिलने-डुलने में असमर्थ था।

Ese momento le dio a Spitz la oportunidad de golpear a un enemigo exhausto.

उस क्षण ने स्पिट्ज़ को एक थके हुए दुश्मन पर हमला करने का मौका दिया।

Mordió a Buck dos veces, desgarrando la carne hasta el hueso blanco.

उसने बक को दो बार काटा, जिससे उसका मांस सफेद हड्डी तक फट गया।

El látigo de François hizo chasquear el látigo y golpeó a Spitz con toda su fuerza y furia.

फ्राँस्वा का चाबुक फटा और उसने स्पिट्ज़ पर पूरी, उग्र ताकत से प्रहार किया।

Buck observó con alegría cómo Spitz recibía la paliza más dura que había recibido hasta entonces.

बक ने खुशी से देखा कि स्पिट्ज़ को अब तक की सबसे बुरी पिटाई दी गई।

"Es un demonio ese Spitz", murmuró Perrault para sí mismo.

"वह स्पिट्ज शैतान है," पेरौल्ट ने मन ही मन कहा।

"Algún día, ese maldito perro matará a Buck, lo juro".

"जल्द ही किसी दिन, वह शापित कुत्ता बक को मार डालेगा - मैं कसम खाता हूँ।"

—Ese Buck tiene dos demonios dentro —respondió François asintiendo.

"उस बक में दो शैतान हैं," फ्राँस्वा ने सिर हिलाकर जवाब दिया।

"Cuando veo a Buck, sé que algo feroz le aguarda dentro".

"जब मैं बक को देखता हूं, तो मुझे पता चलता है कि उसके अंदर कुछ भयंकर चीज छिपी हुई है।"

"Un día se pondrá furioso y destrozará a Spitz".

"एक दिन, वह आग की तरह क्रोधित हो जाएगा और स्पिट्ज़ को टुकड़े-टुकड़े कर देगा।"

"Masticará a ese perro y lo escupirá en la nieve congelada".

"वह उस कुते को चबाकर जमी हुई बर्फ पर थूक देगा।"

"Estoy seguro de que lo sé en lo más profundo de mi ser".

"निश्चित रूप से, मैं इसे अपनी हड्डियों की गहराई में जानता हूं।"

A partir de ese momento los dos perros quedaron en guerra.

उस क्षण से दोनों कुत्तों के बीच युद्ध छिड़ गया।

Spitz lideró al equipo y mantuvo el poder, pero Buck lo desafió.

स्पिट्ज़ ने टीम का नेतृत्व किया और शक्ति बनाए रखी, लेकिन बक ने उसे चुनौती दी।

Spitz vio su rango amenazado por este extraño extraño de Southland.

स्पिट्ज़ को लगा कि इस अजीब साउथलैंड अजनबी के कारण उनकी रैंक को खतरा हो सकता है।

Buck no se parecía a ningún otro perro sureño que Spitz hubiera conocido antes.

बक किसी भी दक्षिणी कुते से भिन्न था जिसे स्पिट्ज़ ने पहले कभी नहीं देखा था।

La mayoría de ellos fracasaron: eran demasiado débiles para sobrevivir al frío y al hambre.

उनमें से अधिकतर असफल हो गये - वे इतने कमज़ोर थे कि ठंड और भूख से बच नहीं सके।

Murieron rápidamente bajo el trabajo, las heladas y el lento ardor del hambre.

वे श्रम, ठंड और अकाल की धीमी मार से तेजी से मर गए।

Buck se destacó: cada día más fuerte, más inteligente y más salvaje.

बक अलग खड़ा था - प्रत्येक दिन अधिक मजबूत, अधिक चतुर और अधिक क्रूर होता जा रहा था।

Prosperó a pesar de las dificultades y creció hasta alcanzar el nivel de los perros esquimales del norte.

वह कठिनाइयों में भी फला-फूला और उतरी हस्कीज के बराबर विकसित हुआ।

Buck tenía fuerza, habilidad salvaje y un instinto paciente y mortal.

बक में ताकत थी, अदम्य कौशल था, तथा धैर्यवान, घातक प्रवृत्ति थी।

El hombre con el garrote había golpeado la temeridad de Buck.

डंडे वाले आदमी ने बक को पीट-पीटकर उसकी जल्दबाजी खत्म कर दी थी।

La furia ciega desapareció y fue reemplazada por una astucia silenciosa y control.

अंध क्रोध समाप्त हो गया, और उसकी जगह शांत चालाकी और नियंत्रण ने ले ली।

Esperó, tranquilo y primario, observando el momento adecuado.

वह शांत और सहज भाव से सही समय की प्रतीक्षा करता रहा।

Su lucha por el mando se hizo inevitable y clara.

कमान के लिए उनकी लड़ाई अपरिहार्य और स्पष्ट हो गई।

Buck deseaba el liderazgo porque su espíritu lo exigía.

बक नेतृत्व चाहते थे क्योंकि उनकी आत्मा इसकी मांग करती थी।

Lo impulsaba el extraño orgullo nacido del camino y del arnés.

वह पगडंडी और लगाम से पैदा हुए अजीब गर्व से प्रेरित था।

Ese orgullo hizo que los perros tiraran hasta caer sobre la nieve.

इस गर्व के कारण कुत्ते तब तक खींचते रहे जब तक वे बर्फ पर गिर नहीं पड़े।

El orgullo los llevó a dar toda la fuerza que tenían.

अहंकार ने उन्हें अपनी पूरी ताकत झोंकने के लिए प्रेरित किया।

El orgullo puede atraer a un perro de trineo incluso hasta el punto de la muerte.

घमंड एक स्लेज-कुत्ते को मौत के मुंह तक भी ले जा सकता है।

La pérdida del arnés dejó a los perros rotos y sin propósito.

पट्टा खोने से कुत्ते टूट गए और उनका कोई उद्देश्य नहीं रहा।

El corazón de un perro de trineo puede quedar aplastado por la vergüenza cuando se retira.

एक स्लेज-कुत्ते का दिल तब शर्म से कुचला जा सकता है जब वे सेवानिवृत्त होते हैं।

Dave vivió con ese orgullo mientras arrastraba el trineo desde atrás.

डेव उस गर्व के साथ जी रहा था क्योंकि वह स्लेज को पीछे से खींच रहा था।

Solleks también lo dio todo con fuerza y lealtad.

सोलेक्स ने भी पूरी ताकत और निष्ठा के साथ अपना सर्वस्व बलिदान कर दिया।

Cada mañana, el orgullo los transformaba de amargados a decididos.

प्रत्येक सुबह, गर्व उन्हें कटुता से दृढ़ निश्चय में बदल देता था।

Empujaron todo el día y luego se quedaron en silencio al final del campamento.

वे पूरे दिन दबाव बनाते रहे, फिर शिविर के अंत में चुप हो गए।

Ese orgullo le dio a Spitz la fuerza para poner a raya a los evasores.

उस गर्व ने स्पिट्ज़ को दूसरों को हराकर लाइन में आने की ताकत दी।

Spitz temía a Buck porque Buck tenía ese mismo orgullo profundo.

स्पिट्ज बक से डरता था क्योंकि बक भी उसी तरह का गहरा गर्व रखता था।

El orgullo de Buck ahora se agitó contra Spitz, y no se detuvo.

बक का अभिमान अब स्पिट्ज़ के विरुद्ध जाग उठा, और वह रुका नहीं।

Buck desafió el poder de Spitz y le impidió castigar a los perros.

बक ने स्पिट्ज़ की शक्ति का विरोध किया और उसे कुत्तों को दण्ड देने से रोक दिया।

Cuando otros fallaron, Buck se interpuso entre ellos y su líder.

जब अन्य लोग असफल हो गए, तो बक उनके और उनके नेता के बीच आ गया।

Lo hizo con intención, dejando claro y abierto su desafío.

उन्होंने यह काम जानबूझकर किया तथा अपनी चुनौती को खुला और स्पष्ट रखा।

Una noche, una fuerte nevada cubrió el mundo con un profundo silencio.

एक रात भारी बर्फबारी ने पूरे विश्व को गहरे सन्नाटे में ढक दिया।

A la mañana siguiente, Pike, perezoso como siempre, no se levantó para ir a trabajar.

अगली सुबह, पाइक हमेशा की तरह आलसी था, और काम पर नहीं गया।

Se quedó escondido en su nido bajo una gruesa capa de nieve.

वह बर्फ की मोटी परत के नीचे अपने घोंसले में छिपा रहा।

François gritó y buscó, pero no pudo encontrar al perro.

फ़ाँस्वा ने आवाज़ लगाई और खोजा, लेकिन कुत्ता नहीं मिला।

Spitz se puso furioso y atravesó furioso el campamento cubierto de nieve.

स्पिट्ज़ क्रोधित हो गया और बर्फ से ढके शिविर में घुस गया।

Gruñó y olfateó, cavando frenéticamente con ojos llameantes.

वह गुर्राया और सूँघने लगा, और अपनी जलती आँखों से पागलों की तरह खोदने लगा।

Su rabia era tan feroz que Pike tembló de miedo bajo la nieve.

उसका क्रोध इतना भयंकर था कि पाइक डर के मारे बर्फ के नीचे कांपने लगा।

Cuando finalmente encontraron a Pike, Spitz se abalanzó sobre él para castigar al perro que estaba escondido.

जब अंततः पाइक मिल गया, तो स्पिट्ज़ ने छिपे हुए कुत्ते को दण्ड देने के लिए उस पर हमला किया।

Pero Buck saltó entre ellos con una furia igual a la de Spitz.

लेकिन बक स्पिट्ज के बराबर क्रोध के साथ उनके बीच कूद पड़ा।

El ataque fue tan repentino e inteligente que Spitz cayó al suelo.

यह हमला इतना अचानक और चतुराईपूर्ण था कि स्पिट्ज़ अपने पैरों से गिर पड़ा।

Pike, que estaba temblando, se animó ante este desafío.

पाइक, जो काँप रहा था, को इस अवज्ञा से साहस मिला।

Saltó sobre el Spitz caído, siguiendo el audaz ejemplo de Buck.

वह बक के साहसिक उदाहरण का अनुसरण करते हुए गिरे हुए स्पिट्ज पर कूद पड़ा।

Buck, que ya no estaba obligado por la justicia, se unió a la huelga de Spitz.

बक, अब निष्पक्षता से बंधा हुआ नहीं था, इसलिए स्पिट्ज पर हमले में शामिल हो गया।

François, divertido pero firme en su disciplina, blandió su pesado látigo.

फ्रांकोइस ने प्रसन्नतापूर्वक तथा अनुशासन में दृढ़ रहते हुए अपना भारी चाबुक घुमाया।

Golpeó a Buck con todas sus fuerzas para acabar con la pelea.

उसने लड़ाई रोकने के लिए बक पर पूरी ताकत से प्रहार किया।

Buck se negó a moverse y se quedó encima del líder caído.

बक ने हिलने से इनकार कर दिया और गिरे हुए नेता के ऊपर ही बैठा रहा।

François entonces utilizó el mango del látigo y golpeó con fuerza a Buck.

इसके बाद फ्रांकोइस ने चाबुक के हैंडल का इस्तेमाल किया और बक पर जोरदार प्रहार किया।

Tambaleándose por el golpe, Buck cayó hacia atrás bajo el asalto.

वार से लड़खड़ाते हुए बक पीछे गिर पड़ा।

François golpeó una y otra vez mientras Spitz castigaba a Pike.

फ्राँस्वा ने बार-बार प्रहार किया जबकि स्पिट्ज़ ने पाइक को दंडित किया।

Pasaron los días y Dawson City estaba cada vez más cerca.

दिन बीतते गए और डावसन सिटी नजदीक आती गई।

Buck seguía interfiriendo, interponiéndose entre Spitz y otros perros.

बक लगातार हस्तक्षेप करता रहा, स्पिट्ज और अन्य कुत्तों के बीच से फिसलता रहा।

Elegía bien sus momentos, esperando siempre que François se marchase.

उन्होंने अपने क्षणों का चयन बहुत अच्छे से किया, हमेशा फ्रांकोइस के जाने का इंतजार किया।

La rebelión silenciosa de Buck se extendió y el desorden se arraigó en el equipo.

बक का शांत विद्रोह फैल गया और टीम में अव्यवस्था फैल गई।

Dave y Solleks se mantuvieron leales, pero otros se volvieron rebeldes.

डेव और सोलेक्स वफादार बने रहे, लेकिन अन्य लोग अनियंत्रित हो गए।

El equipo empeoró: se volvió inquieto, pendenciero y fuera de lugar.

टीम की हालत खराब होती गई - बेचैन, झगड़ालू और अनुशासनहीन।

Ya nada funcionaba con fluidez y las peleas se volvieron algo habitual.

अब कोई भी काम सुचारू रूप से नहीं चलता था और झगड़े आम बात हो गई थी।

Buck permaneció en el corazón del problema, provocando siempre malestar.

बक हमेशा परेशानी के केंद्र में रहा और हमेशा अशांति भड़काता रहा।

François se mantuvo alerta, temeroso de la pelea entre Buck y Spitz.

बक और स्पिट्ज के बीच लड़ाई के डर से फ़ाँस्वा सतर्क रहा।

Cada noche, las peleas lo despertaban, temiendo que finalmente llegara el comienzo.

हर रात झगड़े से वह जाग जाता था, इस डर से कि कहीं वह दिन आ ही न जाए।

Saltó de su túnica, dispuesto a detener la pelea.

वह लड़ाई को रोकने के लिए अपने वस्त्र से उछल पड़ा।

Pero el momento nunca llegó y finalmente llegaron a Dawson.

लेकिन वह क्षण कभी नहीं आया और अंततः वे डाउसन पहुंच गये।

El equipo entró en la ciudad una tarde sombría, tensa y silenciosa.

टीम एक उदास, तनावपूर्ण और शांत दोपहर में शहर में दाखिल हुई।

La gran batalla por el liderazgo todavía estaba suspendida en el aire.

नेतृत्व के लिए महान लड़ाई अभी भी ठंडी हवा में लटकी हुई है।

Dawson estaba lleno de hombres y perros de trineo, todos ocupados con el trabajo.

डावसन में लोग और स्लेज-कुत्ते भरे हुए थे, सभी काम में व्यस्त थे।

Buck observó a los perros tirar cargas desde la mañana hasta la noche.

बक सुबह से लेकर रात तक कुत्तों को बोझ खींचते देखता रहा।

Transportaban troncos y leña y transportaban suministros a las minas.

वे लकड़ियाँ और जलाऊ लकड़ी ढोते थे, तथा खदानों तक रसद पहुँचाते थे।

Donde antes trabajaban los caballos en las tierras del sur, ahora trabajaban los perros.

साउथलैंड में जहां पहले घोड़े काम करते थे, अब कुत्ते काम करते हैं।

Buck vio algunos perros del sur, pero la mayoría eran huskies parecidos a lobos.

बक ने दक्षिण से आये कुछ कुत्तों को देखा, लेकिन उनमें से अधिकांश भेड़िये जैसे हस्की थे।

Por la noche, como un reloj, los perros alzaban sus voces cantando.

रात को, घड़ी की सुई की तरह, कुत्ते गाने की आवाजें ऊंची करते थे।

A las nueve, a las doce y de nuevo a las tres, empezó el canto.

नौ बजे, आधी रात को और फिर तीन बजे गाना शुरू हुआ।

A Buck le encantaba unirse a su canto misterioso, de sonido salvaje y antiguo.

बक को उनके भयानक मंत्रोच्चार में शामिल होना अच्छा लगता था, जो जंगली और प्राचीन ध्वनि वाला था।

La aurora llameó, las estrellas bailaron y la nieve cubrió la tierra.

ध्रुवीय ज्योति प्रज्वलित हुई, तारे नाचने लगे, तथा धरती बर्फ से ढक गई।

El canto de los perros se elevó como un grito contra el silencio y el frío intenso.

कुत्तों का गाना सन्नाटे और कड़ाके की ठंड के खिलाफ चीख के रूप में उभरा।

Pero su aullido contenía tristeza, no desafío, en cada larga nota.

लेकिन उनकी चीख़ के हर लंबे स्वर में विरोध नहीं, बल्कि दुख छिपा था।

Cada grito lamentable estaba lleno de súplica: el peso de la vida misma.

हर करुण क्रंदन याचना से भरा था; जीवन का बोझ था।

Esa canción era vieja, más vieja que las ciudades y más vieja que los incendios.

वह गीत पुराना था - शहरों से भी पुराना, और आग से भी पुराना

Aquella canción era más antigua incluso que las voces de los hombres.

वह गीत मनुष्यों की आवाज़ों से भी अधिक प्राचीन था।

Era una canción del mundo joven, cuando todas las canciones eran tristes.

यह युवा दुनिया का एक गीत था, जब सभी गीत दुःखद होते थे।

La canción transportaba el dolor de incontables generaciones de perros.

इस गीत में कुत्तों की अनगिनत पीढ़ियों का दुःख समाहित था।

Buck sintió la melodía profundamente, gimiendo por un dolor arraigado en los siglos.

बक ने धुन को गहराई से महसूस किया, और सदियों पुरानी पीड़ा से कराह उठा।

Sollozaba por un dolor tan antiguo como la sangre salvaje en sus venas.

वह उस दुःख से सिसक उठा जो उसकी रगों में बहते खून जितना पुराना था।

El frío, la oscuridad y el misterio tocaron el alma de Buck.

ठण्ड, अँधेरा और रहस्य ने बक की आत्मा को छू लिया।

Esa canción demostró hasta qué punto Buck había regresado a sus orígenes.

उस गीत ने सिद्ध कर दिया कि बक अपने मूल की ओर कितनी दूर लौट आया था।

Entre la nieve y los aullidos había encontrado el comienzo de su propia vida.

बर्फ और चीख-पुकार के बीच उसने अपने जीवन की शुरुआत पा ली थी।

Siete días después de llegar a Dawson, partieron nuevamente.

डाउसन पहुंचने के सात दिन बाद वे एक बार फिर रवाना हुए।

El equipo descendió del cuartel hasta el sendero Yukon.

टीम बैरकों से नीचे युकोन ट्रेल तक उतरी।

Comenzaron el viaje de regreso hacia Dyea y Salt Water.

उन्होंने डाया और साल्ट वाटर की ओर वापस यात्रा शुरू की।

Perrault llevaba despachos aún más urgentes que antes.

पेरौल्ट पहले से भी अधिक जरूरी संदेश लेकर आए।

También se sintió dominado por el orgullo por el sendero y se propuso establecer un récord.

उनमें भी ट्रेल के प्रति गर्व की भावना थी और उन्होंने एक रिकार्ड स्थापित करने का लक्ष्य रखा।

Esta vez, varias ventajas estaban del lado de Perrault.

इस बार, कई लाभ पेरौल्ट के पक्ष में थे।

Los perros habían descansado durante una semana entera y recuperaron su fuerza.

कुत्तों ने पूरे एक सप्ताह तक आराम किया और अपनी ताकत वापस पा ली।

El camino que ellos habían abierto ahora estaba compactado por otros.

जिस रास्ते को उन्होंने तोड़ा था, उसे अब दूसरों ने पक्का कर दिया है।

En algunos lugares, la policía había almacenado comida tanto para perros como para hombres.

कई स्थानों पर पुलिस ने कुत्तों और मनुष्यों दोनों के लिए भोजन का भंडारण किया था।

Perrault viajaba ligero, moviéndose rápido y con poco que lo pesara.

पेरौल्ट हल्के सामान के साथ तेजी से यात्रा करते थे, उनका वजन बहुत कम था।

Llegaron a Sixty-Mile, un recorrido de cincuenta millas, en la primera noche.

वे पहली रात तक पचास मील की दौड़, सिक्सटी-माइल, तक पहुंच गये।

El segundo día, se apresuraron a subir por el Yukón hacia Pelly.

दूसरे दिन, वे युकोन से पेली की ओर बढ़े।

Pero estos grandes avances implicaron un gran esfuerzo para François.

लेकिन इतनी अच्छी प्रगति फ्राँस्वा के लिए बहुत तनाव लेकर आई।

La rebelión silenciosa de Buck había destrozado la disciplina del equipo.

बक के शांत विद्रोह ने टीम के अनुशासन को तहस-नहस कर दिया था।

Ya no tiraban juntos como una sola bestia bajo las riendas.

वे अब एक जानवर की तरह एक साथ नहीं खींचे जाते थे।

Buck había llevado a otros al desafío mediante su valiente ejemplo.

बक ने अपने साहसिक उदाहरण के माध्यम से दूसरों को विद्रोह की ओर प्रेरित किया था।

La orden de Spitz ya no fue recibida con miedo ni respeto.

स्पिट्ज़ के आदेश को अब भय या सम्मान के साथ नहीं देखा जाता था।

Los demás perdieron el respeto que le tenían y se atrevieron a resistirse a su gobierno.

अन्य लोगों का उससे भय समाप्त हो गया और उन्होंने उसके शासन का विरोध करने का साहस किया।

Una noche, Pike robó medio pescado y se lo comió bajo la mirada de Buck.

एक रात, पाइक ने आधी मछली चुरा ली और बक की नजरों के सामने उसे खा गया।

Otra noche, Dub y Joe pelearon contra Spitz y quedaron impunes.

एक और रात, डब और जो ने स्पिट्ज़ से लड़ाई की और उन्हें सजा नहीं मिली।

Incluso Billee se quejó con menos dulzura y mostró una nueva agudeza.

यहां तक कि बिली की भी शिकायत कम मीठी हो गई और उसमें नया तीखापन आ गया।

Buck le gruñó a Spitz cada vez que se cruzaban.

हर बार जब वे दोनों एक दूसरे के सामने पड़ते तो बक स्पिट्ज पर गुर्राहट करता।

La actitud de Buck se volvió audaz y amenazante, casi como la de un matón.

बक का रवैया दुस्साहसी और धमकी भरा हो गया, लगभग एक बदमाश जैसा।

Caminó delante de Spitz con arrogancia, lleno de amenaza burlona.

वह स्पिट्ज के सामने अकड़कर, पूरी तरह से उपहासपूर्ण धमकी के साथ चला।

Ese colapso del orden se extendió también entre los perros de trineo.

व्यवस्था का यह पतन स्लेज-कुत्तों में भी फैल गया।

Pelearon y discutieron más que nunca, llenando el campamento de ruido.

वे पहले से भी अधिक लड़ने और बहस करने लगे, जिससे शिविर शोर से भर गया।

La vida en el campamento se convertía cada noche en un caos salvaje y aullante.

शिविर का जीवन प्रत्येक रात जंगली, चीख-पुकार वाली अराजकता में बदल गया।

Sólo Dave y Solleks permanecieron firmes y concentrados.

केवल डेव और सोलेक्स ही स्थिर और केंद्रित रहे।

Pero incluso ellos se enojaron por las peleas constantes.

लेकिन लगातार झगड़ों से वे भी चिड़चिड़े हो गए।

François maldijo en lenguas extrañas y pisoteó con frustración.

फ़्राँस्वा अजीब-अजीब भाषा में गालियाँ दे रहा था और हताशा में पैरों से ठोकरें खा रहा था।

Se tiró del pelo y gritó mientras la nieve volaba bajo sus pies.

वह अपने बाल नोचता हुआ चिल्ला रहा था, जबकि उसके पैरों के नीचे बर्फ उड़ रही थी।

Su látigo azotó a la manada, pero apenas logró mantenerlos bajo control.

उसका चाबुक झुंड पर टूट पड़ा, लेकिन वह उन्हें बड़ी मुश्किल से लाइन में रख पाया।

Cada vez que él le daba la espalda, la lucha estallaba de nuevo.

जब भी वह पीठ फेरता, लड़ाई फिर शुरू हो जाती।

François utilizó el látigo para azotar a Spitz, mientras Buck lideraba a los rebeldes.

फ़ाँस्वा ने स्पिट्ज़ के लिए चाबुक का प्रयोग किया, जबकि बक ने विद्रोहियों का नेतृत्व किया।

Cada uno conocía el papel del otro, pero Buck evitó cualquier culpa.

दोनों को एक-दूसरे की भूमिका का पता था, लेकिन बक ने किसी पर भी दोष नहीं लगाया।

François nunca sorprendió a Buck iniciando una pelea o eludiendo su trabajo.

फ़ाँस्वा ने कभी भी बक को झगड़ा करते या अपने काम से बचते नहीं देखा।

Buck trabajó duro con el arnés; el trabajo ahora emocionaba su espíritu.

बक ने कड़ी मेहनत की - अब यह परिश्रम उसकी आत्मा को रोमांचित कर रहा था।

Pero encontró aún más alegría al provocar peleas y caos en el campamento.

लेकिन शिविर में झगड़े और अराजकता फैलाने में उसे और भी अधिक आनंद मिलता था।

Una noche, en la desembocadura del Tahkeena, Dub asustó a un conejo.

एक शाम तहकीना के मुँह पर डब ने एक खरगोश को चौंका दिया।

Falló el tiro y el conejo con raquetas de nieve saltó lejos.

वह शिकार करने से चूक गया और स्नोशू खरगोश उछलकर दूर चला गया।

En cuestión de segundos, todo el equipo de trineo los persiguió con gritos salvajes.

कुछ ही सेकंड में पूरी स्लेज टीम ने जंगली चीखें मारते हुए उनका पीछा किया।

Cerca de allí, un campamento de la Policía del Noroeste albergaba cincuenta perros husky.

पास में ही उत्तर-पश्चिम पुलिस शिविर में पचास हस्की कुत्ते रखे गए थे।

Se unieron a la caza y navegaron juntos por el río helado.

वे शिकार में शामिल हो गए, और जमी हुई नदी में एक साथ आगे बढ़ने लगे।

El conejo se desvió del río y huyó hacia el lecho congelado del arroyo.

खरगोश नदी से दूर चला गया और एक जमे हुए नाले की ओर भाग गया।

El conejo saltaba suavemente sobre la nieve mientras los perros se abrían paso con dificultad.

खरगोश बर्फ पर हल्के से उछल रहा था, जबकि कुत्ते संघर्ष कर रहे थे।

Buck lideró la enorme manada de sesenta perros en cada curva.

बक ने साठ कुत्तों के विशाल समूह को प्रत्येक घुमावदार मोड़ पर ले गया।

Avanzó lentamente y con entusiasmo, pero no pudo ganar terreno.

वह आगे बढ़ा, नीचे झुका और उत्सुक था, लेकिन आगे नहीं बढ़ सका।

Su cuerpo brillaba bajo la pálida luna con cada poderoso salto.

प्रत्येक शक्तिशाली छलांग के साथ उसका शरीर पीले चाँद के नीचे चमक उठता था।

Más adelante, el conejo se movía como un fantasma, silencioso y demasiado rápido para atraparlo.

आगे खरगोश भूत की तरह चल रहा था, चुपचाप और इतनी तेज कि उसे पकड़ना मुश्किल था।

Todos esos viejos instintos —el hambre, la emoción— se apoderaron de Buck.

वे सभी पुरानी प्रवृत्तियाँ - भूख, रोमांच - बक के भीतर उमड़ पड़ीं।

Los humanos a veces sienten este instinto y se ven impulsados a cazar con armas de fuego y balas.

मनुष्य कभी-कभी इस प्रवृत्ति को महसूस करता है, तथा बंदूक और गोली से शिकार करने के लिए प्रेरित होता है।

Pero Buck sintió este sentimiento a un nivel más profundo y personal.

लेकिन बक ने इस भावना को अधिक गहरे और व्यक्तिगत स्तर पर महसूस किया।

No podían sentir lo salvaje en su sangre como Buck podía sentirlo.

वे अपने खून में जंगलीपन को उस तरह महसूस नहीं कर सकते थे जिस तरह बक महसूस कर सकता था।

Persiguió carne viva, dispuesto a matar con los dientes y saborear la sangre.

वह जीवित मांस का पीछा करता था, अपने दांतों से मारने और खून का स्वाद चखने के लिए तैयार रहता था।

Su cuerpo se tensó de alegría, queriendo bañarse en la cálida vida roja.

उसका शरीर खुशी से तना हुआ था, वह गर्म लाल जीवन में स्नान करना चाहता था।

Una extraña alegría marca el punto más alto que la vida puede alcanzar.

एक अजीब सी खुशी जीवन के उच्चतम बिंदु को चिह्नित करती है।

La sensación de una cima donde los vivos olvidan que están vivos.

एक शिखर की अनुभूति जहां जीवित लोग भूल जाते हैं कि वे जीवित भी हैं।

Esta alegría profunda conmueve al artista perdido en una inspiración ardiente.

यह गहन आनन्द प्रज्वलित प्रेरणा में खोए हुए कलाकार को छू लेता है।

Esta alegría se apodera del soldado que lucha salvajemente y no perdona a ningún enemigo.

यह आनन्द उस सैनिक को प्राप्त होता है जो बेतहाशा लड़ता है और किसी भी शत्रु को नहीं छोड़ता।

Esta alegría ahora se apoderó de Buck mientras lideraba la manada con hambre primaria.

इस खुशी ने अब बक को भी अपनी गिरफ्त में ले लिया क्योंकि वह आदिम भूख में सबसे आगे था।

Aulló con el antiguo grito del lobo, emocionado por la persecución en vida.

वह जीवित पीछा से रोमांचित होकर प्राचीन भेड़िया-चीख के साथ चिल्लाया।

Buck recurrió a la parte más antigua de sí mismo, perdida en la naturaleza.

बक ने अपने सबसे पुराने हिस्से को याद किया, जो जंगल में खोया हुआ था।

Llegó a lo más profundo, más allá de la memoria, al tiempo crudo y antiguo.

वह अतीत की गहरी स्मृतियों, कच्चे, प्राचीन समय में पहुंच गया।

Una ola de vida pura recorrió cada músculo y tendón.

प्रत्येक मांसपेशी और स्नायु में शुद्ध जीवन की लहर दौड़ गयी।

Cada salto gritaba que vivía, que avanzaba a través de la muerte.

प्रत्येक छलांग यह बताती थी कि वह जीवित है, वह मृत्यु से होकर गुजर रहा है।

Su cuerpo se elevaba alegremente sobre una tierra quieta y fría que nunca se movía.

उसका शरीर आनन्दपूर्वक उस स्थिर, ठण्डी भूमि पर उड़ रहा था जो कभी हिलती नहीं थी।

Spitz se mantuvo frío y astuto, incluso en sus momentos más salvajes.

स्पिट्ज़ अपने सबसे उग्र क्षणों में भी ठंडे और चालाक बने रहे।

Dejó el sendero y cruzó el terreno donde el arroyo se curvaba ampliamente.

वह पगडंडी छोड़कर उस भूमि को पार कर गया जहां एक नाला चौड़ा होकर मुड़ गया था।

Buck, sin darse cuenta de esto, permaneció en el sinuoso camino del conejo.

बक इस बात से अनजान होकर खरगोश के घुमावदार रास्ते पर ही रुका रहा।

Entonces, cuando Buck dobló una curva, el conejo fantasmal estaba frente a él.

फिर, जैसे ही बक एक मोड़ पर पहुंचा, भूत जैसा खरगोश उसके सामने आ गया।

Vio una segunda figura saltar desde la orilla delante de la presa.

उसने देखा कि शिकार से पहले एक दूसरा व्यक्ति किनारे से छलांग लगाकर आगे बढ़ रहा है।

La figura era Spitz, aterrizando justo en el camino del conejo que huía.

वह आकृति स्पिट्ज़ थी, जो भागते हुए खरगोश के रास्ते में आकर रुकी थी।

El conejo no pudo girar y se encontró con las fauces de Spitz en el aire.

खरगोश मुड़ नहीं सका और हवा में ही स्पिट्ज के जबड़े में फंस गया।

La columna vertebral del conejo se rompió con un chillido tan agudo como el grito de un humano moribundo.

खरगोश की रीढ़ की हड्डी एक ऐसी चीख के साथ टूट गई जो किसी मरते हुए इंसान की चीख के समान थी।

Ante ese sonido, la caída de la vida a la muerte, la manada aulló fuerte.

उस ध्वनि पर - जीवन से मृत्यु की ओर गिरावट - झुंड जोर से चिल्लाया।

Un coro salvaje se elevó detrás de Buck, lleno de oscuro deleite.

बक के पीछे से एक क्रूर कोरस गूंज उठा, जो अंधकारमय खुशी से भरा था।

Buck no emitió ningún grito ni sonido y se lanzó directamente hacia Spitz.

बक ने न तो कोई चीख़ी, न ही कोई आवाज़ की, और सीधे स्पिट्ज़ पर हमला कर दिया।

Apuntó a la garganta, pero en lugar de eso golpeó el hombro.

उसने गला दबाने पर निशाना साधा, लेकिन कंधे पर वार हुआ।

Cayeron sobre la nieve blanda; sus cuerpos trabados en combate.

वे नरम बर्फ में लुढ़क रहे थे; उनके शरीर युद्ध में बंधे हुए थे।

Spitz se levantó rápidamente, como si nunca lo hubieran derribado.

स्पिट्ज़ इतनी तेजी से उछला, मानो कभी गिरा ही न हो।

Cortó el hombro de Buck y luego saltó para alejarse de la pelea.

उसने बक के कंधे पर वार किया और फिर लड़ाई से बाहर निकल गया।

Sus dientes chasquearon dos veces como trampas de acero y sus labios se curvaron y fueron feroces.

दो बार उसके दांत स्टील के जाल की तरह चटक गए, होठ मुड़े हुए और भयंकर थे।

Retrocedió lentamente, buscando terreno firme bajo sus pies.

वह धीरे-धीरे पीछे हटा और अपने पैरों के नीचे ठोस ज़मीन तलाशने लगा।

Buck comprendió el momento instantánea y completamente.

बक ने उस क्षण को तुरन्त और पूरी तरह से समझ लिया।

Había llegado el momento; la lucha iba a ser una lucha a muerte.

समय आ गया था; लड़ाई मौत तक की लड़ाई होने जा रही थी।

Los dos perros daban vueltas, gruñendo, con las orejas planas y los ojos entrecerrados.

दोनों कुत्ते चक्कर लगाते हुए, गुर्राते हुए, कान चपटे और आंखें सिकोड़ते हुए घूम रहे थे।

Cada perro esperaba que el otro mostrara debilidad o un paso en falso.

प्रत्येक कुत्ता दूसरे के कमजोरी दिखाने या गलत कदम उठाने का इंतजार करता था।

Para Buck, la escena era inquietantemente conocida y recordada profundamente.

बक को यह दृश्य भयावह रूप से ज्ञात और गहराई से याद था।

El bosque blanco, la tierra fría, la batalla bajo la luz de la luna.

सफ़ेद जंगल, ठंडी धरती, चाँदनी रात में लड़ाई।

Un pesado silencio llenó la tierra, profundo y antinatural.

धरती पर एक भारी, गहरी और अप्राकृतिक शांति छा गई।

Ningún viento se agitó, ninguna hoja se movió, ningún sonido rompió la quietud.

न हवा चली, न पत्ता हिला, न कोई आवाज शांति को भंग कर सकी।

El aliento de los perros se elevaba como humo en el aire helado y silencioso.

कुत्तों की साँसें जमी हुई, शांत हवा में धुएँ की तरह उठ रही थीं।

El conejo fue olvidado hace mucho tiempo por la manada de bestias salvajes.

खरगोश को जंगली जानवरों के झुंड ने बहुत पहले ही भूल दिया था।

Estos lobos medio domesticados ahora permanecían quietos formando un amplio círculo.

ये अर्ध-पालतू भेड़िये अब एक बड़े घेरे में स्थिर खड़े थे।

Estaban en silencio, sólo sus ojos brillantes revelaban su hambre.

वे चुप थे, केवल उनकी चमकती आँखों से उनकी भूख का पता चल रहा था।

Su respiración se elevó mientras observaban cómo comenzaba la pelea final.

अंतिम लड़ाई शुरू होते देख उनकी सांसें ऊपर की ओर उठने लगीं।

Para Buck, esta batalla era vieja y esperada, nada extraña.

बक के लिए यह लड़ाई पुरानी और अपेक्षित थी, बिल्कुल भी अजीब नहीं थी।

Parecía el recuerdo de algo que siempre estuvo destinado a suceder.

ऐसा महसूस हुआ जैसे किसी ऐसी बात की याद आ रही है जो हमेशा घटित होनी ही थी।

Spitz era un perro de pelea entrenado, perfeccionado por innumerables peleas salvajes.

स्पिट्ज़ एक प्रशिक्षित लड़ाकू कुत्ता था, जो अनगिनत जंगली लड़ाइयों से प्रशिक्षित था।

Desde Spitzbergen hasta Canadá, había vencido a muchos enemigos.

स्पिट्सबर्गेन से लेकर कनाडा तक उन्होंने कई शत्रुओं पर विजय प्राप्त की थी।

Estaba lleno de furia, pero nunca dejó controlar la rabia.

वह क्रोध से भरा हुआ था, लेकिन उसने कभी क्रोध पर नियंत्रण नहीं किया।

Su pasión era aguda, pero siempre templada por un duro instinto.

उनका जुनून तीव्र था, लेकिन हमेशा कठोर प्रवृत्ति से संयमित रहता था।

Nunca atacó hasta que su propia defensa estuvo en su lugar.

जब तक उसकी अपनी सुरक्षा व्यवस्था नहीं हो गई, उसने कभी आक्रमण नहीं किया।

Buck intentó una y otra vez alcanzar el vulnerable cuello de Spitz.

बक ने स्पिट्ज़ की कमजोर गर्दन तक पहुंचने की बार-बार कोशिश की।

Pero cada golpe era correspondido con un corte de los afilados dientes de Spitz.

लेकिन हर वार का जवाब स्पिट्ज़ के तीखे दांतों से वार से मिलता था।

Sus colmillos chocaron y ambos perros sangraron por los labios desgarrados.

उनके नुकीले दांत आपस में टकराये और दोनों कुत्तों के फटे होठों से खून बहने लगा।

No importaba cuánto se lanzara Buck, no podía romper la defensa.

बक ने चाहे जितना भी प्रयास किया, वह रक्षा पंक्ति को भेद नहीं सका।

Se puso más furioso y se abalanzó con salvajes ráfagas de poder.

वह और अधिक क्रोधित हो गया, और शक्ति के बेतहाशा प्रहारों के साथ आगे बढ़ा।

Una y otra vez, Buck atacó la garganta blanca de Spitz.

बक ने बार-बार स्पिट्ज के सफेद गले पर हमला किया।

Cada vez que Spitz esquivaba el ataque, contraatacaba con un mordisco cortante.

हर बार स्पिट्ज़ बच निकलता और जोरदार वार करता।

Entonces Buck cambió de táctica y se abalanzó nuevamente hacia la garganta.

फिर बक ने रणनीति बदली, और फिर से गला काटने के लिए दौड़ा।

Pero él retrocedió a mitad del ataque y se giró para atacar desde un costado.

लेकिन उन्होंने आक्रमण के बीच में ही पीछे हटकर, बगल से वार करने का प्रयास किया।

Le lanzó el hombro a Spitz con la intención de derribarlo.

उसने स्पिट्ज़ को गिराने के लिए अपना कंधा उस पर मारा।

Cada vez que lo intentaba, Spitz lo esquivaba y contraatacaba con un corte.

हर बार जब उसने प्रयास किया, स्पिट्ज़ ने चकमा दे दिया और वार करके जवाब दिया।

El hombro de Buck se enrojeció cuando Spitz saltó después de cada golpe.

बक का कंधा जख्मी हो गया क्योंकि स्पिट्ज हर प्रहार के बाद छलांग लगाकर दूर निकल जाता था।

Spitz no había sido tocado, mientras que Buck sangraba por muchas heridas.

स्पिट्ज़ को छुआ तक नहीं गया था, जबकि बक के कई घाव से खून बह रहा था।

La respiración de Buck era rápida y pesada y su cuerpo estaba cubierto de sangre.

बक की सांसें तेज़ और भारी हो गईं, उसका शरीर खून से लथपथ हो गया।

La pelea se volvió más brutal con cada mordisco y embestida.

प्रत्येक हमले और आक्रमण के साथ लड़ाई और अधिक क्रूर होती गई।

A su alrededor, sesenta perros silenciosos esperaban que cayera el primero.

उनके चारों ओर साठ खामोश कुत्ते पहले गिरने का इंतजार कर रहे थे।

Si un perro caía, la manada terminaría la pelea.

यदि एक भी कुता गिर जाता तो पूरा झुंड लड़ाई ख़त्म कर देता।

Spitz vio que Buck se estaba debilitando y comenzó a presionar para atacar.

स्पिट्ज़ ने बक को कमजोर होते देखा और आक्रमण तेज कर दिया।

Mantuvo a Buck fuera de equilibrio, obligándolo a luchar para mantener el equilibrio.

उन्होंने बक का संतुलन बिगाड़ दिया, जिससे उसे पैर जमाने के लिए संघर्ष करना पड़ा।

Una vez Buck tropezó y cayó, y todos los perros se
levantaron.

एक बार बक लड़खड़ाकर गिर पड़ा, और सभी कुत्ते उठ खड़े
हुए।

Pero Buck se enderezó a mitad de la caída y todos volvieron
a caer.

लेकिन बक ने गिरते समय अपने आप को सीधा कर लिया,
और सभी लोग वापस नीचे गिर गए।

Buck tenía algo poco común: una imaginación nacida de un
instinto profundo.

बक के पास एक दुर्लभ चीज़ थी - गहरी सहज प्रवृत्ति से पैदा
हुई कल्पनाशक्ति।

Peleó con impulso natural, pero también peleó con astucia.

वह स्वाभाविक प्रेरणा से लड़ा, लेकिन उसने चालाकी से भी
लड़ाई लड़ी।

Cargó de nuevo como si repitiera su truco de ataque con el
hombro.

वह फिर से उस पर टूट पड़ा, मानो वह कंधे से हमला करने
की अपनी चाल दोहरा रहा हो।

Pero en el último segundo, se agachó y pasó por debajo de
Spitz.

लेकिन आखिरी क्षण में वह नीचे गिर गया और स्पिट्ज के
नीचे चला गया।

Sus dientes se clavaron en la pata delantera izquierda de
Spitz con un chasquido.

उसके दांत स्पिट्ज के बाएं अगले पैर पर एक झटके से गड़
गए।

Spitz ahora estaba inestable, con su peso sobre sólo tres
patas.

स्पिट्ज़ अब अस्थिर होकर खड़ा था, उसका भार केवल तीन
पैरों पर था।

Buck atacó de nuevo e intentó derribarlo tres veces.

बक ने फिर हमला किया, उसे नीचे गिराने की तीन बार कोशिश की।

En el cuarto intento utilizó el mismo movimiento con éxito.

चौथे प्रयास में उन्होंने यही चाल सफलतापूर्वक अपनाई

Esta vez Buck logró morder la pata derecha de Spitz.

इस बार बक स्पिट्ज के दाहिने पैर को काटने में कामयाब हो गया।

Spitz, aunque lisiado y en agonía, siguió luchando por sobrevivir.

स्पिट्ज़ अपंग और पीड़ा में होने के बावजूद जीवित रहने के लिए संघर्ष करता रहा।

Vio que el círculo de huskies se estrechaba, con las lenguas afuera y los ojos brillantes.

उसने देखा कि हस्की पक्षियों का घेरा कस गया, उनकी जीभें बाहर निकल आईं, उनकी आंखें चमक उठीं।

Esperaron para devorarlo, tal como habían hecho con los otros.

वे उसे निगलने की प्रतीक्षा में थे, जैसा उन्होंने दूसरों के साथ किया था।

Esta vez, él estaba en el centro; derrotado y condenado.

इस बार वह पराजित और पराजित होकर बीच में खड़ा था।

Ya no había opción de escapar para el perro blanco.

अब सफ़ेद कुत्ते के पास भागने का कोई विकल्प नहीं था।

Buck no mostró piedad, porque la piedad no pertenecía a la naturaleza.

बक ने कोई दया नहीं दिखाई, क्योंकि दया जंगल में नहीं होती।

Buck se movió con cuidado, preparándose para la carga final.

बक ने अंतिम आक्रमण की तैयारी करते हुए सावधानीपूर्वक कदम बढ़ाया।

El círculo de perros esquimales se cerró; sintió sus respiraciones cálidas.

हस्की पक्षियों का घेरा उसके करीब आ गया; उसने उनकी गर्म साँसें महसूस कीं।

Se agacharon, preparados para saltar cuando llegara el momento.

वे नीचे झुक गए, ताकि जब भी मौका मिले, वे उछलने के लिए तैयार रहें।

Spitz temblaba en la nieve, gruñendo y cambiando su postura.

स्पिट्ज़ बर्फ में कांप रहा था, गुर्रा रहा था और अपना रुख बदल रहा था।

Sus ojos brillaban, sus labios se curvaron y sus dientes brillaron en una amenaza desesperada.

उसकी आँखें चमक रही थीं, होठ सिकुड़े हुए थे, और दांत चमक रहे थे, जिससे उसे धमकी मिल रही थी।

Se tambaleó, todavía intentando contener el frío mordisco de la muerte.

वह लड़खड़ा रहा था, अभी भी मौत के ठण्डे दंश को रोकने की कोशिश कर रहा था।

Ya había visto esto antes, pero siempre desde el lado ganador.

उन्होंने ऐसा पहले भी देखा था, लेकिन हमेशा जीतने वाले पक्ष से।

Ahora estaba en el bando perdedor; el derrotado; la presa; la muerte.

अब वह हारने वाले पक्ष में था; पराजित; शिकार; मृत्यु।

Buck voló en círculos para asestar el golpe final, mientras el círculo de perros se acercaba cada vez más.

बक ने अंतिम प्रहार के लिए चक्कर लगाया, कुत्तों का घेरा उसके करीब आ गया।

Podía sentir sus respiraciones calientes; listas para matar.

वह उनकी गर्म साँसों को महसूस कर सकता था; वे हत्या के लिए तैयार थे।

Se hizo un silencio absoluto, todo estaba en su lugar, el tiempo se había detenido.

एक शांति छा गई; सब कुछ अपनी जगह पर था; समय रुक गया था।

Incluso el aire frío entre ellos se congeló por un último momento.

यहां तक कि उनके बीच की ठंडी हवा भी एक आखिरी क्षण के लिए रुक गई।

Sólo Spitz se movió, intentando contener su amargo final.

केवल स्पिट्ज़ ही आगे बढ़ा, अपने कड़वे अंत को रोकने की कोशिश कर रहा था।

El círculo de perros se iba cerrando a su alrededor, tal como era su destino.

कुत्तों का घेरा उसके चारों ओर घिरता जा रहा था, और यही उसकी नियति भी थी।

Ahora estaba desesperado, sabiendo lo que estaba a punto de suceder.

अब वह हताश था, क्योंकि उसे मालूम था कि आगे क्या होने वाला है।

Buck saltó y hombro con hombro chocó una última vez.

बक उछलकर आया, और आखिरी बार उसका कंधा उससे टकराया।

Los perros se lanzaron hacia adelante, cubriendo a Spitz en la oscuridad nevada.

कुत्ते आगे बढ़े और स्पिट्ज़ को बर्फीले अंधेरे में ढक दिया।

Buck observaba, erguido, vencedor en un mundo salvaje.

बक खड़ा होकर देख रहा था, एक जंगली दुनिया में विजेता।
La bestia primordial dominante había cometido su asesinato, y fue bueno.
प्रमुख आदिम पशु ने अपना शिकार कर लिया था, और यह अच्छा था।

Aquel que ha alcanzado la maestría
वह, जिसने महारथ हासिल कर ली है

¿Eh? ¿Qué dije? Digo la verdad cuando digo que Buck es un demonio.

"अरे? मैंने क्या कहा? मैं सच कहता हूँ जब मैं कहता हूँ कि बक एक शैतान है।"

François dijo esto a la mañana siguiente después de descubrir que Spitz había desaparecido.

फ्रांकोइस ने यह बात अगली सुबह स्पिट्ज के लापता होने के बाद कही।

Buck permaneció allí, cubierto de heridas por la feroz pelea.

बक वहीं खड़ा था, भयंकर लड़ाई के घावों से लथपथ।

François acercó a Buck al fuego y señaló las heridas.

फ़्रांस्वा ने बक को आग के पास खींचा और चोटों की ओर इशारा किया।

"Ese Spitz peleó como Devik", dijo Perrault, mirando los profundos cortes.

"उस स्पिट्ज़ ने डेविक की तरह लड़ाई लड़ी," पेरौल्ट ने गहरे घावों को देखते हुए कहा।

—Y ese Buck peleó como dos demonios —respondió François inmediatamente.

"और बक ने दो शैतानों की तरह लड़ाई की," फ़्रांस्वा ने तुरंत जवाब दिया।

"Ahora iremos a buen ritmo; no más Spitz, no más problemas".

"अब हम अच्छा समय बिताएंगे; कोई स्पिट्ज नहीं, कोई परेशानी नहीं।"

Perrault estaba empacando el equipo y cargando el trineo con cuidado.

पेरौल्ट सामान पैक कर रहा था और उसने स्लेज पर सावधानीपूर्वक सामान लादा।

François enjaezó a los perros para prepararlos para la carrera del día.

फ़्राँस्वा ने दिन की दौड़ के लिए तैयारी में कुत्तों को तैयार किया।

Buck trotó directamente a la posición de liderazgo que alguna vez ocupó Spitz.

बक सीधे उस अग्रणी स्थान पर पहुंच गए, जो पहले स्पिट्ज के पास था।

Pero François, sin darse cuenta, condujo a Solleks hacia el frente.

लेकिन फ़्राँस्वा ने इस पर ध्यान न देते हुए सोलेक्स को आगे की ओर ले गया।

A juicio de François, Solleks era ahora el mejor perro guía.

फ़्राँस्वा के अनुसार, सोलेक्स अब सबसे अच्छा नेतृत्वकर्ता कुता था।

Buck se abalanzó furioso sobre Solleks y lo hizo retroceder en protesta.

बक ने क्रोध में आकर सोलेक्स पर हमला किया और विरोध स्वरूप उसे पीछे खदेड़ दिया।

Se situó en el mismo lugar que una vez estuvo Spitz, ocupando la posición de liderazgo.

वह वहीं खड़े थे जहां कभी स्पिट्ज़ खड़े थे, और उन्होंने अग्रणी स्थान प्राप्त कर लिया।

—¿Eh? ¿Eh? —gritó François, dándose palmadas en los muslos, divertido.

"एह? एह?" फ़्राँस्वा ने खुशी से अपनी जांघें थपथपाते हुए कहा।

—Mira a Buck. Mató a Spitz y ahora quiere aceptar el trabajo.

"बक को देखो - उसने स्पिट्ज़ को मार डाला, अब वह नौकरी लेना चाहता है!"

—¡Vete, Chook! —gritó, intentando ahuyentar a Buck.

"चले जाओ, चूक!" वह चिल्लाया, बक को भगाने की कोशिश करते हुए।

Pero Buck se negó a moverse y se mantuvo firme en la nieve.

लेकिन बक ने हिलने से इनकार कर दिया और बर्फ में डटा रहा।

François agarró a Buck por la nuca y lo arrastró a un lado.

फ़्राँस्वा ने बक को पकड़ लिया और उसे एक तरफ़ खींच लिया।

Buck gruñó bajo y amenazante, pero no atacó.

बक ने धीमी आवाज में धमकी भरे अंदाज में गुर्राहट की, लेकिन हमला नहीं किया।

François puso a Solleks de nuevo en cabeza, intentando resolver la disputa.

फ़्राँस्वा ने विवाद को सुलझाने की कोशिश करते हुए सोलेक्स को फिर से आगे कर दिया

El perro viejo mostró miedo de Buck y no quería quedarse.

बूढ़ा कुत्ता बक से डर गया और वहाँ रुकना नहीं चाहता था।

Cuando François le dio la espalda, Buck expulsó nuevamente a Solleks.

जब फ्रांकोइस ने अपनी पीठ मोड़ ली, तो बक ने सोलेक्स को फिर से बाहर निकाल दिया।

Solleks no se resistió y se hizo a un lado silenciosamente una vez más.

सोलेक्स ने कोई प्रतिरोध नहीं किया और एक बार फिर चुपचाप एक तरफ हट गया।

François se enojó y gritó: "¡Por Dios, te arreglo!"

फ़ाँस्वा क्रोधित हो गया और चिल्लाया, "भगवान की कसम, मैं तुम्हें ठीक कर दूँगा!"

Se acercó a Buck sosteniendo un pesado garrote en su mano.

वह अपने हाथ में एक भारी डंडा पकड़े हुए बक की ओर आया।

Buck recordaba bien al hombre del suéter rojo.

बक को लाल स्वेटर वाला आदमी अच्छी तरह याद था।

Se retiró lentamente, observando a François, pero gruñendo profundamente.

वह धीरे-धीरे पीछे हटा, फ़ाँस्वा को देखता रहा, लेकिन गहरी गड़गड़ाहट के साथ।

No se apresuró a regresar, incluso cuando Solleks ocupó su lugar.

वह पीछे नहीं भागा, तब भी जब सोलेक्स अपनी जगह पर खड़ा था।

Buck voló en círculos fuera de su alcance, gruñendo con furia y protesta.

बक क्रोध और विरोध में गुर्राते हुए, पहुंच से बाहर चक्कर लगाने लगा।

Mantuvo la vista fija en el palo, dispuesto a esquivarlo si François lanzaba.

उन्होंने अपनी नजर क्लब पर गड़ाए रखी, ताकि यदि फ्रांकोइस गेंद फेंके तो वे उसे चकमा दे सकें।

Se había vuelto sabio y cauteloso en cuanto a las costumbres de los hombres con armas.

वह समझदार हो गया था और हथियारबंद लोगों के तौर-तरीकों के प्रति सतर्क हो गया था।

François se dio por vencido y llamó a Buck nuevamente a su antiguo lugar.

फ़ाँस्वा ने हार मान ली और बक को पुनः अपने पुराने स्थान पर बुला लिया।

Pero Buck retrocedió con cautela, negándose a obedecer la orden.

लेकिन बक ने आदेश का पालन करने से इनकार करते हुए सावधानी से कदम पीछे खींच लिए।

François lo siguió, pero Buck sólo retrocedió unos pasos más.

फ़्राँस्वा ने उसका पीछा किया, लेकिन बक कुछ ही कदम पीछे हटा।

Después de un tiempo, François arrojó el arma al suelo, frustrado.

कुछ समय बाद फ्रांकोइस ने हताश होकर हथियार नीचे फेंक दिया।

Pensó que Buck tenía miedo de que le dieran una paliza y que iba a venir sin hacer mucho ruido.

उसने सोचा कि बक को पिटाई का डर है और वह चुपचाप आ जाएगा।

Pero Buck no estaba evitando el castigo: estaba luchando por su rango.

लेकिन बक सज़ा से बच नहीं रहा था - वह पद के लिए लड़ रहा था।

Se había ganado el puesto de perro líder mediante una pelea a muerte.

उन्होंने मौत तक की लड़ाई के माध्यम से प्रमुख कुत्ते का स्थान अर्जित किया था

No iba a conformarse con nada menos que ser el líder.

वह नेता बनने से कम किसी भी चीज़ पर समझौता करने वाला नहीं था।

Perrault participó en la persecución para ayudar a atrapar al rebelde Buck.

विद्रोही बक को पकड़ने में मदद करने के लिए पेरौल्ट ने भी उनका साथ दिया।

Juntos lo hicieron correr alrededor del campamento durante casi una hora.

दोनों ने मिलकर उसे लगभग एक घंटे तक शिविर में घुमाया।

Le lanzaron garrotes, pero Buck los esquivó hábilmente.

उन्होंने उस पर लाठियाँ फेंकी, लेकिन बक ने उनमें से प्रत्येक को कुशलतापूर्वक चकमा दे दिया।

Lo maldijeron a él, a sus padres, a sus descendientes y a cada cabello que tenía.

उन्होंने उसे, उसके पूर्वजों को, उसके वंशजों को और उसके प्रत्येक बाल को शाप दिया।

Pero Buck sólo gruñó y se quedó fuera de su alcance.

लेकिन बक ने केवल गुर्राहट के साथ जवाब दिया और उनकी पहुंच से बाहर रहा।

Nunca intentó huir, sino que rodeó el campamento deliberadamente.

उसने कभी भागने की कोशिश नहीं की, बल्कि जानबूझकर शिविर का चक्कर लगाता रहा।

Dejó claro que obedecería una vez que le dieran lo que quería.

उन्होंने स्पष्ट कर दिया कि एक बार उन्हें जो चाहिए वह दे दिया जाए तो वह उनकी बात मान लेंगे।

François finalmente se sentó y se rascó la cabeza con frustración.

फ़्राँस्वा अंततः बैठ गया और निराशा में अपना सिर खुजलाने लगा।

Perrault miró su reloj, maldijo y murmuró algo sobre el tiempo perdido.

पेरौल्ट ने अपनी घड़ी देखी, कसम खाई, और खोए हुए समय के बारे में बड़बड़ाया।

Ya había pasado una hora cuando debían estar en el sendero.

एक घंटा पहले ही बीत चुका था जब उन्हें रास्ते पर होना
चाहिए था।

François se encogió de hombros tímidamente y miró al
mensajero, quien suspiró derrotado.

फ़्राँस्वा ने कूरियर वाले की ओर शर्म से कंधे उचका दिए,
जिसने हार मानकर आह भरी।

Entonces François se acercó a Solleks y llamó a Buck una vez
más.

फिर फ़्राँस्वा सोलेक्स के पास गया और एक बार फिर बक को
पुकारा।

Buck se rió como se ríe un perro, pero mantuvo una distancia
cautelosa.

बक कुत्ते की तरह हंसा, लेकिन उसने सावधानीपूर्वक दूरी बनाए
रखी।

François le quitó el arnés a Solleks y lo devolvió a su lugar.

फ़्राँस्वा ने सोलेक्स का पट्टा हटा दिया और उसे उसके स्थान
पर वापस रख दिया।

El equipo de trineo estaba completamente arneses y solo
había un lugar libre.

स्लेज टीम पूरी तरह से तैयार खड़ी थी, केवल एक स्थान
खाली था।

La posición de liderazgo quedó vacía, claramente destinada
solo para Buck.

मुख्य स्थान खाली रहा, जो स्पष्टतः केवल बक के लिए था।

François volvió a llamar, y nuevamente Buck rió y se
mantuvo firme.

फ़्राँस्वा ने फिर पुकारा, और बक फिर हँसा और अपनी बात
पर अड़ा रहा।

—Tira el garrote —ordenó Perrault sin dudarlo.

"क्लब नीचे फेंक दो," पेरौल्ट ने बिना किसी हिचकिचाहट के आदेश दिया।

François obedeció y Buck inmediatamente trotó hacia adelante orgulloso.

फ्राँस्वा ने आज्ञा का पालन किया, और बक तुरंत गर्व से आगे बढ़ गया।

Se rió triunfante y asumió la posición de líder.

वह विजयी भाव से हँसा और अग्रणी स्थान पर आ गया।

François aseguró sus correajes y el trineo se soltó.

फ्राँस्वा ने अपना निशान सुरक्षित कर लिया, और स्लेज को तोड़कर अलग कर दिया गया।

Ambos hombres corrieron al lado del equipo mientras corrían hacia el sendero del río.

जब टीम नदी के रास्ते पर दौड़ रही थी तो दोनों व्यक्ति उसके साथ-साथ दौड़ रहे थे।

François tenía en alta estima a los "dos demonios" de Buck.

फ्राँस्वा ने बक के "दो शैतानों" के बारे में बहुत सोचा था,

Pero pronto se dio cuenta de que en realidad había subestimado al perro.

लेकिन जल्द ही उसे एहसास हुआ कि उसने कुत्ते को कम करके आंका था।

Buck asumió rápidamente el liderazgo y trabajó con excelencia.

बक ने शीघ्रता से नेतृत्व संभाला और उत्कृष्ट प्रदर्शन किया।

En juicio, pensamiento rápido y acción veloz, Buck superó a Spitz.

निर्णय क्षमता, त्वरित सोच और तीव्र कार्रवाई में बक ने स्पिट्ज़ को पीछे छोड़ दिया।

François nunca había visto un perro igual al que Buck mostraba ahora.

फ्राँस्वा ने पहले कभी बक जैसा कुता नहीं देखा था।

Pero Buck realmente sobresalía en imponer el orden e imponer respeto.

लेकिन बक वास्तव में व्यवस्था लागू करने और सम्मान दिलाने में माहिर थे।

Dave y Solleks aceptaron el cambio sin preocupación ni protesta.

डेव और सोलेक्स ने बिना किसी चिंता या विरोध के परिवर्तन को स्वीकार कर लिया।

Se concentraron únicamente en el trabajo y en tirar con fuerza de las riendas.

वे केवल काम पर और लगाम कसने पर ध्यान केंद्रित करते थे।

A ellos les importaba poco quién iba delante, siempre y cuando el trineo siguiera moviéndose.

उन्हें इस बात की कोई परवाह नहीं थी कि आगे कौन चल रहा है, जब तक स्लेज चलती रहती थी।

Billee, la alegre, podría haber liderado todo lo que a ellos les importaba.

बिली, जो खुशमिजाज थी, वह नेतृत्व कर सकती थी, चाहे उन्हें कोई भी परवाह क्यों न हो।

Lo que les importaba era la paz y el orden en las filas.

उनके लिए महत्वपूर्ण बात थी सेना में शांति और व्यवस्था।

El resto del equipo se había vuelto rebelde durante la decadencia de Spitz.

स्पिट्ज़ के पतन के दौरान टीम के बाकी सदस्य अनियंत्रित हो गए थे।

Se sorprendieron cuando Buck inmediatamente los puso en orden.

वे तब चौंक गए जब बक ने तुरंत उन्हें आदेश दे दिया।

Pike siempre había sido perezoso y arrastraba los pies detrás de Buck.

पाइक हमेशा आलसी था और बक के पीछे-पीछे घसीटता रहता था।

Pero ahora el nuevo liderazgo lo ha disciplinado severamente.

लेकिन अब नये नेतृत्व द्वारा इसे कड़ाई से अनुशासित किया गया है।

Y rápidamente aprendió a aportar su granito de arena en el equipo.

और उन्होंने जल्दी ही टीम में अपना योगदान देना सीख लिया।

Al final del día, Pike trabajó más duro que nunca.

दिन के अंत तक पाइक ने पहले से भी अधिक कड़ी मेहनत की।

Esa noche en el campamento, Joe, el perro amargado, finalmente fue sometido.

उस रात शिविर में, जो, वह खट्टा कुत्ता, अंततः वश में हो गया।

Spitz no logró disciplinarlo, pero Buck no falló.

स्पिट्ज़ उसे अनुशासित करने में असफल रहा, लेकिन बक असफल नहीं हुआ।

Utilizando su mayor peso, Buck superó a Joe en segundos.

अपने अधिक वजन का प्रयोग करते हुए, बक ने कुछ ही सेकंड में जो को परास्त कर दिया।

Mordió y golpeó a Joe hasta que gimió y dejó de resistirse.

उसने जो को तब तक काटा और पीटा जब तक कि वह रोने नहीं लगा और उसने प्रतिरोध करना बंद नहीं कर दिया।

Todo el equipo mejoró a partir de ese momento.

उस क्षण से पूरी टीम में सुधार हुआ।

Los perros recuperaron su antigua unidad y disciplina.

कुत्तों ने अपनी पुरानी एकता और अनुशासन पुनः प्राप्त कर लिया।

En Rink Rapids, se unieron dos nuevos huskies nativos, Teek y Koona.

रिंक रैपिड्स में दो नए देशी हस्की, टीक और कूना, शामिल हुए।

El rápido entrenamiento que Buck les dio sorprendió incluso a François.

बक द्वारा उन्हें तीव्र गति से प्रशिक्षित करने से फ्रांकोइस भी आश्चर्यचकित हो गया।

"¡Nunca hubo un perro como ese Buck!" gritó con asombro.

"बक जैसा कुत्ता कभी नहीं था!" वह आश्चर्य से चिल्लाया।

¡No, jamás! ¡Vale mil dólares, por Dios!

"नहीं, कभी नहीं! भगवान की कसम, उसकी कीमत एक हज़ार डॉलर है!"

—¿Eh? ¿Qué dices, Perrault? —preguntó con orgullo.

"एह? आप क्या कहते हैं, पेरौल्ट?" उसने गर्व से पूछा।

Perrault asintió en señal de acuerdo y revisó sus notas.

पेरौल्ट ने सहमति में सिर हिलाया और अपने नोट्स की जांच की।

Ya vamos por delante del cronograma y ganamos más cada día.

हम पहले से ही निर्धारित समय से आगे हैं तथा प्रत्येक दिन और आगे बढ़ रहे हैं।

El sendero estaba duro y liso, sin nieve fresca.

रास्ता पक्का और चिकना था, उस पर ताज़ा बर्फ नहीं थी।

El frío era constante, rondando los cincuenta grados bajo cero durante todo el tiempo.

ठंड लगातार बनी रही, पूरे दिन तापमान शून्य से पचास डिग्री नीचे रहा।

Los hombres cabalgaban y corrían por turnos para entrar en calor y ganar tiempo.

पुरुष गर्म रहने और समय बचाने के लिए बारी-बारी से साइकिल चलाते और दौड़ते थे।

Los perros corrían rápido, con pocas paradas y siempre avanzando.

कुत्ते बिना रुके तेजी से दौड़ रहे थे, हमेशा आगे की ओर बढ रहे थे।

El río Thirty Mile estaba casi congelado y era fácil cruzarlo.

थर्टी माइल नदी अधिकांशतः जमी हुई थी और उस पर यात्रा करना आसान था।

Salieron en un día lo que habían tardado diez días en llegar.

जिस काम को पूरा करने में दस दिन लगे थे, वे एक दिन में ही निकल गए।

Hicieron una carrera de sesenta millas desde el lago Le Barge hasta White Horse.

उन्होंने लेक ले बार्ज से व्हाइट हॉर्स तक साठ मील की दौड़ लगाई।

A través de los lagos Marsh, Tagish y Bennett se movieron increíblemente rápido.

मार्श, टैगिश और बेनेट झीलों के पार वे अविश्वसनीय तेजी से आगे बढ़े।

El hombre corriendo remolcado detrás del trineo por una cuerda.

दौड़ता हुआ आदमी रस्सी से स्लेज को पीछे खींच रहा था।

En la última noche de la segunda semana llegaron a su destino.

दूसरे सप्ताह की आखिरी रात को वे अपने गंतव्य पर पहुंच गये।

Habían llegado juntos a la cima del Paso Blanco.

वे दोनों एक साथ व्हाइट पास की चोटी पर पहुँच गये थे।

Descendieron al nivel del mar con las luces de Skaguay debajo de ellos.

वे समुद्र तल तक नीचे उतरे और उनके नीचे स्काग्वे की रोशनी दिखाई दी।

Había sido una carrera que estableció un récord a través de kilómetros de desierto frío.

यह ठंडे जंगलों में मीलों तक की गई एक रिकार्ड-सेटिंग दौड़ थी।

Durante catorce días seguidos, recorrieron un promedio de cuarenta millas.

लगातार चौदह दिनों तक उन्होंने औसतन चालीस मील की दूरी तय की।

En Skaguay, Perrault y François transportaban mercancías por la ciudad.

स्कागुआय में, पेरौल्ट और फ्रांकोइस शहर के माध्यम से माल ले जाते थे।

Fueron aplaudidos y la multitud admirada les ofreció muchas bebidas.

प्रशंसक भीड़ ने उनका उत्साहवर्धन किया तथा उन्हें खूब सारा पेय पदार्थ दिया।

Los cazadores de perros y los trabajadores se reunieron alrededor del famoso equipo de perros.

कुत्ता पकड़ने वाले और कर्मचारी प्रसिद्ध कुत्ता दल के चारों ओर एकत्र हुए।

Luego, los forajidos del oeste llegaron a la ciudad y sufrieron una derrota violenta.

फिर पश्चिमी डाकू शहर में आये और उन्हें हिंसक पराजय का सामना करना पड़ा।

La gente pronto se olvidó del equipo y se centró en un nuevo drama.

लोग जल्द ही टीम को भूल गए और नए नाटक पर ध्यान केंद्रित करने लगे।

Luego vinieron las nuevas órdenes que cambiaron todo de golpe.

फिर नये आदेश आये जिससे सब कुछ एकदम से बदल गया।

François llamó a Buck y lo abrazó con orgullo entre lágrimas.

फ़्रॉंस्वा ने बक को अपने पास बुलाया और गर्व से उसे गले लगा लिया।

Ese momento fue la última vez que Buck volvió a ver a François.

वह क्षण आखिरी बार था जब बक ने फ़्रॉंस्वा को फिर से देखा था।

Como muchos hombres antes, tanto François como Perrault se habían ido.

पहले के कई लोगों की तरह, फ्रांकोइस और पेरौल्ट दोनों चले गए।

Un mestizo escocés se hizo cargo de Buck y sus compañeros de equipo de perros de trineo.

एक स्कॉच नस्ल के कुते ने बक और उसके स्लेज कुते साथियों की देखभाल की जिम्मेदारी संभाली।

Con una docena de otros equipos de perros, regresaron por el sendero hasta Dawson.

एक दर्जन अन्य कुत्तों की टीमों के साथ, वे रास्ते से डावसन की ओर लौट आये।

Ya no era una carrera rápida, solo un trabajo duro con una carga pesada cada día.

अब यह कोई तेज दौड़ नहीं थी - बस हर दिन भारी बोझ के साथ भारी परिश्रम था।

Éste era el tren correo que llevaba noticias a los buscadores de oro cerca del Polo.

यह वह मेल ट्रेन थी, जो ध्रुव के निकट सोने के शिकारियों तक संदेश पहुंचाती थी।

A Buck no le gustaba el trabajo, pero lo soportaba bien y se enorgullecía de su esfuerzo.

बक को यह काम पसंद नहीं आया, लेकिन उसने इसे सहन किया तथा अपने प्रयास पर गर्व महसूस किया।

Al igual que Dave y Solleks, Buck mostró devoción por cada tarea diaria.

डेव और सोलेक्स की तरह, बक ने भी हर दैनिक कार्य के प्रति समर्पण दिखाया।

Se aseguró de que cada uno de sus compañeros hiciera su parte.

उन्होंने यह सुनिश्चित किया कि उनके सभी साथी अपना उचित योगदान दें।

La vida en el sendero se volvió aburrida, repetida con la precisión de una máquina.

ट्रेल जीवन नीरस हो गया, मशीन की सटीकता के साथ दोहराया गया।

Cada día parecía igual, una mañana se fundía con la siguiente.

हर दिन एक जैसा लगता था, एक सुबह दूसरी सुबह में घुल-मिल जाती थी।

A la misma hora, los cocineros se levantaron para hacer fogatas y preparar la comida.

ठीक उसी समय, रसोइये आग जलाने और भोजन तैयार करने के लिए उठ खड़े हुए।

Después del desayuno, algunos abandonaron el campamento mientras otros enjaezaron los perros.

नाश्ते के बाद कुछ लोग शिविर छोड़कर चले गए जबकि अन्य लोग कुत्तों को जोतने में लग गए।

Se pusieron en marcha antes de que la tenue señal del amanecer tocara el cielo.

भोर की धुंधली चेतावनी आसमान को छूने से पहले ही वे रास्ते पर चल पड़े।

Por la noche se detenían para acampar, cada hombre con una tarea determinada.

रात में वे शिविर बनाने के लिए रुकते थे, प्रत्येक व्यक्ति को एक निश्चित कार्य दिया जाता था।

Algunos montaron tiendas de campaña, otros cortaron leña y recogieron ramas de pino.

कुछ लोगों ने तंबू गाड़े, अन्य लोगों ने ईंधन के लिए लकड़ियाँ काटी और देवदार की टहनियाँ इकट्ठी कीं।

Se llevaba agua o hielo a los cocineros para la cena.

शाम के भोजन के लिए पानी या बर्फ रसोइयों के पास ले जाया जाता था।

Los perros fueron alimentados y esta fue la mejor parte del día para ellos.

कुत्तों को खाना खिलाया गया और यह उनके लिए दिन का सबसे अच्छा समय था।

Después de comer pescado, los perros se relajaron y descansaron cerca del fuego.

मछली खाने के बाद कुत्ते आराम करने लगे और आग के पास बैठ गए।

Había otros cien perros en el convoy con los que mezclarse.

काफिले में अन्य सौ कुत्ते भी थे जिनसे मिलना-जुलना था।

Muchos de esos perros eran feroces y rápidos para pelear sin previo aviso.

उनमें से कई कुत्ते बहुत खूंखार थे और बिना किसी चेतावनी के लड़ने को तैयार हो जाते थे।

Pero después de tres victorias, Buck dominó incluso a los luchadores más feroces.

लेकिन तीन जीत के बाद, बक ने सबसे भयंकर लड़ाकों को भी मात दे दी।

Cuando Buck gruñó y mostró los dientes, se hicieron a un lado.

अब जब बक ने गुर्राहट के साथ अपने दांत दिखाए तो वे एक तरफ हट गए।

Quizás lo mejor de todo es que a Buck le encantaba tumbarse cerca de la fogata parpadeante.

शायद सबसे अच्छी बात यह थी कि बक को टिमटिमाती हुई अलाव के पास लेटना बहुत पसंद था।

Se agachó con las patas traseras dobladas y las patas delanteras estiradas hacia adelante.

वह पिछले पैरों को मोड़कर तथा अगले पैरों को आगे की ओर फैलाकर बैठा था।

Levantó la cabeza mientras parpadeaba suavemente ante las llamas brillantes.

उसका सिर ऊपर उठा हुआ था और वह जलती हुई लपटों को देखकर धीरे से पलकें झपका रहा था।

A veces recordaba la gran casa del juez Miller en Santa Clara.

कभी-कभी उन्हें सांता क्लारा में जज मिलर के बड़े घर की याद आती थी।

Pensó en la piscina de cemento, en Ysabel y en el pug llamado Toots.

उसने सीमेंट के पूल, यिसाबेल और टूट्स नामक पग के बारे में सोचा।

Pero más a menudo recordaba el garrote del hombre del suéter rojo.

लेकिन अधिकतर उसे लाल स्वेटर वाले डंडे वाला आदमी याद आता था।

Recordó la muerte de Curly y su feroz batalla con Spitz.

उन्हें घुँघराले की मृत्यु और स्पिट्ज़ के साथ उसकी भीषण लड़ाई याद आ गयी।

También recordó la buena comida que había comido o con la que aún soñaba.

उन्होंने उस अच्छे भोजन को भी याद किया जो उन्होंने खाया था या जिसका सपना वे अभी भी देखते हैं।

Buck no sentía nostalgia: el cálido valle era distante e irreal.

बक को घर की याद नहीं आ रही थी - गर्म घाटी दूर और अवास्तविक थी।

Los recuerdos de California ya no ejercían ninguna atracción sobre él.

कैलिफोर्निया की यादें अब उन पर कोई खास प्रभाव नहीं डालती थीं।

Más fuertes que la memoria eran los instintos profundos en su linaje.

स्मृति से भी अधिक शक्तिशाली उनकी रक्त-परंपरा में गहराई से छिपी हुई सहज प्रवृत्तियाँ थीं।

Los hábitos que una vez se habían perdido habían regresado, revividos por el camino y la naturaleza.

जो आदतें एक बार खो गई थीं, वे वापस आ गईं, तथा पगडंडी और जंगल ने उन्हें पुनर्जीवित कर दिया।

Mientras Buck observaba la luz del fuego, a veces se convertía en otra cosa.

बक जब आग की रोशनी को देखता तो कभी-कभी वह कुछ और हो जाती।

Vio a la luz del fuego otro fuego, más antiguo y más profundo que el actual.

उसने आग की रोशनी में एक और आग देखी, जो वर्तमान आग से अधिक पुरानी और गहरी थी।

Junto a ese otro fuego se agazapaba un hombre que no se parecía en nada al cocinero mestizo.

उस दूसरी आग के पास एक आदमी बैठा था जो उस अधपके रसोइये से भिन्न था।

Esta figura tenía piernas cortas, brazos largos y músculos duros y anudados.

इस आकृति के पैर छोटे, भुजाएं लंबी और मांसपेशियां सख्त और गांठदार थीं।

Su cabello era largo y enmarañado, y caía hacia atrás desde los ojos.

उसके बाल लंबे और उलझे हुए थे, जो आँखों से पीछे की ओर झुके हुए थे।

Hizo ruidos extraños y miró con miedo hacia la oscuridad.

वह अजीब-अजीब आवाजें निकाल रहा था और डर के मारे अंधेरे की ओर देख रहा था।

Sostenía agachado un garrote de piedra, firmemente agarrado con su mano larga y áspera.

उसने एक पत्थर का डंडा नीचे की ओर झुका रखा था, और अपने लंबे खुरदुरे हाथ में उसे कसकर पकड़ रखा था।

El hombre vestía poco: sólo una piel carbonizada que le colgaba por la espalda.

उस आदमी ने बहुत कम कपड़े पहने थे; सिर्फ जली हुई त्वचा उसकी पीठ पर लटक रही थी।

Su cuerpo estaba cubierto de espeso vello en los brazos, el pecho y los muslos.

उसका शरीर बाहों, छाती और जांघों पर घने बालों से ढका हुआ था।

Algunas partes del cabello estaban enredadas en parches de pelaje áspero.

बालों के कुछ हिस्से उलझकर खुरदुरे फर के टुकड़ों में तब्दील हो गए थे।

No se mantenía erguido, sino inclinado hacia delante desde las caderas hasta las rodillas.

वह सीधे खड़े नहीं हुए बल्कि कूल्हों से घुटनों तक आगे झुके हुए थे।

Sus pasos eran elásticos y felinos, como si estuviera siempre dispuesto a saltar.

उसके कदम बिल्ली जैसे थे, मानो हमेशा छलांग लगाने के लिए तैयार रहते हों।

Había un estado de alerta agudo, como si viviera con miedo constante.

उसमें एक तीव्र सतर्कता थी, जैसे वह निरंतर भय में रहता हो।

Este hombre anciano parecía esperar el peligro, ya sea que lo viera o no.

यह प्राचीन व्यक्ति खतरे की आशंका करता प्रतीत होता था, चाहे खतरा दिखाई दे या न पड़े।

A veces, el hombre peludo dormía junto al fuego, con la cabeza metida entre las piernas.

कभी-कभी वह बालों वाला आदमी आग के पास सोता था, अपना सिर पैरों के बीच छिपाए हुए।

Sus codos descansaban sobre sus rodillas, sus manos entrelazadas sobre su cabeza.

उसकी कोहनियाँ घुटनों पर टिकी हुई थीं, हाथ सिर के ऊपर बंधे हुए थे।

Como un perro, usó sus brazos peludos para protegerse de la lluvia que caía.

एक कुत्ते की तरह उसने अपनी बालों वाली भुजाओं का उपयोग गिरती हुई बारिश को रोकने के लिए किया।

Más allá de la luz del fuego, Buck vio dos brasas brillando en la oscuridad.

आग की रोशनी से परे, बक ने अंधेरे में दो कोयले चमकते हुए देखे।

Siempre de dos en dos, eran los ojos de las bestias rapaces al acecho.

हमेशा दो-दो की संख्या में, वे शिकारी जानवरों की आंखें हुआ करते थे।

Escuchó cuerpos chocando contra la maleza y ruidos en la noche.

उसने झाड़ियों के बीच से शवों के टकराने की आवाजें और रात में होने वाली आवाजें सुनीं।

Acostado en la orilla del Yukón, parpadeando, Buck soñaba junto al fuego.

युकोन तट पर लेटे हुए, पलकें झपकाते हुए, बक आग के पास बैठकर सपने देख रहा था।

Las vistas y los sonidos de ese mundo salvaje le ponían los pelos de punta.

उस जंगली दुनिया के दृश्यों और ध्वनियों को देखकर उसके रोंगटे खड़े हो गए।

El pelaje se le subió por la espalda, los hombros y el cuello.

फर उसकी पीठ, कंधों और गर्दन तक फैल गया।

Él gimió suavemente o emitió un gruñido bajo y profundo en su pecho.

वह या तो धीरे से रोता था या अपनी छाती में गहरी गड़गड़ाहट करता था।

Entonces el cocinero mestizo gritó: "¡Oye, Buck, despierta!"

तभी अर्ध-नस्ल रसोइया चिल्लाया, "अरे, बक, उठो!"

El mundo de los sueños desapareció y la vida real regresó a los ojos de Buck.

सपनों की दुनिया गायब हो गई और बक की आँखों में वास्तविक जीवन लौट आया।

Iba a levantarse, estirarse y bostezar, como si acabara de despertar de una siesta.

वह उठने, खिंचाव महसूस करने और जम्हाई लेने वाला था, जैसे कि उसे नींद से जगाया गया हो।

El viaje fue duro, con el trineo del correo arrastrándose detrás de ellos.

यात्रा कठिन थी, मेल स्लेज उनके पीछे घिसट रही थी।

Las cargas pesadas y el trabajo duro agotaban a los perros cada largo día.

भारी बोझ और कठिन काम के कारण कुत्ते हर दिन थक जाते थे।

Llegaron a Dawson delgados, cansados y necesitando más de una semana de descanso.

वे डाउसन पहुंचे तो वे दुबले-पतले, थके हुए थे और उन्हें एक सप्ताह से अधिक आराम की आवश्यकता थी।

Pero sólo dos días después, emprendieron nuevamente el descenso por el Yukón.

लेकिन दो दिन बाद ही वे पुनः युकोन की ओर चल पड़े।

Estaban cargados con más cartas destinadas al mundo exterior.

उनमें बाहरी दुनिया के लिए भेजे जाने वाले पत्र भी भरे हुए थे।

Los perros estaban exhaustos y los hombres se quejaban constantemente.

कुत्ते थक चुके थे और आदमी लगातार शिकायत कर रहे थे।

La nieve caía todos los días, suavizando el camino y ralentizando los trineos.

हर दिन बर्फ गिरती थी, जिससे रास्ता नरम हो जाता था और स्लेज की गति धीमी हो जाती थी।

Esto provocó que el tirón fuera más difícil y hubo más resistencia para los corredores.

इससे धावकों को खींचने में कठिनाई हुई तथा उन पर अधिक खिंचाव पड़ा।

A pesar de eso, los pilotos fueron justos y se preocuparon por sus equipos.

इसके बावजूद, ड्राइवर निष्पक्ष थे और अपनी टीमों का ध्यान रखते थे।

Cada noche, los perros eran alimentados antes de que los hombres pudieran comer.

प्रत्येक रात, पुरुषों के भोजन करने से पहले कुत्तों को खाना खिलाया जाता था।

Ningún hombre duerme sin antes revisar las patas de su propio perro.

कोई भी व्यक्ति अपने कुत्ते के पैरों की जांच किए बिना नहीं सोता।

Aún así, los perros se fueron debilitando a medida que los kilómetros iban desgastando sus cuerpos.

फिर भी, जैसे-जैसे मीलों की दूरी बढ़ती गई, कुत्ते कमजोर होते गए।

Habían viajado mil ochocientas millas durante el invierno.

उन्होंने सर्दियों में अठारह सौ मील की यात्रा की थी।

Tiraron de trineos a lo largo de cada milla de esa brutal distancia.

उन्होंने उस कठिन दूरी के प्रत्येक मील को स्लेज से खींचा।

Incluso los perros de trineo más resistentes sienten tensión después de tantos kilómetros.

यहां तक कि सबसे मजबूत स्लेज कुत्ते भी कई मील चलने के बाद थकान महसूस करते हैं।

Buck aguantó, mantuvo a su equipo trabajando y mantuvo la disciplina.

बक ने डटे रहे, अपनी टीम को काम पर लगाए रखा और अनुशासन बनाए रखा।

Pero Buck estaba cansado, al igual que los demás en el largo viaje.

लेकिन बक भी लंबी यात्रा में अन्य लोगों की तरह थका हुआ था।

Billee gemía y lloraba mientras dormía todas las noches sin falta.

बिली हर रात नींद में रोता और कराहता था।

Joe se volvió aún más amargado y Solleks se mantuvo frío y distante.

जो और भी अधिक क्रोधित हो गया, तथा सोलेक्स ठंडा और दूर-दूर रहने लगा।

Pero fue Dave quien sufrió más de todo el equipo.

लेकिन पूरी टीम में सबसे ज्यादा नुकसान डेव को उठाना पड़ा।

Algo había ido mal dentro de él, aunque nadie sabía qué.

उसके अंदर कुछ गड़बड़ हो गई थी, हालांकि कोई नहीं जानता था कि क्या गड़बड़ हुई थी।

Se volvió más malhumorado y les gritaba a los demás con creciente enojo.

वह चिड़चिड़ा हो गया और दूसरों पर क्रोध से झल्लाने लगा।

Cada noche iba directo a su nido, esperando ser alimentado.

हर रात वह सीधे अपने घोंसले में चला जाता और भोजन की प्रतीक्षा करता।

Una vez que cayó, Dave no se levantó hasta la mañana.

एक बार जब डेव नीचे गिर गया तो वह सुबह तक नहीं उठा।

En las riendas, tirones o arranques repentinos le hacían gritar de dolor.

लगाम पर अचानक झटके लगने या चौंकने से वह दर्द से चिल्ला उठता था।

Su conductor buscó la causa, pero no encontró heridos.

उनके ड्राइवर ने कारण जानने की कोशिश की, लेकिन उन्हें कोई चोट नहीं मिली।

Todos los conductores comenzaron a observar a Dave y discutieron su caso.

सभी ड्राइवर डेव को देखने लगे और उसके मामले पर चर्चा करने लगे।

Hablaron durante las comidas y durante el último cigarrillo del día.

वे भोजन के समय और दिन के अंतिम सिगरेट पीने के दौरान बातें करते थे।

Una noche tuvieron una reunión y llevaron a Dave al fuego.

एक रात उन्होंने बैठक की और डेव को आग के पास ले गए।

Le apretaron y le palparon el cuerpo, y él gritaba a menudo.

वे उसके शरीर को दबाते और टटोलते रहे, और वह बार-बार चिल्लाता रहा।

Estaba claro que algo iba mal, aunque no parecía haber ningún hueso roto.

स्पष्टतः कुछ गड़बड़ थी, यद्यपि कोई हड्डी टूटी हुई नहीं दिख रही थी।

Cuando llegaron a Cassiar Bar, Dave se estaba cayendo.

जब वे कैसियर बार पहुंचे तो डेव गिर रहा था।

El mestizo escocés pidió un alto y eliminó a Dave del equipo.

स्कॉच के आधे-अधूरे समूह ने रोक लगाई और डेव को टीम से निकाल दिया।

Sujetó a Solleks en el lugar de Dave, más cerca del frente del trineo.

उन्होंने सोलेक्स को डेव के स्थान पर, स्लेज के सामने के सबसे निकट, बांध दिया।

Su intención era dejar que Dave descansara y corriera libremente detrás del trineo en movimiento.

उसका इरादा डेव को आराम करने देना था और चलती स्लेज के पीछे स्वतंत्र रूप से दौड़ने देना था।

Pero incluso estando enfermo, Dave odiaba que lo sacaran del trabajo que había tenido.

लेकिन बीमार होने के बावजूद डेव को अपनी नौकरी से निकाले जाने से नफरत थी।

Gruñó y gimió cuando le quitaron las riendas del cuerpo.

जब उसके शरीर से लगाम खींची गई तो वह गुर्राया और रोने लगा।

Cuando vio a Solleks en su lugar, lloró con el corazón roto.

जब उसने सोलेक्स को अपनी जगह पर देखा, तो वह टूटे हुए दिल के दर्द से रो पड़ा।

El orgullo por el trabajo en los senderos estaba profundamente arraigado en Dave, incluso cuando se acercaba la muerte.

मौत करीब आने पर भी डेव के मन में ट्रेल कार्य के प्रति गर्व की भावना बनी रही।

Mientras el trineo se movía, Dave se tambaleaba sobre la nieve blanda cerca del sendero.

जैसे ही स्लेज आगे बढ़ी, डेव पगडंडी के पास नरम बर्फ में लड़खड़ाता हुआ आगे बढ़ा।

Atacó a Solleks, mordiéndolo y empujándolo desde el costado del trineo.

उसने सोलेक्स पर हमला किया, उसे काटा और स्लेज की तरफ से धक्का दिया।

Dave intentó saltar al arnés y recuperar su lugar de trabajo.

डेव ने रस्सी से छलांग लगाकर अपना कार्य स्थान पुनः प्राप्त करने का प्रयास किया।

Gritó, se quejó y lloró, dividido entre el dolor y el orgullo por el trabajo.

वह चिल्लाया, रोया और प्रसव पीड़ा और गर्व के बीच उलझा हुआ था।

El mestizo usó su látigo para intentar alejar a Dave del equipo.

उस अर्ध-नस्ल ने डेव को टीम से दूर भगाने के लिए अपने चाबुक का इस्तेमाल किया।

Pero Dave ignoró el látigo y el hombre no pudo golpearlo más fuerte.

लेकिन डेव ने कोड़े की मार को नजरअंदाज कर दिया, और वह व्यक्ति उस पर अधिक जोर से प्रहार नहीं कर सका।

Dave rechazó el camino más fácil detrás del trineo, donde la nieve estaba acumulada.

डेव ने स्लेज के पीछे वाले आसान रास्ते से जाने से इनकार कर दिया, जहां बर्फ जमी हुई थी।

En cambio, luchaba en la nieve profunda junto al sendero, en la miseria.

इसके बजाय, वह रास्ते के किनारे गहरी बर्फ में दुख के साथ संघर्ष करता रहा।

Finalmente, Dave se desplomó, quedó tendido en la nieve y aullando de dolor.

अंततः डेव बर्फ में गिरकर दर्द से चीखने लगा।

Gritó cuando el largo tren de trineos pasó a su lado uno por uno.

जब स्लेजों की लम्बी कतार एक-एक करके उसके पास से गुजरी तो वह चिल्ला उठा।

Aún con las fuerzas que le quedaban, se levantó y tropezó tras ellos.

फिर भी, अपनी बची हुई शक्ति से वह उठा और लड़खड़ाता हुआ उनके पीछे चला।

Lo alcanzó cuando el tren se detuvo nuevamente y encontró su viejo trineo.

जब ट्रेन दोबारा रुकी तो वह वहां पहुंचा और उसे अपनी पुरानी स्लेज मिल गई।

Pasó junto a los otros equipos y se quedó de nuevo al lado de Solleks.

वह अन्य टीमों से आगे निकल गया और पुनः सोलेक्स के पास खड़ा हो गया।

Cuando el conductor se detuvo para encender su pipa, Dave aprovechó su última oportunidad.

जैसे ही ड्राइवर ने अपना पाइप जलाने के लिए रुका, डेव ने अपना आखिरी मौका लिया।

Cuando el conductor regresó y gritó, el equipo no avanzó.

जब ड्राइवर वापस आया और चिल्लाया तो टीम आगे नहीं बढ़ी।

Los perros habían girado la cabeza, confundidos por la parada repentina.

अचानक हुई रुकावट से भ्रमित होकर कुत्तों ने अपना सिर घुमा लिया था।

El conductor también estaba sorprendido: el trineo no se había movido ni un centímetro hacia adelante.

ड्राइवर भी हैरान था - स्लेज एक इंच भी आगे नहीं बढ़ी थी।

Llamó a los demás para que vinieran a ver qué había sucedido.

उसने दूसरों को बुलाया और कहा कि आओ और देखो कि क्या हुआ था।

Dave había mordido las riendas de Solleks, rompiéndolas ambas.

डेव ने सोलेक्स की लगाम चबाकर दोनों को तोड़ दिया था।

Ahora estaba de pie frente al trineo, nuevamente en su posición correcta.

अब वह स्लेज के सामने अपनी सही स्थिति में खड़ा था।

Dave miró al conductor y le rogó en silencio que se mantuviera en el carril.

डेव ने ड्राइवर की ओर देखा और चुपचाप रास्ते में ही रहने की विनती की।

El conductor estaba desconcertado, sin saber qué hacer con el perro que luchaba.

ड्राइवर उलझन में था, उसे समझ नहीं आ रहा था कि संघर्ष कर रहे कुत्ते के लिए क्या किया जाए।

Los otros hombres hablaron de perros que habían muerto al ser sacados a la calle.

अन्य लोगों ने उन कुत्तों के बारे में बताया जो बाहर ले जाए जाने से मर गए थे।

Contaron sobre perros viejos o heridos cuyo corazón se rompió al ser abandonados.

उन्होंने ऐसे बूढ़े या घायल कुत्तों के बारे में बताया जिनका दिल पीछे छोड़ दिए जाने पर टूट गया।

Estuvieron de acuerdo en que era una misericordia dejar que Dave muriera mientras aún estaba en su arnés.

वे इस बात पर सहमत हुए कि डेव को उसके हार्नेस में ही मरने देना दया थी।

Lo volvieron a sujetar al trineo y Dave tiró con orgullo.

उसे पुनः स्लेज पर बांध दिया गया और डेव ने गर्व के साथ उसे खींचा।

Aunque a veces gritaba, trabajaba como si el dolor pudiera ignorarse.

यद्यपि वह कभी-कभी चिल्लाता था, परन्तु वह ऐसे काम करता था मानो दर्द को नजरअंदाज किया जा सकता है।

Más de una vez se cayó y fue arrastrado antes de levantarse de nuevo.

एक से अधिक बार वह गिरा और फिर उठने से पहले घसीटा गया।

Un día, el trineo pasó por encima de él y desde ese momento empezó a cojear.

एक बार स्लेज उसके ऊपर लुढ़क गई और वह उसी क्षण से लंगड़ाने लगा।

Aún así, trabajó hasta llegar al campamento y luego se acostó junto al fuego.

फिर भी, वह शिविर तक पहुंचने तक काम करता रहा और फिर आग के पास लेट गया।

Por la mañana, Dave estaba demasiado débil para viajar o incluso mantenerse en pie.

सुबह तक डेव इतना कमजोर हो गया था कि वह यात्रा करने या सीधा खड़ा होने में भी असमर्थ था।

En el momento de preparar el arnés, intentó alcanzar a su conductor con un esfuerzo tembloroso.

जब वह गाड़ी में सवार हुआ तो उसने कांपते हुए प्रयास के साथ अपने ड्राइवर तक पहुंचने की कोशिश की।

Se obligó a levantarse, se tambaleó y se desplomó sobre el suelo nevado.

वह बलपूर्वक उठा, लड़खड़ाया और बर्फीली जमीन पर गिर पड़ा।

Utilizando sus patas delanteras, arrastró su cuerpo hacia el área del arnés.

अपने अगले पैरों का उपयोग करते हुए, उसने अपने शरीर को हार्नेस क्षेत्र की ओर खींचा।

Avanzó poco a poco, centímetro a centímetro, hacia los perros de trabajo.

वह काम करने वाले कुत्तों की ओर इंच-इंच आगे बढ़ता गया।

Sus fuerzas se acabaron, pero siguió avanzando en su último y desesperado esfuerzo.

उसकी शक्ति समाप्त हो गई, लेकिन वह अपने अंतिम प्रयास में आगे बढ़ता रहा।

Sus compañeros de equipo lo vieron jadeando en la nieve, todavía deseando unirse a ellos.

उसके साथियों ने उसे बर्फ में हांफते हुए देखा, फिर भी वह उनके साथ शामिल होने के लिए लालायित था।

Lo oyeron aullar de dolor mientras dejaban atrás el campamento.

जब वे शिविर छोड़कर जा रहे थे तो उन्होंने उसे दुःख से चिल्लाते हुए सुना।

Cuando el equipo desapareció entre los árboles, el grito de Dave resonó detrás de ellos.

जैसे ही टीम पेड़ों में लुप्त हो गई, डेव की चीख उनके पीछे गूंज उठी।

El tren de trineos se detuvo brevemente después de cruzar un tramo de bosque junto al río.

नदी के एक हिस्से को पार करने के बाद स्लेज ट्रेन कुछ देर के लिए रुकी।

El mestizo escocés caminó lentamente de regreso hacia el campamento que estaba detrás.

स्कॉच का वह आधा-नस्ल वाला व्यक्ति धीरे-धीरे पीछे के शिविर की ओर चला गया।

Los hombres dejaron de hablar cuando lo vieron salir del tren de trineos.

जब लोगों ने उसे स्लेज ट्रेन से उतरते देखा तो उनकी बोलती बंद हो गई।

Entonces un único disparo se oyó claro y nítido en el camino.

तभी रास्ते में एक गोली की आवाज स्पष्ट और तेज सुनाई दी।

El hombre regresó rápidamente y ocupó su lugar sin decir palabra.

वह आदमी तुरंत वापस आया और बिना कुछ बोले अपना स्थान ग्रहण कर लिया।

Los látigos crujieron, las campanas tintinearon y los trineos rodaron por la nieve.

चाबुक फटकारे गए, घंटियां बजने लगीं और स्लेज बर्फ में आगे बढ़ने लगीं।

Pero Buck sabía lo que había sucedido... y todos los demás perros también.

लेकिन बक को पता था कि क्या हुआ था - और हर अन्य कुते को भी।

El trabajo de las riendas y el sendero
लगाम और राह का परिश्रम

Treinta días después de salir de Dawson, el Salt Water Mail llegó a Skaguay.

डावसन से रवाना होने के तीस दिन बाद, साल्ट वाटर मेल स्काग्वे पहुंचा।

Buck y sus compañeros tomaron la delantera, llegando en lamentables condiciones.

बक और उनके साथियों ने दयनीय स्थिति में पहुँचकर बढ़त हासिल कर ली।

Buck había bajado de ciento cuarenta a ciento quince libras.

बक का वजन एक सौ चालीस पाउंड से घटकर एक सौ पंद्रह पाउंड रह गया था।

Los otros perros, aunque más pequeños, habían perdido aún más peso corporal.

अन्य कुत्ते, हालांकि छोटे थे, उनका शरीर का वजन और भी अधिक कम हो गया था।

Pike, que antes fingía cojear, ahora arrastraba tras él una pierna realmente herida.

पाइक, जो कभी नकली लंगड़ाता था, अब अपने पीछे सचमुच घायल पैर को घसीटता हुआ चल रहा था।

Solleks cojeaba mucho y Dub tenía un omóplato torcido.

सोलेक्स बुरी तरह लंगड़ा रहा था, और डब के कंधे की हड्डी में चोट लगी थी।

Todos los perros del equipo tenían las patas doloridas por las semanas que pasaron en el sendero helado.

टीम के प्रत्येक कुत्ते के पैर बर्फीले रास्ते पर कई सप्ताह तक रहने के कारण दर्द से पीड़ित थे।

Ya no tenían resorte en sus pasos, sólo un movimiento lento y arrastrado.

उनके कदमों में कोई स्फूर्ति नहीं बची थी, केवल धीमी, घिसटती हुई चाल थी।

Sus pies golpeaban el sendero con fuerza y cada paso añadía más tensión a sus cuerpos.

उनके पैर रास्ते पर जोर से टकराते थे, और हर कदम उनके शरीर पर अधिक दबाव डालता था।

No estaban enfermos, sólo agotados más allá de toda recuperación natural.

वे बीमार नहीं थे, केवल इतना ही था कि उनका शरीर प्राकृतिक रूप से ठीक होने लायक नहीं रह गया था।

No era el cansancio de un día duro que se curaba con una noche de descanso.

यह एक कठिन दिन की थकान नहीं थी, जो एक रात के आराम से ठीक हो गई हो।

Fue un agotamiento acumulado lentamente a lo largo de meses de esfuerzo agotador.

यह महीनों के कठिन परिश्रम से धीरे-धीरे बढ़ती हुई थकावट थी।

No quedaban reservas de fuerza: habían agotado todas las que tenían.

कोई आरक्षित शक्ति नहीं बची थी - उन्होंने अपनी सारी ताकत खर्च कर दी थी।

Cada músculo, fibra y célula de sus cuerpos estaba gastado y desgastado.

उनके शरीर की प्रत्येक मांसपेशी, तंतु और कोशिका ख़त्म हो चुकी थी।

Y había una razón: habían recorrido dos mil quinientas millas.

और इसका एक कारण था - उन्होंने पच्चीस सौ मील की दूरी तय की थी।

Habían descansado sólo cinco días durante las últimas mil ochocientas millas.

पिछले अठारह सौ मील की यात्रा के दौरान उन्होंने केवल पाँच दिन आराम किया था।

Cuando llegaron a Skaguay, parecían apenas capaces de mantenerse en pie.

जब वे स्कागुआय पहुंचे तो वे मुश्किल से सीधे खड़े हो पा रहे थे।

Se esforzaron por mantener las riendas tensas y permanecer delante del trineo.

उन्हें लगाम कस कर रखने और स्लेज से आगे रहने के लिए संघर्ष करना पड़ा।

En las bajadas sólo lograron evitar ser atropellados.

ढलान पर वे बस कुचले जाने से बच पाए।

"Sigan adelante, pobres pies doloridos", dijo el conductor mientras cojeaban.

"आगे बढ़ो, बेचारे दुखते पैरों," ड्राइवर ने कहा और वे लंगड़ाते हुए आगे बढ़ रहे थे।

"Este es el último tramo, luego todos tendremos un largo descanso, seguro".

"यह आखिरी पड़ाव है, फिर हम सभी को एक लम्बा आराम अवश्य मिलेगा।"

"Un descanso verdaderamente largo", prometió mientras los observaba tambalearse hacia adelante.

"एक सचमुच लम्बा विश्राम," उन्होंने उन्हें लड़खड़ाते हुए आगे बढ़ते देखकर वादा किया।

Los conductores esperaban que ahora tuvieran un descanso largo y necesario.

ड्राइवरों को उम्मीद थी कि अब उन्हें एक लम्बा और आवश्यक अवकाश मिलेगा।

Habían recorrido mil doscientas millas con sólo dos días de descanso.

उन्होंने केवल दो दिन के आराम के साथ बारह सौ मील की यात्रा की थी।

Por justicia y razón, sintieron que se habían ganado tiempo para relajarse.

निष्पक्षता और तर्क से कहें तो उन्हें लगा कि उन्होंने आराम करने के लिए समय अर्जित किया है।

Pero eran demasiados los que habían llegado al Klondike y muy pocos los que se habían quedado en casa.

लेकिन बहुत अधिक लोग क्लोंडाइक आ गए थे, और बहुत कम लोग घर पर रह गए थे।

Las cartas de las familias llegaron en masa, creando montañas de correo retrasado.

परिवारों से आने वाले पत्रों की बाढ़ आ गई, जिससे देरी से पहुंचने वाले पत्रों का ढेर लग गया।

Llegaron órdenes oficiales: nuevos perros de la Bahía de Hudson tomarían el control.

आधिकारिक आदेश आ गए - हडसन बे में नए कुत्ते कार्यभार संभालने जा रहे थे।

Los perros exhaustos, ahora llamados inútiles, debían ser eliminados.

थके हुए कुत्तों को, जिन्हें अब बेकार कहा जाता था, निपटाया जाना था।

Como el dinero importaba más que los perros, los iban a vender a bajo precio.

चूंकि कुत्तों की तुलना में पैसा अधिक महत्वपूर्ण था, इसलिए उन्हें सस्ते दामों पर बेचा जाने वाला था।

Pasaron tres días más antes de que los perros sintieran lo débiles que estaban.

तीन दिन और बीतने के बाद कुत्तों को यह एहसास हुआ कि वे कितने कमज़ोर हो गए हैं।

En la cuarta mañana, dos hombres de Estados Unidos compraron todo el equipo.

चौथी सुबह, अमेरिका से आये दो लोगों ने पूरी टीम खरीद ली।

La venta incluía todos los perros, además de sus arneses usados.

बिक्री में सभी कुत्तों के साथ-साथ उनके पहने हुए हार्नेस उपकरण भी शामिल थे।

Los hombres se llamaban entre sí "Hal" y "Charles" mientras completaban el trato.

सौदा पूरा करते समय दोनों पुरुषों ने एक-दूसरे को "हैल" और "चार्ल्स" कहा।

Charles era un hombre de mediana edad, pálido, con labios flácidos y puntas de bigote feroces.

चार्ल्स मध्यम आयु का, पीला, लटके हुए होंठ और भयंकर मूंछों वाला था।

Hal era un hombre joven, de unos diecinueve años, que llevaba un cinturón lleno de cartuchos.

हैल एक युवा व्यक्ति था, शायद उन्नीस वर्ष का, और उसने कारतूस से भरी बेल्ट पहन रखी थी।

El cinturón contenía un gran revólver y un cuchillo de caza, ambos sin usar.

बेल्ट में एक बड़ी रिवाल्वर और एक शिकार करने वाला चाकू रखा हुआ था, दोनों ही अप्रयुक्त थे।

Esto demostró lo inexperto e inadecuado que era para la vida en el norte.

इससे पता चलता है कि वह उत्तरी जीवन के लिए कितना अनुभवहीन और अयोग्य था।

Ninguno de los dos pertenecía a la naturaleza; su presencia desafiaba toda razón.

दोनों ही मनुष्य जंगल में नहीं रहते थे; उनकी उपस्थिति सभी तर्कों को चुनौती देती थी।

Buck observó cómo el dinero intercambiaba manos entre el comprador y el agente.

बक ने क्रेता और एजेंट के बीच पैसों का आदान-प्रदान होते देखा।

Sabía que los conductores de trenes correos abandonaban su vida como el resto.

वह जानता था कि मेल-ट्रेन ड्राइवर भी बाकी लोगों की तरह उसकी जिंदगी से जा रहे हैं।

Siguieron a Perrault y a François, ahora desaparecidos sin posibilidad de recuperación.

उन्होंने पेरौल्ट और फ्रांकोइस का अनुसरण किया, जो अब याद करने लायक नहीं रहे।

Buck y el equipo fueron conducidos al descuidado campamento de sus nuevos dueños.

बक और टीम को उनके नए मालिकों के शिविर में ले जाया गया।

La tienda se hundía, los platos estaban sucios y todo estaba desordenado.

तम्बू टूटा हुआ था, बर्तन गंदे थे और सब कुछ अस्त-व्यस्त पड़ा था।

Buck también notó que había una mujer allí: Mercedes, la esposa de Charles y hermana de Hal.

बक ने वहां एक महिला को भी देखा - मर्सिडीज, चार्ल्स की पत्नी और हैल की बहन।

Formaban una familia completa, aunque no eran aptos para el recorrido.

वे एक पूर्ण परिवार थे, हालांकि वे इस यात्रा के लिए बिल्कुल भी उपयुक्त नहीं थे।

Buck observó nervioso cómo el trío comenzó a empacar los suministros.

बक ने घबराहट से देखा कि तीनों ने सामान पैक करना शुरू कर दिया।

Trabajaron duro, pero sin orden: sólo alboroto y esfuerzos desperdiciados.

उन्होंने कड़ी मेहनत की लेकिन बिना किसी क्रम के - केवल उपद्रव और व्यर्थ प्रयास।

La tienda estaba enrollada hasta formar un volumen demasiado grande para el trineo.

तम्बू को इतना भारी आकार दिया गया था कि वह स्लेज के लिए बहुत बड़ा था।

Los platos sucios se empaquetaron sin limpiarlos ni secarlos.

गंदे बर्तनों को बिना साफ किए या सुखाए ही पैक कर दिया गया।

Mercedes revoloteaba por todos lados, hablando, corrigiendo y entrometiéndose constantemente.

मर्सिडीज इधर-उधर घूम रही थी, लगातार बातें कर रही थी, सुधार कर रही थी, और हस्तक्षेप कर रही थी।

Cuando le ponían un saco en el frente, ella insistía en que lo pusieran en la parte de atrás.

जब एक बोरी सामने रखी गई तो उसने जोर देकर कहा कि इसे पीछे रखा जाए।

Metió la bolsa en el fondo y al siguiente momento la necesitó.

उसने बोरा नीचे रख दिया और अगले ही पल उसे इसकी जरूरत पड़ गयी।

De esta manera, el trineo fue desempaquetado nuevamente para alcanzar la bolsa específica.

इसलिए एक विशेष बैग तक पहुंचने के लिए स्लेज को फिर से खोला गया।

Cerca de allí, tres hombres estaban parados afuera de una tienda de campaña, observando cómo se desarrollaba la escena.

पास ही एक तंबू के बाहर तीन आदमी खड़े होकर यह दृश्य देख रहे थे।

Sonrieron, guiñaron el ojo y sonrieron ante la evidente confusión de los recién llegados.

वे नवागंतुकों की स्पष्ट उलझन को देखकर मुस्कुराये, आँख मारी और मुस्कुराये।

"Ya tienes una carga bastante pesada", dijo uno de los hombres.

"तुम्हारे ऊपर पहले से ही बहुत भारी बोझ है", उनमें से एक आदमी ने कहा।

"No creo que debas llevar esa tienda de campaña, pero es tu elección".

"मुझे नहीं लगता कि आपको वह तम्बू ले जाना चाहिए, लेकिन यह आपकी पसंद है।"

"¡Inimaginable!", exclamó Mercedes levantando las manos con desesperación.

"अकल्पनीय!" मर्सिडीज़ ने निराशा में अपने हाथ ऊपर उठाते हुए कहा।

"¿Cómo podría viajar sin una tienda de campaña donde refugiarme?"

"मैं बिना किसी तंबू के कैसे यात्रा कर सकता हूँ?"

"Es primavera, ya no volverás a ver el frío", respondió el hombre.

"यह वसंत ऋतु है - आप फिर कभी ठंड का मौसम नहीं देखेंगे," आदमी ने जवाब दिया।

Pero ella meneó la cabeza y ellos siguieron apilando objetos en el trineo.

लेकिन उसने अपना सिर हिला दिया, और वे स्लेज पर सामान जमा करते रहे।

La carga se elevó peligrosamente a medida que añadían los últimos elementos.

जब वे अंतिम चीजें जोड़ रहे थे तो भार खतरनाक रूप से ऊंचा हो गया।

"¿Crees que el trineo se deslizará?" preguntó uno de los hombres con mirada escéptica.

"क्या आपको लगता है कि स्लेज चलेगी?" एक आदमी ने संदेह भरी नज़र से पूछा।

"¿Por qué no debería?", replicó Charles con gran fastidio.

"ऐसा क्यों नहीं होना चाहिए?" चार्ल्स ने तीखी झुंझलाहट के साथ जवाब दिया।

—Está bien —dijo rápidamente el hombre, alejándose un poco de la ofensa.

"ओह, यह सब ठीक है," आदमी ने जल्दी से कहा, और अपना आपा खो दिया।

"Solo me preguntaba, me pareció que tenía la parte superior demasiado pesada".

"मैं तो बस यही सोच रहा था - यह तो मुझे थोड़ा ज़्यादा भारी लग रहा था।"

Charles se dio la vuelta y ató la carga lo mejor que pudo.

चार्ल्स ने मुड़कर जितना संभव हो सका, बोझ को बांध दिया।

Pero las ataduras estaban sueltas y el embalaje en general estaba mal hecho.

लेकिन पट्टियाँ ढीली थीं और पैकिंग भी कुल मिलाकर खराब थी।

"Claro, los perros tirarán de eso todo el día", dijo otro hombre con sarcasmo.

"ज़रूर, कुत्ते पूरे दिन यही खींचते रहेंगे," एक और आदमी ने व्यंग्यात्मक लहज़े में कहा।

—Por supuesto —respondió Hal con frialdad, agarrando el largo palo del trineo.

"बेशक," हेल ने ठंडे स्वर में जवाब दिया और स्लेज के लंबे जी-पोल को पकड़ लिया।

Con una mano en el poste, blandía el látigo con la otra.

एक हाथ से डंडे पर, दूसरे हाथ से उसने कोड़ा घुमाया।

"¡Vamos!", gritó. "¡Muévanse!", instando a los perros a empezar.

"चलो चलें!" वह चिल्लाया। "चलें!" कुत्तों को चलने के लिए प्रेरित करते हुए।

Los perros se inclinaron hacia el arnés y se tensaron durante unos instantes.

कुत्ते कुछ क्षणों के लिए रस्सी से बंधे और तनाव में आ गए।

Entonces se detuvieron, incapaces de mover ni un centímetro el trineo sobrecargado.

फिर वे रुक गए, क्योंकि वे अतिभारित स्लेज को एक इंच भी हिलाने में असमर्थ थे।

—¡Esos brutos perezosos! —gritó Hal, levantando el látigo para golpearlos.

"आलसी जानवर!" हैल ने चिल्लाते हुए उन्हें मारने के लिए कोड़ा उठाया।

Pero Mercedes entró corriendo y le arrebató el látigo de las manos a Hal.

लेकिन मर्सिडीज ने दौड़कर हैल के हाथों से चाबुक छीन लिया।

—Oh, Hal, no te atrevas a hacerles daño —gritó alarmada.

"ओह, हैल, उन्हें चोट पहुँचाने की हिम्मत मत करना," वह घबरा कर चिल्लाई।

"Prométeme que serás amable con ellos o no daré un paso más".

"मुझसे वादा करो कि तुम उनके प्रति दयालु रहोगे, नहीं तो मैं एक कदम भी आगे नहीं बढ़ूंगा।"

—No sabes nada de perros —le espetó Hal a su hermana.

"तुम्हें कुत्तों के बारे में कुछ भी नहीं पता," हैल ने अपनी बहन पर चिल्लाते हुए कहा।

"Son perezosos y la única forma de moverlos es azotándolos".

"वे आलसी हैं, और उन्हें चलाने का एकमात्र तरीका उन्हें कोड़ा मारना है।"

"Pregúntale a cualquiera, pregúntale a uno de esos hombres de allí si dudas de mí".

"किसी से भी पूछो - अगर तुम्हें मुझ पर शक है तो वहाँ बैठे किसी आदमी से पूछो।"

Mercedes miró a los espectadores con ojos suplicantes y llorosos.

मर्सिडीज़ ने दर्शकों की ओर नम आंखों से देखा।

Su rostro mostraba lo profundamente que odiaba ver cualquier dolor.

उसके चेहरे से पता चल रहा था कि वह किसी भी दर्द को देखने से कितनी नफरत करती थी।

"Están débiles, eso es todo", dijo un hombre. "Están agotados".

एक आदमी ने कहा, "वे कमज़ोर हैं, बस इतना ही। वे घिस चुके हैं।"

"Necesitan descansar, han trabajado demasiado tiempo sin descansar".

"उन्हें आराम की ज़रूरत है - वे बिना ब्रेक के बहुत लंबे समय से काम कर रहे हैं।"

—Maldito sea el resto —murmuró Hal con el labio curvado.

"बाकी सब धिक्कार है," हैल ने अपने होंठ सिकोड़ते हुए कहा।

Mercedes jadeó, visiblemente dolida por la grosera palabra que pronunció.

मर्सिडीज़ ने चौंककर कहा, उसे उसके मुंह से निकले अपशब्दों से स्पष्ट रूप से दुख हुआ था।

Aún así, ella se mantuvo leal y defendió instantáneamente a su hermano.

फिर भी, वह वफादार रही और उसने तुरंत अपने भाई का बचाव किया।

—No le hagas caso a ese hombre —le dijo a Hal—. Son nuestros perros.

"उस आदमी की परवाह मत करो," उसने हैल से कहा। "वे हमारे कुते हैं।"

"Los conduces como mejor te parezca, haz lo que creas correcto".

"आप उन्हें वैसे ही चलाएं जैसा आप उचित समझें - वही करें जो आपको सही लगे।"

Hal levantó el látigo y volvió a golpear a los perros sin piedad.

हैल ने कोड़ा उठाया और कुत्तों पर बिना किसी दया के पुनः प्रहार किया।

Se lanzaron hacia adelante, con el cuerpo agachado y los pies hundidos en la nieve.

वे आगे की ओर झुके, शरीर नीचे झुके हुए थे, पैर बर्फ में धंसे हुए थे।

Ponían toda su fuerza en tirar, pero el trineo no se movía.

उनकी सारी ताकत खींचने में लग गई, लेकिन स्लेज आगे नहीं बढ़ रही थी।

El trineo quedó atascado, como un ancla congelada en la nieve compacta.

स्लेज वहीं अटकी रही, जैसे कोई लंगर जमी हुई बर्फ में फंस गया हो।

Tras un segundo esfuerzo, los perros se detuvieron de nuevo, jadeando con fuerza.

दूसरे प्रयास के बाद कुत्ते फिर रुक गए और जोर-जोर से हाँफने लगे।

Hal levantó el látigo una vez más, justo cuando Mercedes interfirió nuevamente.

हेल ने एक बार फिर चाबुक उठाया, तभी मर्सिडीज ने फिर हस्तक्षेप किया।

Ella cayó de rodillas frente a Buck y abrazó su cuello.

वह बक के सामने घुटनों के बल बैठ गई और उसकी गर्दन को गले लगा लिया।

Las lágrimas llenaron sus ojos mientras le suplicaba al perro exhausto.

थके हुए कुत्ते से विनती करते हुए उसकी आंखों में आंसू भर आए।

"Pobres queridos", dijo, "¿por qué no tiran más fuerte?"

"बेचारे, तुम लोग, थोड़ा और जोर से क्यों नहीं खींचते?" उसने कहा।

"Si tiras, no te azotarán así".

"अगर तुम खींचोगे, तो तुम्हें इस तरह से कोड़े नहीं मारे जाएँगे।"

A Buck no le gustaba Mercedes, pero estaba demasiado cansado para resistirse a ella ahora.

बक को मर्सिडीज़ नापसंद थी, लेकिन अब वह उसका विरोध करने में असमर्थ था।

Él aceptó sus lágrimas como una parte más de ese día miserable.

उसने उसके आँसुओं को उस दुखद दिन का एक और हिस्सा मानकर स्वीकार कर लिया।

Uno de los hombres que observaban finalmente habló después de contener su ira.

वहां मौजूद एक व्यक्ति ने अपना गुस्सा काबू में रखते हुए आखिरकार बात की।

"No me importa lo que les pase a ustedes, pero esos perros importan".

"मुझे परवाह नहीं कि आप लोगों के साथ क्या होता है, लेकिन उन कुत्तों का महत्व है।"

"Si quieres ayudar, suelta ese trineo: está congelado hasta la nieve".

"यदि आप मदद करना चाहते हैं, तो उस स्लेज को ढीला कर दें - यह बर्फ में जम गया है।"

"Presiona con fuerza el polo G, derecha e izquierda, y rompe el sello de hielo".

"जी-पोल पर ज़ोर से धक्का दो, दाएँ और बाएँ, और बर्फ़ की सील तोड़ दो।"

Se hizo un tercer intento, esta vez siguiendo la sugerencia del hombre.

इस बार उस व्यक्ति के सुझाव पर तीसरा प्रयास किया गया।

Hal balanceó el trineo de un lado a otro, soltando los patines.

हैल ने स्लेज को एक ओर से दूसरी ओर हिलाया, जिससे धावक अलग हो गए।

El trineo, aunque sobrecargado y torpe, finalmente avanzó con dificultad.

स्लेज, हालांकि अधिक भार से लदी हुई और बेढंगी थी, अंततः आगे बढ़ गई।

Buck y los demás tiraron salvajemente, impulsados por una tormenta de latigazos.

बक और अन्य लोग तेज झटके के साथ बेतहाशा आगे बढ़ रहे थे।

Cien metros más adelante, el sendero se curvaba y descendía hacia la calle.

सौ गज आगे रास्ता घुमावदार होकर सड़क पर उतर गया।

Se hubiera necesitado un conductor habilidoso para mantener el trineo en posición vertical.

स्लेज को सीधा रखने के लिए एक कुशल चालक की आवश्यकता थी।

Hal no era hábil y el trineo se volcó al girar en la curva.

हैल कुशल नहीं था, और जब स्लेज मोड़ पर घूमी तो वह पलट गई।

Las ataduras sueltas cedieron y la mitad de la carga se derramó sobre la nieve.

ढीली रस्सियाँ टूट गईं और आधा भार बर्फ पर गिर गया।

Los perros no se detuvieron; el trineo, más ligero, siguió volando de lado.

कुत्ते नहीं रुके; हल्का स्लेज अपनी तरफ उड़ता चला गया।

Enojados por el abuso y la pesada carga, los perros corrieron más rápido.

दुर्व्यवहार और भारी बोझ से क्रोधित होकर कुत्ते और तेजी से भागने लगे।

Buck, furioso, echó a correr, con el equipo siguiéndolo detrás.

बक गुस्से में दौड़ पड़े, उनकी टीम भी उनके पीछे-पीछे चलने लगी।

Hal gritó "¡Guau! ¡Guau!", pero el equipo no le hizo caso.

हैल चिल्लाया "वाह! वाह!" लेकिन टीम ने उस पर कोई ध्यान नहीं दिया।

Tropezó, cayó y fue arrastrado por el suelo por el arnés.

वह लड़खड़ाकर गिर पड़ा और रस्सी के सहारे ज़मीन पर घसीटा गया।

El trineo volcado saltó sobre él mientras los perros corrían delante.

कुत्ते आगे बढ़ते हुए पलटी हुई स्लेज से टकरा गए।

El resto de los suministros se dispersaron por la concurrida calle de Skaguay.

बाकी सामान स्कागुए की व्यस्त सड़क पर बिखरा पड़ा था।

La gente bondadosa se apresuró a detener a los perros y recoger el equipo.

दयालु लोग कुत्तों को रोकने और सामान इकट्ठा करने के लिए दौड़े।

También dieron consejos, contundentes y prácticos, a los nuevos viajeros.

उन्होंने नये यात्रियों को स्पष्ट एवं व्यावहारिक सलाह भी दी।

"Si quieres llegar a Dawson, lleva la mitad de la carga y el doble de perros".

"यदि आप डावसन तक पहुंचना चाहते हैं, तो आधा भार ले जाएं और कुत्तों को दोगुना कर दें।"

Hal, Charles y Mercedes escucharon, aunque no con entusiasmo.

हैल, चार्ल्स और मर्सिडीज ने उनकी बातें सुनीं, हालांकि उत्साह के साथ नहीं।

Instalaron su tienda de campaña y comenzaron a clasificar sus suministros.

उन्होंने अपना तंबू लगाया और अपनी आपूर्ति को छांटना शुरू कर दिया।

Salieron alimentos enlatados, lo que hizo reír a carcajadas a los espectadores.

बाहर डिब्बाबंद सामान आया, जिसे देखकर देखने वाले लोग जोर से हंसने लगे।

"¿Enlatado en el camino? Te morirás de hambre antes de que se derrita", dijo uno.

"ट्रेल पर डिब्बाबंद सामान? इससे पहले कि वह पिघले, आप भूखे मर जाएंगे," एक ने कहा।

¿Mantas de hotel? Mejor tíralas todas.

"होटल के कम्बल? बेहतर होगा कि आप उन्हें फेंक दें।"

"Si también deshazte de la tienda de campaña, aquí nadie lava los platos".

"तम्बू भी हटा दो, और यहाँ कोई बर्तन नहीं धोएगा।"

¿Crees que estás viajando en un tren Pullman con sirvientes a bordo?

"क्या आपको लगता है कि आप नौकरों के साथ पुलमैन ट्रेन में सफर कर रहे हैं?"

El proceso comenzó: todos los objetos inútiles fueron arrojados a un lado.

प्रक्रिया शुरू हुई - हर बेकार वस्तु को एक तरफ फेंक दिया गया।

Mercedes lloró cuando sus maletas fueron vaciadas en el suelo nevado.

जब मर्सिडीज के बैग बर्फीली जमीन पर फेंके गए तो वह रोने लगी।

Ella sollozaba por cada objeto que tiraba, uno por uno, sin pausa.

वह बिना रुके, एक-एक करके बाहर फेंकी गई प्रत्येक वस्तु पर रोती रही।

Ella juró no dar un paso más, ni siquiera por diez Charleses.

उसने कसम खाई कि वह एक कदम भी आगे नहीं बढ़ेगी - दस चार्ल्स के लिए भी नहीं।

Ella le rogó a cada persona cercana que le permitiera conservar sus cosas preciosas.

उसने आस-पास खड़े हर व्यक्ति से अपनी कीमती चीजें रखने की विनती की।

Por último, se secó los ojos y comenzó a arrojar incluso la ropa más importante.

अन्त में उसने अपनी आँखें पोंछीं और अपने महत्वपूर्ण कपड़े भी फेंकने लगी।

Cuando terminó con los suyos, comenzó a vaciar los suministros de los hombres.

जब उसका काम पूरा हो गया तो उसने पुरुषों का सामान खाली करना शुरू कर दिया।

Como un torbellino, destrozó las pertenencias de Charles y Hal.

बवंडर की तरह, उसने चार्ल्स और हैल के सामान को तहस-नहस कर दिया।

Aunque la carga se redujo a la mitad, todavía era mucho más pesada de lo necesario.

यद्यपि भार आधा हो गया था, फिर भी यह आवश्यकता से कहीं अधिक भारी था।

Esa noche, Charles y Hal salieron y compraron seis perros nuevos.

उस रात, चार्ल्स और हैल बाहर गये और छह नये कुत्ते खरीद लाये।

Estos nuevos perros se unieron a los seis originales, además de Teek y Koona.

ये नए कुत्ते मूल छह कुत्तों के साथ टीक और कूना में शामिल हो गए।

Juntos formaron un equipo de catorce perros enganchados al trineo.

उन्होंने मिलकर स्लेज से जुड़े चौदह कुत्तों का एक दल बनाया।

Pero los nuevos perros no eran aptos y estaban mal entrenados para el trabajo con trineos.

लेकिन नए कुत्ते स्लेज कार्य के लिए अयोग्य थे और उन्हें ठीक से प्रशिक्षित नहीं किया गया था।

Tres de los perros eran pointers de pelo corto y uno era un Terranova.

इनमें से तीन कुत्ते छोटे बालों वाले पॉइंटर थे, तथा एक न्यूफाउंडलैंड था।

Los dos últimos perros eran mestizos, sin ninguna raza ni propósito claros.

अंतिम दो कुत्ते ऐसे थे जिनकी नस्ल या उद्देश्य स्पष्ट नहीं था।

No entendieron el camino y no lo aprendieron rápidamente.

वे रास्ता नहीं समझ पाए और उन्होंने इसे जल्दी नहीं सीखा।

Buck y sus compañeros los miraron con desprecio y profunda irritación.

बक और उसके साथी उन्हें घृणा और गहरी खीझ के साथ देख रहे थे।

Aunque Buck les enseñó lo que no debían hacer, no podía enseñarles cuál era el deber.

यद्यपि बक ने उन्हें सिखाया कि क्या नहीं करना चाहिए, परन्तु वह कर्तव्य नहीं सिखा सका।

No se adaptaron bien a la vida en senderos ni al tirón de las riendas y los trineos.

वे पगडंडी पर चलने वाले जीवन या लगाम और स्लेज के खिंचाव को अच्छी तरह से स्वीकार नहीं करते थे।

Sólo los mestizos intentaron adaptarse, e incluso a ellos les faltó espíritu de lucha.

केवल संकर जातियों ने ही अनुकूलन का प्रयास किया, और उनमें भी लड़ने की भावना का अभाव था।

Los demás perros estaban confundidos, debilitados y destrozados por su nueva vida.

अन्य कुत्ते अपने नए जीवन से भ्रमित, कमजोर और टूटे हुए थे।

Con los nuevos perros desorientados y los viejos exhaustos, la esperanza era escasa.

नए कुत्तों के पास कोई जानकारी नहीं थी और पुराने कुत्ते थक चुके थे, इसलिए उम्मीद बहुत कम थी।

El equipo de Buck había recorrido dos mil quinientas millas de senderos difíciles.

बक की टीम ने पच्चीस सौ मील की कठिन राह तय की थी।

Aún así, los dos hombres estaban alegres y orgullosos de su gran equipo de perros.

फिर भी, दोनों व्यक्ति प्रसन्न थे और उन्हें अपने बड़े कुत्ते दल पर गर्व था।

Creían que viajaban con estilo, con catorce perros enganchados.

उन्हें लगा कि वे चौदह कुत्तों को साथ लेकर शानदार तरीके से यात्रा कर रहे हैं।

Habían visto trineos partir hacia Dawson y otros llegar desde allí.

उन्होंने स्लेजों को डाउसन के लिए रवाना होते तथा अन्य को वहां से आते देखा था।

Pero nunca habían visto uno tirado por tantos catorce perros.

लेकिन उन्होंने कभी भी एक गाड़ी को चौदह कुत्तों द्वारा खींचते हुए नहीं देखा था।

Había una razón por la que equipos como ese eran raros en el desierto del Ártico.

आर्कटिक के जंगलों में ऐसी टीमें दुर्लभ थीं, इसका एक कारण यह भी था।

Ningún trineo podría transportar suficiente comida para alimentar a catorce perros durante el viaje.

कोई भी स्लेज यात्रा के दौरान चौदह कुत्तों को खिलाने के लिए पर्याप्त भोजन नहीं ले जा सकता था।

Pero Charles y Hal no lo sabían: habían hecho los cálculos.

लेकिन चार्ल्स और हैल को यह पता नहीं था - उन्होंने गणित कर लिया था।

Planificaron la comida: tanta cantidad por perro, tantos días, y listo.

उन्होंने भोजन की मात्रा निर्धारित कर ली थी: प्रति कुत्ते इतना, इतने दिनों में, तैयार।

Mercedes miró sus figuras y asintió como si tuviera sentido.

मर्सिडीज़ ने उनके आंकड़े देखे और सिर हिलाया जैसे कि यह बात सही हो।

Todo le parecía muy sencillo, al menos en el papel.

कम से कम कागज़ पर तो उसे यह सब बहुत सरल लगा।

A la mañana siguiente, Buck guió al equipo lentamente por la calle nevada.

अगली सुबह, बक ने टीम को बर्फीली सड़क पर धीरे-धीरे आगे बढ़ाया।

No había energía ni espíritu en él ni en los perros detrás de él.

उसमें या उसके पीछे खड़े कुत्तों में कोई ऊर्जा या उत्साह नहीं था।

Estaban muertos de cansancio desde el principio: no les quedaban reservas.

वे शुरू से ही बहुत थके हुए थे - उनके पास कोई अतिरिक्त ताकत नहीं बची थी।

Buck ya había hecho cuatro viajes entre Salt Water y Dawson.

बक पहले ही साल्ट वाटर और डावसन के बीच चार यात्राएं कर चुका था।

Ahora, enfrentado nuevamente el mismo desafío, no sentía nada más que amargura.

अब, पुनः उसी राह पर चलते हुए, उसे केवल कड़वाहट महसूस हुई।

Su corazón no estaba en ello, ni tampoco el corazón de los otros perros.

न तो उसका दिल इसमें था और न ही अन्य कुत्तों का दिल इसमें था।

Los nuevos perros eran tímidos y los huskies carecían de confianza.

नये कुत्ते डरपोक थे और हस्कीज़ में विश्वास की कमी थी।

Buck sintió que no podía confiar en estos dos hombres ni en su hermana.

बक को लगा कि वह इन दो व्यक्तियों या उनकी बहन पर भरोसा नहीं कर सकता।

No sabían nada y no mostraron señales de aprender en el camino.

वे कुछ भी नहीं जानते थे और इस मार्ग पर सीखने का कोई संकेत भी नहीं दिखा।

Estaban desorganizados y carecían de cualquier sentido de disciplina.

वे अव्यवस्थित थे और उनमें अनुशासन की भावना का अभाव था।

Les tomó media noche montar un campamento descuidado cada vez.

हर बार उन्हें एक ढीला-ढाला शिविर स्थापित करने में आधी रात लग जाती थी।

Y la mitad de la mañana siguiente la pasaron otra vez jugueteando con el trineo.

और अगली सुबह का आधा समय उन्होंने फिर से स्लेज के साथ छेड़छाड़ में बिताया।

Al mediodía, a menudo se detenían simplemente para arreglar la carga desigual.

दोपहर तक, वे अक्सर असमान लोड को ठीक करने के लिए रुक जाते थे।

Algunos días, viajaron menos de diez millas en total.

कुछ दिनों में तो उन्होंने कुल मिलाकर दस मील से भी कम की यात्रा की।

Otros días ni siquiera conseguían salir del campamento.

अन्य दिनों में तो वे शिविर से बाहर ही नहीं निकल पाते थे।

Nunca llegaron a cubrir la distancia alimentaria planificada.

वे कभी भी नियोजित भोजन-दूरी को पूरा करने के करीब नहीं पहुंचे।

Como era de esperar, muy rápidamente se quedaron sin comida para los perros.

जैसी कि उम्मीद थी, बहुत जल्दी ही कुत्तों के लिए भोजन की कमी हो गई।

Empeoró las cosas sobrealimentándolos en los primeros días.

शुरुआती दिनों में अधिक खिलाकर उन्होंने मामले को और बदतर बना दिया।

Esto acercaba la hambruna con cada ración descuidada.

इससे प्रत्येक लापरवाह राशन के साथ भुखमरी निकट आती गई।

Los nuevos perros no habían aprendido a sobrevivir con muy poco.

नये कुत्तों ने बहुत कम में जीवित रहना नहीं सीखा था।

Comieron con hambre, con apetitos demasiado grandes para el camino.

वे भूख से खा रहे थे, उनकी भूख इतनी अधिक थी कि वे रास्ते में ही खाना खा सकते थे।

Al ver que los perros se debilitaban, Hal creyó que la comida no era suficiente.

कुत्तों को कमजोर होते देख, हैल को लगा कि भोजन पर्याप्त नहीं है।

Duplicó las raciones, empeorando aún más el error.

उसने राशन दोगुना कर दिया, जिससे गलती और भी गंभीर हो गई।

Mercedes añadió más problemas con lágrimas y suaves súplicas.

मर्सिडीज ने आंसू बहाकर और धीमी विनती करके समस्या को और बढ़ा दिया।

Cuando no pudo convencer a Hal, alimentó a los perros en secreto.

जब वह हैल को मना नहीं सकी तो उसने गुप्त रूप से कुत्तों को खाना खिलाया।

Ella robó de los sacos de pescado y se lo dio a sus espaldas.

उसने मछलियों की बोरियों से कुछ चुराया और उसकी पीठ पीछे उन्हें दे दिया।

Pero lo que los perros realmente necesitaban no era más comida: era descanso.

लेकिन कुत्तों को वास्तव में अधिक भोजन की नहीं, बल्कि आराम की आवश्यकता थी।

Iban a poca velocidad, pero el pesado trineo aún seguía avanzando.

वे समय कम निकाल पा रहे थे, लेकिन भारी स्लेज फिर भी घिसटती जा रही थी।

Ese peso solo les quitaba las fuerzas que les quedaban cada día.

अकेले उस वजन के कारण ही उनकी शेष शक्ति प्रतिदिन समाप्त हो रही थी।

Luego vino la etapa de desalimentación ya que los suministros escasearon.

इसके बाद आपूर्ति कम होने के कारण अल्पपोषण की स्थिति आ गई।

Una mañana, Hal se dio cuenta de que la mitad de la comida para perros ya había desaparecido.

एक सुबह हैल को एहसास हुआ कि कुत्ते का आधा खाना तो पहले ही ख़त्म हो चुका था।

Sólo habían recorrido una cuarta parte de la distancia total del recorrido.

उन्होंने कुल दूरी का केवल एक चौथाई ही तय किया था।

No se podía comprar más comida por ningún precio que se ofreciera.

अब और भोजन नहीं खरीदा जा सकता था, चाहे कोई भी कीमत दी जाए।

Redujo las raciones de los perros por debajo de la ración diaria estándar.

उन्होंने कुत्तों के भोजन को मानक दैनिक राशन से कम कर दिया।

Al mismo tiempo, exigió viajes más largos para compensar las pérdidas.

साथ ही उन्होंने नुकसान की भरपाई के लिए लंबी यात्रा की मांग की।

Mercedes y Carlos apoyaron este plan, pero fracasaron en su ejecución.

मर्सिडीज़ और चार्ल्स ने इस योजना का समर्थन किया, लेकिन क्रियान्वयन में असफल रहे।

Su pesado trineo y su falta de habilidad hicieron que el avance fuera casi imposible.

उनके भारी स्लेज और कौशल की कमी के कारण आगे बढ़ना लगभग असंभव हो गया।

Era fácil dar menos comida, pero imposible forzar más esfuerzo.

कम भोजन देना आसान था, लेकिन अधिक प्रयास करने के लिए मजबूर करना असंभव था।

No podían salir temprano ni tampoco viajar horas extras.

वे न तो जल्दी काम शुरू कर सकते थे और न ही अतिरिक्त घंटों तक यात्रा कर सकते थे।

No sabían cómo trabajar con los perros, ni tampoco ellos mismos.

वे न तो कुत्तों के साथ काम करना जानते थे, न ही स्वयं अपने साथ।

El primer perro que murió fue Dub, el desafortunado pero trabajador ladrón.

मरने वाला पहला कुता डब था, जो बदकिस्मत लेकिन मेहनती चोर था।

Aunque a menudo lo castigaban, Dub había hecho su parte sin quejarse.

यद्यपि अक्सर उसे दंडित किया जाता था, लेकिन डब ने बिना किसी शिकायत के अपना काम किया।

Su hombro lesionado empeoró sin cuidados ni necesidad de descanso.

बिना देखभाल या आराम के उनका घायल कंधा और भी खराब हो गया।

Finalmente, Hal usó el revólver para acabar con el sufrimiento de Dub.

अंततः, हेल ने डब की पीड़ा को समाप्त करने के लिए रिवॉल्वर का इस्तेमाल किया।

Un dicho común afirma que los perros normales mueren con raciones para perros esquimales.

एक आम कहावत है कि सामान्य कुत्ते हस्की राशन पर मर जाते हैं।

Los seis nuevos compañeros de Buck tenían sólo la mitad de la porción de comida del husky.

बक के छह नए साथियों को हस्की के हिस्से का केवल आधा भोजन मिला।

Primero murió el Terranova y después los tres bracos de pelo corto.

सबसे पहले न्यूफाउंडलैंड की मृत्यु हुई, उसके बाद तीन छोटे बालों वाले पॉइंटर्स की।

Los dos mestizos resistieron más tiempo pero finalmente perecieron como el resto.

दोनों संकर मादाएं काफी समय तक जीवित रहीं, लेकिन अंततः बाकी की तरह उनकी भी मृत्यु हो गई।

Para entonces, todas las comodidades y la dulzura de Southland habían desaparecido.

इस समय तक, साउथलैंड की सभी सुविधाएं और सौम्यता समाप्त हो चुकी थी।

Las tres personas habían perdido los últimos vestigios de su educación civilizada.

तीनों लोगों ने अपने सभ्य पालन-पोषण के अंतिम निशान मिटा दिए थे।

Despojado de glamour y romance, el viaje al Ártico se volvió brutalmente real.

ग्लैमर और रोमांस से रहित, आर्कटिक यात्रा क्रूर रूप से वास्तविक हो गई।

Era una realidad demasiado dura para su sentido de masculinidad y feminidad.

यह वास्तविकता उनके पुरुषत्व और नारीत्व की भावना के लिए बहुत कठोर थी।

Mercedes ya no lloraba por los perros, ahora lloraba sólo por ella misma.

मर्सिडीज अब कुत्तों के लिए नहीं रोती थी, बल्कि केवल अपने लिए रोती थी।

Pasó su tiempo llorando y peleando con Hal y Charles.

वह अपना समय हैल और चार्ल्स के साथ रोते और झगड़ते हुए बिताती थी।

Pelear era lo único que nunca estaban demasiado cansados para hacer.

झगड़ा करना एक ऐसा काम था जिसे करने से वे कभी थकते नहीं थे।

Su irritabilidad surgió de la miseria, creció con ella y la superó.

उनका चिड़चिड़ापन दुःख से आया, उसके साथ बढ़ता गया, और उससे आगे निकल गया।

La paciencia del camino, conocida por quienes trabajan y sufren con bondad, nunca llegó.

पथ पर चलने का धैर्य, जो उन लोगों को ज्ञात है जो दयालुता से परिश्रम करते हैं और कष्ट सहते हैं, कभी नहीं आया।

Esa paciencia que conserva dulce la palabra a pesar del dolor les era desconocida.

वह धैर्य, जो कष्ट में भी वाणी को मधुर बनाये रखता है, उन्हें ज्ञात नहीं था।

No tenían ni un ápice de paciencia ni la fuerza que suponía sufrir con gracia.

उनमें धैर्य का कोई चिह्न नहीं था, न ही अनुग्रहपूर्वक कष्ट सहने की शक्ति थी।

Estaban rígidos por el dolor: les dolían los músculos, los huesos y el corazón.

वे दर्द से अकड़ गए थे - उनकी मांसपेशियों, हड्डियों और दिल में दर्द हो रहा था।

Por eso se volvieron afilados de lengua y rápidos para usar palabras ásperas.

इस कारण वे तीखे वचन बोलने वाले और कठोर वचन बोलने में तेज हो गये।

Cada día comenzaba y terminaba con voces enojadas y amargas quejas.

प्रत्येक दिन गुस्से भरी आवाजों और कटु शिकायतों के साथ शुरू और ख़त्म होता था।

Charles y Hal discutían cada vez que Mercedes les daba una oportunidad.

जब भी मर्सिडीज़ को मौका मिलता, चार्ल्स और हैल झगड़ने लगते।

Cada hombre creía que hacía más de lo que le correspondía en el trabajo.

प्रत्येक व्यक्ति का मानना था कि उसने अपने हिस्से से अधिक काम किया है।

Ninguno de los dos perdió la oportunidad de decirlo una y otra vez.

दोनों ने ऐसा कहने का कोई मौका नहीं छोड़ा, बार-बार।

A veces Mercedes se ponía del lado de Charles, a veces del lado de Hal.

कभी मर्सिडीज चार्ल्स का पक्ष लेती, कभी हैल का।

Esto dio lugar a una gran e interminable disputa entre los tres.

इससे तीनों के बीच बड़ा और अंतहीन झगड़ा शुरू हो गया।

Una disputa sobre quién debería cortar leña se salió de control.

जलाऊ लकड़ी कौन काटेगा, इस पर विवाद नियंत्रण से बाहर हो गया।

Pronto se nombraron padres, madres, primos y parientes muertos.

जल्द ही, पिता, माता, चचेरे भाई-बहन और मृत रिश्तेदारों के नाम भी घोषित कर दिए गए।

Las opiniones de Hal sobre el arte o las obras de su tío se convirtieron en parte de la pelea.

कला या अपने चाचा के नाटकों पर हैल के विचार लड़ाई का हिस्सा बन गए।

Las creencias políticas de Charles también entraron en el debate.

चार्ल्स की राजनीतिक मान्यताएं भी बहस में शामिल हो गईं।

Para Mercedes, incluso los chismes de la hermana de su marido parecían relevantes.

मर्सिडीज को तो अपने पति की बहन की गपशप भी प्रासंगिक लगती थी।

Ella expresó sus opiniones sobre eso y sobre muchos de los defectos de la familia de Charles.

उन्होंने इस विषय पर तथा चार्ल्स के परिवार की अनेक खामियों पर अपनी राय व्यक्त की।

Mientras discutían, el fuego permaneció apagado y el campamento medio montado.

जब वे बहस कर रहे थे, तब आग बुझी हुई थी और शिविर आधा तैयार था।

Mientras tanto, los perros permanecieron fríos y sin comida.

इस बीच, कुत्ते ठंड से ठिठुरते रहे और उन्हें भोजन भी नहीं मिला।

Mercedes tenía un motivo de queja que consideraba profundamente personal.

मर्सिडीज़ के पास एक शिकायत थी जिसे वह बेहद निजी मानती थी।

Se sintió maltratada como mujer, negándole sus privilegios de gentileza.

उन्होंने महसूस किया कि एक महिला के रूप में उनके साथ दुर्व्यवहार किया गया तथा उन्हें विशेषाधिकारों से वंचित रखा गया।

Ella era bonita y dulce, y acostumbrada a la caballerosidad toda su vida.

वह सुन्दर और कोमल थी, तथा जीवन भर शिष्टता से काम लेती रही।

Pero su marido y su hermano ahora la trataban con impaciencia.

लेकिन अब उसके पति और भाई उसके साथ अधीरता से पेश आने लगे।

Su costumbre era actuar con impotencia y comenzaron a quejarse.

उसकी आदत असहाय होने का नाटक करने की थी, और वे शिकायत करने लगे।

Ofendida por esto, les hizo la vida aún más difícil.

इससे नाराज होकर उसने उनका जीवन और भी कठिन बना दिया।

Ella ignoró a los perros e insistió en montar ella misma el trineo.

उसने कुत्तों की उपेक्षा की और स्वयं स्लेज की सवारी करने पर जोर दिया।

Aunque parecía ligera de aspecto, pesaba ciento veinte libras.

यद्यपि वह देखने में गोरी थी, परन्तु उसका वजन एक सौ बीस पाउंड था।

Esa carga adicional era demasiado para los perros hambrientos y débiles.

भूखे, कमज़ोर कुत्तों के लिए यह अतिरिक्त बोझ बहुत ज़्यादा था।

Aún así, ella cabalgó durante días, hasta que los perros se desplomaron en las riendas.

फिर भी, वह कई दिनों तक घुड़सवारी करती रही, जब तक कि कुत्ते लगाम में फंसकर थक नहीं गए।

El trineo se detuvo y Charles y Hal le rogaron que caminara.

स्लेज वहीं खड़ी रही और चार्ल्स और हैल ने उससे चलने की विनती की।

Ellos suplicaron y rogaron, pero ella lloró y los llamó crueles.

उन्होंने बहुत विनती की, अनुनय-विनय की, लेकिन वह रोती रही और उन्हें क्रूर कहती रही।

En una ocasión la sacaron del trineo con pura fuerza y enojo.

एक अवसर पर, उन्होंने उसे बहुत बल और क्रोध के साथ स्लेज से नीचे खींच लिया।

Nunca volvieron a intentarlo después de lo que pasó aquella vez.

उस बार जो हुआ उसके बाद उन्होंने दोबारा कभी प्रयास नहीं किया।

Ella se quedó flácida como un niño mimado y se sentó en la nieve.

वह एक बिगड़ैल बच्चे की तरह लंगड़ाती हुई बर्फ में बैठ गयी।

Ellos siguieron adelante, pero ella se negó a levantarse o seguirlos.

वे आगे बढ़ गए, लेकिन उसने उठने या उनके पीछे आने से इनकार कर दिया।

Después de tres millas, se detuvieron, regresaron y la llevaron de regreso.

तीन मील चलने के बाद वे रुके, वापस लौटे और उसे वापस ले गए।

La volvieron a cargar en el trineo, nuevamente usando la fuerza bruta.

उन्होंने पुनः पूरी ताकत लगाकर उसे स्लेज पर लाद दिया।

En su profunda miseria, fueron insensibles al sufrimiento de los perros.

अपनी गहरी व्यथा में वे कुत्तों की पीड़ा के प्रति उदासीन थे।

Hal creía que uno debía endurecerse y forzar esa creencia a los demás.

हैल का मानना था कि व्यक्ति को कठोर होना चाहिए और उसने यह विश्वास दूसरों पर भी थोपा।

Primero intentó predicar su filosofía a su hermana.

उन्होंने सबसे पहले अपनी बहन को अपना दर्शनशास्त्र समझाने की कोशिश की।

y luego, sin éxito, le predicó a su cuñado.

और फिर, सफलता न मिलने पर, उसने अपने बहनोई को उपदेश दिया।

Tuvo más éxito con los perros, pero sólo porque los lastimaba.

कुत्तों के साथ उसे अधिक सफलता मिली, लेकिन केवल इसलिए क्योंकि उसने उन्हें चोट पहुंचाई थी।

En Five Fingers, la comida para perros se quedó completamente sin comida.

फाइव फिंगर्स में कुत्तों के लिए भोजन पूरी तरह से ख़त्म हो गया।

Una vieja india desdentada vendió unas cuantas libras de cuero de caballo congelado

एक दंतहीन बूढ़ी महिला ने कुछ पाउंड जमे हुए घोड़े की खाल बेची

Hal cambió su revólver por la piel de caballo seca.

हैल ने अपनी रिवाल्वर को सूखे घोड़े की खाल के बदले बेच दिया।

La carne había procedido de caballos hambrientos de ganaderos meses antes.

यह मांस महीनों पहले भूखे पशुपालकों के घोड़ों से लाया गया था।

Congelada, la piel era como hierro galvanizado: dura y incomestible.

जमने पर चमड़ा लोहे की तरह सख्त और अखाद्य हो गया था।

Los perros tenían que masticar sin parar la piel para poder comérsela.

कुत्तों को खाल को खाने के लिए उसे लगातार चबाना पड़ा।

Pero las cuerdas correosas y el pelo corto no constituían apenas alimento.

लेकिन चमड़े की डोरियाँ और छोटे बाल पोषण के लिए बिलकुल भी उपयुक्त नहीं थे।

La mayor parte de la piel era irritante y no era alimento en ningún sentido estricto.

खाल का अधिकांश भाग परेशान करने वाला था, तथा सही मायनों में भोजन नहीं था।

Y durante todo ese tiempo, Buck se tambaleaba al frente, como en una pesadilla.

और इस सबके बीच, बक किसी बुरे सपने की तरह आगे की ओर लड़खड़ाता रहा।

Tiraba cuando podía, y cuando no, se quedaba tendido hasta que un látigo o un garrote lo levantaban.

जब सक्षम होता तो वह खींचता था; जब सक्षम नहीं होता तो तब तक लेटा रहता था जब तक चाबुक या डंडे से उसे उठाया नहीं जाता था।

Su fino y brillante pelaje había perdido toda la rigidez y brillo que alguna vez tuvo.

उसके सुन्दर, चमकदार बालों की सारी कठोरता और चमक खत्म हो गई थी।

Su cabello colgaba lacio, enmarañado y cubierto de sangre seca por los golpes.

उसके बाल लटक रहे थे, उलझे हुए थे, और मार से सूखे खून से जम गए थे।

Sus músculos se encogieron hasta convertirse en cuerdas y sus almohadillas de carne estaban todas desgastadas.

उसकी मांसपेशियाँ सिकुड़कर तार जैसी हो गयी थीं, और उसकी मांस-तंतु सब घिस गये थे।

Cada costilla, cada hueso se veía claramente a través de los pliegues de la piel arrugada.

प्रत्येक पसली, प्रत्येक हड्डी झुर्रीदार त्वचा की तहों के माध्यम से स्पष्ट रूप से दिखाई दे रही थी।

Fue desgarrador, pero el corazón de Buck no podía romperse.

यह हृदय विदारक था, फिर भी बक का दिल नहीं टूट सका।

El hombre del suéter rojo lo había probado y demostrado hacía mucho tiempo.

लाल स्वेटर वाले व्यक्ति ने बहुत पहले ही इसका परीक्षण कर लिया था और इसे सिद्ध भी कर दिया था।

Tal como sucedió con Buck, sucedió con el resto de sus compañeros de equipo.

जैसा बक के साथ हुआ, वैसा ही उसके सभी शेष साथियों के साथ भी हुआ।

Eran siete en total, cada uno de ellos un esqueleto andante de miseria.

कुल सात लोग थे, जिनमें से प्रत्येक दुख का चलता-फिरता कंकाल था।

Se habían vuelto insensibles a los latigazos y solo sentían un dolor distante.

वे कोड़ों के प्रति सुन्न हो गए थे, केवल दूर का दर्द ही महसूस कर रहे थे।

Incluso la vista y el sonido les llegaban débilmente, como a través de una espesa niebla.

यहां तक कि दृश्य और ध्वनि भी उन तक धुंधले रूप से पहुंचती थी, जैसे घने कोहरे के माध्यम से।

No estaban ni medio vivos: eran huesos con tenues chispas en su interior.

वे आधे जीवित नहीं थे - वे हड्डियाँ थीं जिनके अन्दर मंद चिंगारियाँ थीं।

Al detenerse, se desplomaron como cadáveres y sus chispas casi desaparecieron.

जब उन्हें रोका गया तो वे लाशों की तरह गिर पड़े, उनकी चिंगारियां लगभग खत्म हो गईं।

Y cuando el látigo o el garrote volvían a golpear, las chispas revoloteaban débilmente.

और जब चाबुक या डंडा दोबारा मारा जाता तो चिंगारियां कमजोर ढंग से फड़फड़ातीं।

Entonces se levantaron, se tambalearon hacia adelante y arrastraron sus extremidades hacia delante.

फिर वे उठे, लड़खड़ाते हुए आगे बढ़े और अपने अंगों को घसीटते हुए आगे बढ़े।

Un día el amable Billee se cayó y ya no pudo levantarse.

एक दिन दयालु बिली गिर पड़ी और फिर उठ न सकी।

Hal había cambiado su revólver, por lo que utilizó un hacha para matar a Billee.

हैल ने अपनी रिवाल्वर बेच दी थी, इसलिए उसने बिली को मारने के लिए कुल्हाड़ी का इस्तेमाल किया।

Lo golpeó en la cabeza, luego le cortó el cuerpo y se lo llevó arrastrado.

उसने उसके सिर पर वार किया, फिर उसके शरीर को काटकर अलग कर दिया और उसे घसीटकर ले गया।

Buck vio esto, y también los demás; sabían que la muerte estaba cerca.

बक ने यह देखा, और अन्य लोगों ने भी; वे जानते थे कि मृत्यु निकट है।

Al día siguiente Koona se fue, dejando sólo cinco perros en el equipo hambriento.

अगले दिन कूना चला गया, और भूखे दल में केवल पांच कुत्ते रह गए।

Joe, que ya no era malo, estaba demasiado perdido como para darse cuenta de gran cosa.

जो अब दुष्ट नहीं रहा, वह इतना दूर चला गया था कि उसे कुछ भी पता नहीं था।

Pike, que ya no fingía su lesión, estaba apenas consciente.

पाइक अब चोट का नाटक नहीं कर रहा था, वह लगभग बेहोश था।

Solleks, todavía fiel, lamentó no tener fuerzas para dar.

सोलेक्स, जो अभी भी वफादार था, शोक मनाता रहा कि उसके पास देने के लिए कोई ताकत नहीं थी।

Teek fue el que más perdió porque estaba más fresco, pero su rendimiento se estaba agotando rápidamente.

टीक को सबसे अधिक इसलिए हराया गया क्योंकि वह नया था, लेकिन तेजी से कमजोर होता जा रहा था।

Y Buck, todavía a la cabeza, ya no mantenía el orden ni lo hacía cumplir.

और बक, जो अभी भी नेतृत्व में था, अब न तो व्यवस्था बनाए रखता था और न ही उसे लागू करता था।

Medio ciego por la debilidad, Buck siguió el rastro sólo por el tacto.

कमजोरी के कारण आधा अंधा होकर बक अकेले ही मार्ग का अनुसरण करता रहा।

Era un hermoso clima primaveral, pero ninguno de ellos lo notó.

मौसम बहुत सुंदर था, लेकिन किसी ने इस पर ध्यान नहीं दिया।

Cada día el sol salía más temprano y se ponía más tarde que el anterior.

प्रत्येक दिन सूर्य पहले की अपेक्षा पहले उदय होता था और बाद में अस्त होता था।

A las tres de la mañana ya había amanecido; el crepúsculo duró hasta las nueve.

सुबह तीन बजे तक भोर हो गई, तथा अँधेरा नौ बजे तक जारी रहा।

Los largos días estuvieron llenos del resplandor del sol primaveral.

लम्बे दिन वसंत की धूप की पूरी चमक से भरे हुए थे।

El silencio fantasmal del invierno se había transformado en un cálido murmullo.

सर्दियों की भूतिया खामोशी एक गर्म बड़बड़ाहट में बदल गई थी।

Toda la tierra estaba despertando, viva con la alegría de los seres vivos.

सारी धरती जाग रही थी, जीवित प्राणियों के आनंद से जीवंत।

El sonido provenía de lo que había permanecido muerto e inmóvil durante el invierno.

यह ध्वनि उस चीज़ से आ रही थी जो सर्दियों के दौरान मृत और स्थिर पड़ी थी।

Ahora, esas cosas se movieron nuevamente, sacudiéndose el largo sueño helado.

अब, वे चीजें फिर से हिलने लगीं, जिससे लम्बी ठंडी नींद टूट गई।

La savia subía a través de los oscuros troncos de los pinos que esperaban.

प्रतीक्षारत देवदार के पेड़ों के काले तनों से रस निकल रहा था।

Los sauces y los álamos brotan brillantes y jóvenes brotes en cada ramita.

विलो और ऐस्पन की प्रत्येक टहनी पर चमकीली युवा कलियाँ फूटती हैं।

Los arbustos y las enredaderas se vistieron de un verde fresco a medida que el bosque cobraba vida.

जंगल जीवंत हो गया और झाड़ियाँ और लताएँ हरी हो गईं।

Los grillos cantaban por la noche y los insectos se arrastraban bajo el sol del día.

रात में झींगुर चहचहाते थे और दिन के उजाले में कीड़े रेंगते थे।

Las perdices graznaban y los pájaros carpinteros picoteaban en lo profundo de los árboles.

तीतरों की दहाड़ सुनाई दी और कठफोड़वे पेड़ों की गहराई में दस्तक देने लगे।

Las ardillas parloteaban, los pájaros cantaban y los gansos graznaban al hablarles a los perros.

गिलहरियाँ चहचहा रही थीं, पक्षी गा रहे थे, और हंस कुत्तों के ऊपर भौंक रहे थे।

Las aves silvestres llegaron en grupos afilados, volando desde el sur.

जंगली पक्षी तीखे पंखों के साथ दक्षिण दिशा से उड़ते हुए आये।

De cada ladera llegaba la música de arroyos ocultos y caudalosos.

हर पहाड़ी से छुपी हुई, तेज़ बहती धाराओं का संगीत आ रहा था।

Todas las cosas se descongelaron y se rompieron, se doblaron y volvieron a ponerse en movimiento.

सभी चीजें पिघल गईं, टूट गईं, मुड़ गईं और पुनः गति में आ गईं।

El Yukón se esforzó por romper las frías cadenas del hielo congelado.

युकोन ने जमी हुई बर्फ की शीत श्रृंखलाओं को तोड़ने के लिए कड़ी मेहनत की।

El hielo se derritió desde abajo, mientras que el sol lo derritió desde arriba.

बर्फ नीचे से पिघल रही थी, जबकि सूरज उसे ऊपर से पिघला रहा था।

Se abrieron agujeros de aire, se abrieron grietas y algunos trozos cayeron al río.

हवा के छिद्र खुल गए, दरारें फैल गईं और टुकड़े नदी में गिरने लगे।

En medio de toda esta vida frenética y llameante, los viajeros se tambaleaban.

इस भागदौड़ भरी जिंदगी के बीच यात्री लड़खड़ा रहे थे।

Dos hombres, una mujer y una jauría de perros esquimales caminaban como muertos.

दो पुरुष, एक महिला और हस्की (एक प्रकार का पक्षी) का एक झुंड मरे हुए लोगों की तरह चल रहे थे।

Los perros caían, Mercedes lloraba, pero seguía montando el trineo.

कुत्ते गिर रहे थे, मर्सिडीज रो रही थी, लेकिन फिर भी स्लेज पर सवार थी।

Hal maldijo débilmente y Charles parpadeó con los ojos llorosos.

हैल ने कमजोर स्वर में कोसा और चार्ल्स ने नम आंखों से पलकें झपकाईं।

Se toparon con el campamento de John Thornton junto a la desembocadura del río Blanco.

वे व्हाइट नदी के मुहाने पर जॉन थॉर्नटन के शिविर में पहुंचे।

Cuando se detuvieron, los perros cayeron al suelo, como si todos hubieran muerto.

जब वे रुके तो कुत्ते नीचे गिर पड़े, मानो सभी मर गए हों।

Mercedes se secó las lágrimas y miró a John Thornton.

मर्सिडीज ने अपने आँसू पोंछे और जॉन थॉर्नटन की ओर देखा।

Charles se sentó en un tronco, lenta y rígidamente, dolorido por el camino.

चार्ल्स एक लकड़ी के लट्ठे पर धीरे-धीरे और अकड़कर बैठा, उसे रास्ते में दर्द हो रहा था।

Hal habló mientras Thornton tallaba el extremo del mango de un hacha.

हैल ने बात की, जबकि थॉर्नटन ने कुल्हाड़ी के हैंडल का अंत तराशा।

Él tallaba madera de abedul y respondía con respuestas breves y firmes.

उसने सन्टी की लकड़ी को छीला और संक्षिप्त, दृढ़ उत्तर दिया।

Cuando se le preguntó, dio consejos, seguro de que no serían seguidos.

जब उनसे पूछा गया तो उन्होंने सलाह दी, लेकिन उन्हें यकीन था कि इसका पालन नहीं किया जाएगा।

Hal explicó: "Nos dijeron que el hielo del sendero se estaba desprendiendo".

हैल ने बताया, "उन्होंने हमें बताया कि रास्ते से बर्फ पिघल रही है।"

Dijeron que nos quedáramos allí, pero llegamos a White River.

"उन्होंने कहा कि हमें यहीं रुकना चाहिए - लेकिन हम व्हाइट रिवर तक पहुंच गए।"

Terminó con un tono burlón, como para proclamar la victoria en medio de las dificultades.

उन्होंने व्यंग्यात्मक लहजे में अपनी बात समाप्त की, मानो कठिनाई में विजय का दावा कर रहे हों।

—Y te dijeron la verdad —respondió John Thornton a Hal en voz baja.

"और उन्होंने तुम्हें सच बताया," जॉन थॉर्नटन ने हैल को शांति से उत्तर दिया।

"El hielo puede ceder en cualquier momento; está a punto de desprenderse".

"बर्फ किसी भी क्षण टूट सकती है - यह गिरने के लिए तैयार है।"

"Solo la suerte ciega y los tontos pudieron haber llegado tan lejos con vida".

"केवल अंधे भाग्य और मूर्ख ही इतनी दूर तक जीवित बच सकते थे।"

"Te lo digo directamente: no arriesgaría mi vida ni por todo el oro de Alaska".

"मैं आपको स्पष्ट रूप से बताता हूं, मैं अलास्का के सारे सोने के लिए अपनी जान जोखिम में नहीं डालूंगा।"

—Supongo que es porque no eres tonto —respondió Hal.

"ऐसा इसलिए है क्योंकि आप मूर्ख नहीं हैं, मुझे लगता है," हैल ने उत्तर दिया।

—De todos modos, seguiremos hasta Dawson. —Desenrolló el látigo.

"फिर भी, हम डाउसन की ओर चलेंगे।" उसने अपना चाबुक निकाला।

—¡Sube, Buck! ¡Hola! ¡Sube! ¡Vamos! —gritó con dureza.

"वहाँ चढ़ जाओ, बक! हाय! उठो! चलो!" वह कठोरता से चिल्लाया।

Thornton siguió tallando madera, sabiendo que los tontos no escucharían razones.

थॉर्नटन लगातार नक्काशी करते रहे, क्योंकि उन्हें पता था कि मूर्ख लोग तर्क नहीं सुनेंगे।

Detener a un tonto era inútil, y dos o tres tontos no cambiaban nada.

एक मूर्ख को रोकना व्यर्थ था - और दो या तीन बार मूर्ख बनाये जाने से कुछ नहीं बदलता।

Pero el equipo no se movió ante la orden de Hal.

लेकिन हैल के आदेश पर भी टीम आगे नहीं बढ़ी।

A estas alturas, sólo los golpes podían hacerlos levantarse y avanzar.

अब तक केवल प्रहार से ही उन्हें उठाया जा सकता था और आगे खींचा जा सकता था।

El látigo golpeó una y otra vez a los perros debilitados.

कमज़ोर कुत्तों पर बार-बार चाबुक बरसाया गया।

John Thornton apretó los labios con fuerza y observó en silencio.

जॉन थॉर्नटन ने अपने होठों को कसकर दबाया और चुपचाप देखता रहा।

Solleks fue el primero en ponerse de pie bajo el látigo.

सोलेक्स कोड़े की मार के नीचे रेंगकर अपने पैरों पर खड़ा होने वाला पहला व्यक्ति था।

Entonces Teek lo siguió, temblando. Joe gritó al tambalearse.

फिर टीक कांपता हुआ उसके पीछे आया। जो लड़खड़ाते हुए उठा और चिल्लाया।

Pike intentó levantarse, falló dos veces y finalmente se mantuvo en pie, tambaleándose.

पाइक ने उठने की कोशिश की, दो बार असफल रहा, फिर अंततः अस्थिर होकर खड़ा हो गया।

Pero Buck yacía donde había caído, sin moverse en absoluto este momento.

लेकिन बक वहीं पड़ा रहा जहां वह गिरा था, इस बार वह बिल्कुल भी नहीं हिला।

El látigo lo golpeaba una y otra vez, pero él no emitía ningún sonido.

कोड़े ने उसे बार-बार मारा, लेकिन उसने कोई आवाज नहीं की।

Él no se inmutó ni se resistió, simplemente permaneció quieto y en silencio.

वह न तो झुका और न ही प्रतिरोध किया, बस शांत और स्थिर रहा।

Thornton se movió más de una vez, como si fuera a hablar, pero no lo hizo.

थॉर्नटन एक से अधिक बार हिला, मानो बोलना चाहता हो, लेकिन बोला नहीं।

Sus ojos se humedecieron y el látigo siguió golpeando contra Buck.

उसकी आँखें नम हो गईं, और फिर भी कोड़ा बक पर टूट पड़ा।

Finalmente, Thornton comenzó a caminar lentamente, sin saber qué hacer.

अंततः थॉर्नटन धीरे-धीरे चलने लगा, उसे समझ में नहीं आ रहा था कि क्या करे।

Era la primera vez que Buck fallaba y Hal se puso furioso.

यह पहली बार था जब बक असफल हुआ था, और हैल क्रोधित हो गया।

Dejó el látigo y en su lugar tomó el pesado garrote.

उसने चाबुक फेंक दिया और उसकी जगह भारी डंडा उठा लिया।

El palo de madera cayó con fuerza, pero Buck todavía no se levantó para moverse.

लकड़ी का डंडा जोर से नीचे गिरा, लेकिन बक फिर भी हिलने के लिए नहीं उठा।

Al igual que sus compañeros de equipo, era demasiado débil, pero más que eso.

अपने साथियों की तरह वह भी बहुत कमज़ोर था - लेकिन उससे भी अधिक।

Buck había decidido no moverse, sin importar lo que sucediera después.

बक ने निर्णय कर लिया था कि वह आगे नहीं बढ़ेगा, चाहे आगे कुछ भी हो।

Sintió algo oscuro y seguro flotando justo delante.

उसे लगा कि कुछ अंधकारमय और निश्चित चीज़ उसके सामने ही मँडरा रही है।

Ese miedo se apoderó de él tan pronto como llegó a la orilla del río.

नदी किनारे पहुंचते ही उस भय ने उसे जकड़ लिया।

La sensación no lo había abandonado desde que sintió el hielo fino bajo sus patas.

जब से उसने अपने पंजों के नीचे बर्फ की पतली परत को महसूस किया था, तब से यह एहसास उसके अंदर से खत्म नहीं हुआ था।

Algo terrible lo esperaba; lo sintió más allá del camino.

कुछ भयानक चीज़ उसकी प्रतीक्षा कर रही थी - उसे यह अहसास रास्ते के नीचे ही हुआ।

No iba a caminar hacia esa cosa terrible que había delante.

वह उस भयानक चीज़ की ओर नहीं जा रहा था जो आगे आने वाली थी

Él no iba a obedecer ninguna orden que lo llevara a esa cosa.

वह किसी भी आदेश का पालन नहीं करने वाला था जो उसे उस चीज़ तक ले जाता।

El dolor de los golpes apenas lo afectaba ahora: estaba demasiado lejos.

अब उसे मार का दर्द भी महसूस नहीं हो रहा था - वह बहुत दूर जा चुका था।

La chispa de la vida parpadeaba débilmente y se apagaba bajo cada golpe cruel.

जीवन की चिंगारी धीमी गति से टिमटिमा रही थी, प्रत्येक क्रूर प्रहार के नीचे मंद पड़ रही थी।

Sus extremidades se sentían distantes; su cuerpo entero parecía pertenecer a otro.

उसके अंग दूर-दूर लग रहे थे; उसका पूरा शरीर किसी और का लग रहा था।

Sintió un extraño entumecimiento mientras el dolor desapareció por completo.

जैसे ही दर्द पूरी तरह खत्म हुआ, उसे एक अजीब सी सुन्नता महसूस हुई।

Desde lejos, sentía que lo golpeaban, pero apenas lo sabía.

दूर से उसे महसूस हो गया कि उसे पीटा जा रहा है, लेकिन उसे इसका पता नहीं चला।

Podía oír los golpes débilmente, pero ya no dolían realmente.

वह धमाकों की हल्की आवाज सुन सकता था, लेकिन अब उनसे कोई वास्तविक चोट नहीं लगती थी।

Los golpes dieron en el blanco, pero su cuerpo ya no parecía el suyo.

वार तो हुए, लेकिन उसका शरीर अब उसका अपना नहीं लग रहा था।

Entonces, de repente y sin previo aviso, John Thornton lanzó un grito salvaje.

तभी अचानक, बिना किसी चेतावनी के, जॉन थॉर्नटन ने जोर से चीख मारी।

Era un grito inarticulado, más el grito de una bestia que el de un hombre.

यह अस्पष्ट थी, मनुष्य की नहीं, बल्कि पशु की चीख थी।

Saltó hacia el hombre con el garrote y tiró a Hal hacia atrás.

वह डंडा लिए हुए आदमी पर झपटा और हैल को पीछे की ओर गिरा दिया।

Hal voló como si lo hubiera golpeado un árbol y aterrizó con fuerza en el suelo.

हैल ऐसे उड़ा जैसे किसी पेड़ से टकराया हो, और जोर से ज़मीन पर गिरा।

Mercedes gritó en pánico y se llevó las manos a la cara.

मर्सिडीज़ घबराहट में जोर से चिल्लाई और अपना चेहरा पकड़ लिया।

Charles se limitó a mirar, se secó los ojos y permaneció sentado.

चार्ल्स केवल देखता रहा, अपनी आंखें पोंछता रहा और बैठा रहा।

Su cuerpo estaba demasiado rígido por el dolor para levantarse o ayudar en la pelea.

उसका शरीर दर्द से इतना अकड़ गया था कि वह उठ नहीं सका या लड़ाई में मदद नहीं कर सका।

Thornton se quedó de pie junto a Buck, temblando de furia, incapaz de hablar.

थॉर्नटन बक के पास खड़ा था, क्रोध से कांप रहा था, बोल नहीं पा रहा था।

Se estremeció de rabia y luchó por encontrar su voz a través de ella.

वह क्रोध से कांप उठा और अपनी आवाज निकालने की कोशिश करने लगा।

—Si vuelves a golpear a ese perro, te mataré —dijo finalmente.

अंत में उसने कहा, "अगर तुमने उस कुत्ते पर दोबारा हमला किया तो मैं तुम्हें मार डालूंगा।"

Hal se limpió la sangre de la boca y volvió a avanzar.

हैल ने अपने मुंह से खून पोंछा और पुनः आगे आया।

—Es mi perro —murmuró—. ¡Quítate del medio o te curaré!

"यह मेरा कुत्ता है," वह बुदबुदाया। "रास्ते से हट जाओ, नहीं तो मैं तुम्हें मार डालूँगा।"

"Voy a Dawson y no me lo vas a impedir", añadió.

उन्होंने कहा, "मैं डाउसन जा रहा हूं और आप मुझे रोक नहीं रहे हैं।"

Thornton se mantuvo firme entre Buck y el joven enojado.

बक और क्रोधित युवक के बीच थॉर्नटन मजबूती से खड़ा रहा।

No tenía intención de hacerse a un lado o dejar pasar a Hal.

उसका एक तरफ हटने या हैल को जाने देने का कोई इरादा नहीं था।

Hal sacó su cuchillo de caza, largo y peligroso en la mano.

हैल ने अपना शिकार करने वाला चाकू निकाला, जो हाथ में लम्बा और खतरनाक था।

Mercedes gritó, luego lloró y luego rió con una histeria salvaje.

मर्सिडीज पहले चीखी, फिर रोई, फिर उन्माद में हंसने लगी।

Thornton golpeó la mano de Hal con el mango de su hacha, fuerte y rápido.

थॉर्नटन ने अपनी कुल्हाड़ी के हैंडल से हैल के हाथ पर जोरदार और तेज प्रहार किया।

El cuchillo se soltó del agarre de Hal y voló al suelo.

चाकू हैल की पकड़ से छूटकर ज़मीन पर गिर गया।

Hal intentó recoger el cuchillo y Thornton volvió a golpearle los nudillos.

हैल ने चाकू उठाने की कोशिश की, और थॉर्नटन ने फिर से उसकी अंगुलियों पर थपकी दी।

Entonces Thornton se agachó, agarró el cuchillo y lo sostuvo.

तभी थॉर्नटन नीचे झुका, चाकू पकड़ लिया और उसे पकड़ लिया।

Con dos rápidos golpes del mango del hacha, cortó las riendas de Buck.

कुल्हाड़ी के हैंडल के दो तेज वार से उसने बक की लगाम काट दी।

Hal ya no tenía fuerzas para luchar y se apartó del perro.

हैल में लड़ने की कोई क्षमता नहीं बची थी और वह कुत्ते से पीछे हट गया।

Además, Mercedes necesitaba ahora ambos brazos para mantenerse erguida.

इसके अलावा, मर्सिडीज को अब सीधा खड़े रहने के लिए दोनों हाथों की जरूरत थी।

Buck estaba demasiado cerca de la muerte como para volver a ser útil para tirar de un trineo.

बक मौत के इतने करीब था कि वह फिर से स्लेज खींचने के काम में नहीं आ सका।

Unos minutos después, se marcharon y se dirigieron río abajo.

कुछ मिनट बाद वे नदी की ओर बढ़ चले।

Buck levantó la cabeza débilmente y los observó mientras salían del banco.

बक ने कमज़ोरी से अपना सिर उठाया और उन्हें बैंक से बाहर जाते हुए देखा।

Pike lideró el equipo, con Solleks en la parte trasera, al volante.

पाइक ने टीम का नेतृत्व किया, जबकि सोलेक्स व्हील स्पॉट पर सबसे पीछे थे।

Joe y Teek caminaron entre ellos, ambos cojeando por el cansancio.

जो और टीक दोनों ही थकान के कारण लंगड़ाते हुए उनके बीच से गुजरे।

Mercedes se sentó en el trineo y Hal agarró el largo palo.

मर्सिडीज़ स्लेज पर बैठ गई और हैल ने लंबे जी-पोल को पकड़ लिया।

Charles se tambaleó detrás, sus pasos torpes e inseguros.

चार्ल्स पीछे से लड़खड़ाता हुआ आया, उसके कदम अनाड़ी और अनिश्चित थे।

Thornton se arrodilló junto a Buck y buscó con delicadeza los huesos rotos.

थॉर्नटन बक के पास घुटनों के बल बैठ गया और धीरे से टूटी हड्डियों को छूने लगा।

Sus manos eran ásperas pero se movían con amabilidad y cuidado.

उसके हाथ खुरदरे थे, लेकिन दयालुता और देखभाल से चलते थे।

El cuerpo de Buck estaba magullado pero no mostraba lesiones duraderas.

बक के शरीर पर चोटें थीं, लेकिन कोई स्थायी चोट नहीं थी।

Lo que quedó fue un hambre terrible y una debilidad casi total.

जो बचा वह था भयंकर भूख और लगभग पूर्ण कमजोरी।

Cuando esto quedó claro, el trineo ya había avanzado mucho río abajo.

जब तक यह बात स्पष्ट हुई, स्लेज नदी में काफी दूर जा चुकी थी।

El hombre y el perro observaron cómo el trineo se deslizaba lentamente sobre el hielo agrietado.

आदमी और कुत्ते ने स्लेज को धीरे-धीरे टूटती बर्फ पर रेंगते हुए देखा।

Luego vieron que el trineo se hundía en un hueco.

तभी उन्होंने देखा कि स्लेज एक गड्ढे में डूब गई।

El mástil voló hacia arriba, con Hal todavía aferrándose a él en vano.

जी-पोल उड़ गया, और हेल अभी भी व्यर्थ ही उससे चिपका हुआ था।

El grito de Mercedes les llegó a través de la fría distancia.

मर्सिडीज़ की चीख दूर-दूर तक उन तक पहुंची।

Charles se giró y dio un paso atrás, pero ya era demasiado tarde.

चार्ल्स मुड़ा और पीछे हट गया - लेकिन तब तक बहुत देर हो चुकी थी।

Una capa de hielo entera cedió y todos ellos cayeron al suelo.

पूरी बर्फ की चादर टूट गई और वे सभी नीचे गिर गए।

Los perros, los trineos y las personas desaparecieron en el agua negra que había debajo.

कुत्ते, स्लेज और लोग नीचे काले पानी में गायब हो गए।

En el hielo por donde habían pasado sólo quedaba un amplio agujero.

जहां से वे गुजरे थे वहां बर्फ में केवल एक चौड़ा छेद रह गया था।

El sendero se había hundido por completo, tal como Thornton había advertido.

पगडंडी का निचला हिस्सा ढह चुका था - ठीक वैसे ही जैसा कि थॉर्नटन ने चेतावनी दी थी।

Thornton y Buck se miraron el uno al otro y guardaron silencio por un momento.

थॉर्नटन और बक एक दूसरे की ओर देखते रहे, एक क्षण के लिए चुप हो गए।

—Pobre diablo —dijo Thornton suavemente, y Buck le lamió la mano.

"तुम बेचारे शैतान हो," थॉर्नटन ने धीरे से कहा, और बक ने अपना हाथ चाटा।

Por el amor de un hombre
एक आदमी के प्यार के लिए

John Thornton se congeló los pies en el frío del diciembre anterior.

पिछले दिसंबर की ठंड में जॉन थॉर्नटन के पैर जम गए थे।

Sus compañeros lo hicieron sentir cómodo y lo dejaron recuperarse solo.

उनके सहयोगियों ने उन्हें सहज महसूस कराया और उन्हें अकेले ही ठीक होने के लिए छोड़ दिया।

Subieron al río para recoger una balsa de troncos para aserrar para Dawson.

वे डाउसन के लिए लकड़ियों का एक बेड़ा इकट्ठा करने नदी पर गए।

Todavía cojeaba ligeramente cuando rescató a Buck de la muerte.

जब उन्होंने बक को मौत से बचाया तब भी वह थोड़ा लंगड़ा रहे थे।

Pero como el clima cálido continuó, incluso esa cojera desapareció.

लेकिन गर्म मौसम जारी रहने के कारण वह लंगड़ाहट भी गायब हो गई।

Durante los largos días de primavera, Buck descansaba a orillas del río.

लंबे वसंत के दिनों में नदी के किनारे लेटकर बक आराम करता था।

Observó el agua fluir y escuchó a los pájaros y a los insectos.

वह बहते पानी को देखता और पक्षियों और कीड़ों की आवाजें सुनता।

Lentamente, Buck recuperó su fuerza bajo el sol y el cielo.

धीरे-धीरे, बक ने सूरज और आकाश के नीचे अपनी ताकत वापस पा ली।

Un descanso fue maravilloso después de viajar tres mil millas.

तीन हजार मील की यात्रा के बाद विश्राम अद्भुत लगा।

Buck se volvió perezoso a medida que sus heridas sanaban y su cuerpo se llenaba.

जैसे-जैसे उसके घाव भरते गए और शरीर भरता गया, बक आलसी होता गया।

Sus músculos se reafirmaron y la carne volvió a cubrir sus huesos.

उसकी मांसपेशियाँ मजबूत हो गईं और उसकी हड्डियों पर मांस फिर से जम गया।

Todos estaban descansando: Buck, Thornton, Skeet y Nig.

वे सभी आराम कर रहे थे - बक, थॉर्नटन, स्कीट और निग।

Esperaron la balsa que los llevaría a Dawson.

वे उस बेड़ा का इंतजार कर रहे थे जो उन्हें डाउसन तक ले जाने वाला था।

Skeet era un pequeño setter irlandés que se hizo amigo de Buck.

स्कीट एक छोटा आयरिश सेटर था जिसने बक से दोस्ती कर ली थी।

Buck estaba demasiado débil y enfermo para resistirse a ella en su primer encuentro.

बक इतना कमजोर और बीमार था कि पहली मुलाकात में उसका विरोध नहीं कर सका।

Skeet tenía el rasgo de sanador que algunos perros poseen naturalmente.

स्कीट में उपचारक गुण था जो कुछ कुत्तों में स्वाभाविक रूप से पाया जाता है।

Como una gata madre, lamió y limpió las heridas abiertas de Buck.

एक माँ बिल्ली की तरह, उसने बक के कच्चे घावों को चाटा और साफ़ किया।

Todas las mañanas, después del desayuno, repetía su minucioso trabajo.

हर सुबह नाश्ते के बाद, वह अपना सावधानीपूर्वक किया गया काम दोहराती थी।

Buck llegó a esperar su ayuda tanto como la de Thornton.

बक को थॉर्नटन की तरह ही उससे भी मदद की उम्मीद थी।

Nig también era amigable, pero menos abierto y menos cariñoso.

निग भी मिलनसार था, लेकिन कम खुला और कम स्नेही था।

Nig era un perro grande y negro, mitad sabueso y mitad lebrel.

निग एक बड़ा काला कुत्ता था, जो आंशिक रूप से ब्लडहाउंड और आंशिक रूप से डियरहाउंड था।

Tenía ojos sonrientes y un espíritu bondadoso sin límites.

उसकी आँखें हँसती थीं और आत्मा में असीम अच्छा स्वभाव था।

Para sorpresa de Buck, ninguno de los perros mostró celos hacia él.

बक को आश्चर्य हुआ कि किसी भी कुत्ते ने उसके प्रति ईर्ष्या नहीं दिखाई।

Tanto Skeet como Nig compartieron la amabilidad de John Thornton.

स्कीट और निग दोनों ने जॉन थॉर्नटन की दयालुता को साझा किया।

A medida que Buck se hacía más fuerte, lo atrajeron hacia juegos de perros tontos.

जैसे-जैसे बक मजबूत होता गया, उन्होंने उसे मूर्खतापूर्ण कुत्तों के खेलों में फंसा दिया।

Thornton también jugaba a menudo con ellos, incapaz de resistirse a su alegría.

थॉर्नटन भी अक्सर उनके साथ खेला करते थे और उनकी खुशी को रोक नहीं पाते थे।

De esta manera lúdica, Buck pasó de la enfermedad a una nueva vida.

इस खेलपूर्ण तरीके से, बक बीमारी से निकलकर एक नए जीवन की ओर बढ़ गया।

El amor, el amor verdadero, ardiente y apasionado, finalmente era suyo.

प्रेम - सच्चा, ज्वलंत और भावुक प्रेम - अंततः उसका था।

Nunca había conocido ese tipo de amor en la finca de Miller.

उन्होंने मिलर की संपत्ति में इस तरह का प्यार कभी नहीं देखा था।

Con los hijos del Juez había compartido trabajo y aventuras.

जज के बेटों के साथ उन्होंने काम और साहसिक कार्य साझा किये थे।

En los nietos vio un orgullo rígido y jactancioso.

पोते-पोतियों के साथ उन्होंने कठोर और घमंडी गर्व देखा।

Con el propio juez Miller mantuvo una amistad respetuosa.

स्वयं न्यायाधीश मिलर के साथ उनकी सम्मानजनक मित्रता थी।

Pero el amor que era fuego, locura y adoración llegó con Thornton.

लेकिन वह प्रेम जो आग, पागलपन और पूजा था, थॉर्नटन के साथ आया।

Este hombre había salvado la vida de Buck, y eso solo significaba mucho.

इस आदमी ने बक की जान बचाई थी और केवल यही बात बहुत मायने रखती थी।

Pero más que eso, John Thornton era el tipo de maestro ideal.

लेकिन इससे भी बढ़कर, जॉन थॉर्नटन एक आदर्श प्रकार के गुरु थे।

Otros hombres cuidaban perros por obligación o necesidad laboral.

अन्य लोग कर्तव्य या व्यावसायिक आवश्यकता के कारण कुत्तों की देखभाल करते थे।

John Thornton cuidaba a sus perros como si fueran sus hijos.

जॉन थॉर्नटन अपने कुत्तों की देखभाल ऐसे करते थे जैसे वे उनके बच्चे हों।

Él se preocupaba por ellos porque los amaba y simplemente no podía evitarlo.

वह उनकी देखभाल करता था क्योंकि वह उनसे प्यार करता था और इसमें कोई मदद नहीं कर सकता था।

John Thornton vio incluso más lejos de lo que la mayoría de los hombres lograron ver.

जॉन थॉर्नटन ने उससे भी अधिक दूर तक देखा जितना कि अधिकांश लोग कभी नहीं देख पाए।

Nunca se olvidó de saludarlos amablemente o decirles alguna palabra de aliento.

वह उनका विनम्रतापूर्वक अभिवादन करना या उत्साहवर्धक शब्द बोलना कभी नहीं भूलते थे।

Le encantaba sentarse con los perros para tener largas
charlas, o "gases", como él decía.

उन्हें कुत्तों के साथ बैठकर लम्बी बातें करना बहुत पसंद था,
या जैसा कि वे कहते थे, "गैसी"।

Le gustaba agarrar bruscamente la cabeza de Buck entre sus
fuertes manos.

उसे बक के सिर को अपने मजबूत हाथों से जोर से पकड़ना
पसंद था।

Luego apoyó su cabeza contra la de Buck y lo sacudió
suavemente.

फिर उसने अपना सिर बक के सिर पर टिका दिया और उसे
धीरे से हिलाया।

Mientras tanto, él llamaba a Buck con nombres groseros que
significaban amor para Buck.

इस दौरान वह बक को अभद्र नामों से पुकारता रहा, जो बक
के लिए प्रेम का प्रतीक थे।

Para Buck, ese fuerte abrazo y esas palabras le trajeron una
profunda alegría.

बक के लिए वह कठोर आलिंगन और वे शब्द गहरी खुशी
लेकर आये।

Su corazón parecía latir con fuerza de felicidad con cada
movimiento.

प्रत्येक हरकत पर उसका हृदय खुशी से उछल पड़ता था।

Cuando se levantó de un salto, su boca parecía como si se
estuviera riendo.

जब वह बाद में उछला तो उसके मुंह से ऐसा लग रहा था
जैसे वह हंस रहा हो।

Sus ojos brillaban intensamente y su garganta temblaba con
una alegría tácita.

उसकी आँखें चमक उठीं और उसका गला अवर्णनीय खुशी से
काँप उठा।

Su sonrisa se detuvo en ese estado de emoción y afecto resplandeciente.

भावना और प्रज्वलित स्नेह की उस अवस्था में उनकी मुस्कान स्थिर रही।

Entonces Thornton exclamó pensativo: "¡Dios! ¡Casi puede hablar!"

तब थॉर्नटन ने सोच-विचार कर कहा, "भगवान! वह लगभग बोल सकता है!"

Buck tenía una extraña forma de expresar amor que casi causaba dolor.

बक का प्यार व्यक्त करने का तरीका अजीब था, जिससे लगभग दर्द होता था।

A menudo apretaba muy fuerte la mano de Thornton entre los dientes.

वह अक्सर थॉर्नटन के हाथ को अपने दांतों में कसकर पकड़ लेता था।

La mordedura iba a dejar marcas profundas que permanecerían durante algún tiempo.

काटने के गहरे निशान रह गए जो कुछ समय तक बने रहे।

Buck creía que esos juramentos eran de amor y Thornton lo sabía también.

बक का मानना था कि ये शपथें प्रेम थीं, और थॉर्नटन भी यही जानता था।

La mayoría de las veces, el amor de Buck se demostraba en una adoración silenciosa, casi silenciosa.

अधिकतर, बक का प्रेम शांत, लगभग मौन आराधना में प्रकट होता था।

Aunque se emocionaba cuando lo tocaban o le hablaban, no buscaba atención.

यद्यपि उसे छूने या उससे बात करने पर वह प्रसन्न हो जाता था, फिर भी वह ध्यान आकर्षित नहीं करना चाहता था।

Skeet empujó su nariz bajo la mano de Thornton hasta que él la acarició.

स्कीट ने अपनी नाक को थॉर्नटन के हाथ के नीचे तब तक दबाया जब तक कि उसने उसे सहलाया नहीं।

Nig se acercó en silencio y apoyó su gran cabeza en la rodilla de Thornton.

निग चुपचाप चला आया और अपना बड़ा सिर थॉर्नटन के घुटने पर टिका दिया।

Buck, por el contrario, se conformaba con amar desde una distancia respetuosa.

इसके विपरीत, बक सम्मानजनक दूरी से प्यार करने में संतुष्ट था।

Durante horas permaneció tendido a los pies de Thornton, alerta y observando atentamente.

वह घंटों तक थॉर्नटन के पैरों के पास लेटा रहा, सतर्क और बारीकी से देखता रहा।

Buck estudió cada detalle del rostro de su amo y su más mínimo movimiento.

बक ने अपने मालिक के चेहरे के हर विवरण और उसकी छोटी से छोटी हरकत का अध्ययन किया।

O yacía más lejos, estudiando la figura del hombre en silencio.

या फिर दूर लेटकर चुपचाप उस आदमी की आकृति का अध्ययन करता रहता।

Buck observó cada pequeño movimiento, cada cambio de postura o gesto.

बक ने प्रत्येक छोटी सी हरकत, मुद्रा या हाव-भाव में प्रत्येक बदलाव को ध्यान से देखा।

Tan poderosa era esta conexión que a menudo atraía la mirada de Thornton.

यह संबंध इतना शक्तिशाली था कि अक्सर थॉर्नटन की नजर उस पर पड़ जाती थी।

Sostuvo la mirada de Buck sin palabras, pero el amor brillaba claramente a través de ella.

उसने बिना कुछ कहे बक की आँखों से आँखें मिलाईं, उनमें प्रेम स्पष्ट झलक रहा था।

Durante mucho tiempo después de ser salvado, Buck nunca perdió de vista a Thornton.

बचाए जाने के बाद काफी समय तक बक ने थॉर्नटन को अपनी नजरों से ओझल नहीं होने दिया।

Cada vez que Thornton salía de la tienda, Buck lo seguía de cerca afuera.

जब भी थॉर्नटन तम्बू से बाहर निकलता, बक उसके पीछे-पीछे बाहर तक जाता।

Todos los amos severos de las Tierras del Norte habían hecho que Buck tuviera miedo de confiar.

नॉर्थलैंड के सभी कठोर स्वामियों ने बक को भरोसा करने से डरा दिया था।

Temía que ningún hombre pudiera seguir siendo su amo durante más de un corto tiempo.

उन्हें डर था कि कोई भी व्यक्ति थोड़े समय से अधिक समय तक उनका स्वामी नहीं रह सकेगा।

Temía que John Thornton desapareciera como Perrault y François.

उन्हें डर था कि जॉन थॉर्नटन भी पेराल्ट और फ्रांकोइस की तरह गायब हो जायेंगे।

Incluso por la noche, el miedo a perderlo acechaba el sueño inquieto de Buck.

यहां तक कि रात में भी, उसे खोने का डर बक की बेचैन नींद में बाधा डालता था।

Cuando Buck se despertó, salió a escondidas al frío y fue a la tienda de campaña.

जब बक की नींद खुली तो वह ठंड से बचने के लिए बाहर निकला और तंबू में चला गया।

Escuchó atentamente el suave sonido de la respiración en su interior.

उसने अंदर से आती सांसों की धीमी आवाज को ध्यान से सुना।

A pesar del profundo amor de Buck por John Thornton, lo salvaje siguió vivo.

जॉन थॉर्नटन के प्रति बक के गहरे प्रेम के बावजूद, जंगल जीवित रहा।

Ese instinto primitivo, despertado en el Norte, no desapareció.

उत्तर में जागृत वह आदिम प्रवृत्ति लुप्त नहीं हुई।

El amor trajo devoción, lealtad y el cálido vínculo del fuego.

प्रेम ने भक्ति, निष्ठा और अग्नि-पक्ष का गर्म बंधन लाया।

Pero Buck también mantuvo sus instintos salvajes, agudos y siempre alerta.

लेकिन बक ने अपनी जंगली प्रवृत्ति को भी तीव्र और सदैव सतर्क रखा।

No era sólo una mascota domesticada de las suaves tierras de la civilización.

वह सभ्यता की कोमल भूमि से आया कोई पालतू जानवर मात्र नहीं था।

Buck era un ser salvaje que había venido a sentarse junto al fuego de Thornton.

बक एक जंगली प्राणी था जो थॉर्नटन की आग के पास बैठने के लिए आया था।

Parecía un perro del Sur, pero en su interior vivía lo salvaje.

वह साउथलैंड कुत्ते जैसा दिखता था, लेकिन उसके भीतर जंगलीपन रहता था।

Su amor por Thornton era demasiado grande como para permitirle robarle algo.

थॉर्नटन के प्रति उसका प्रेम इतना अधिक था कि वह उससे चोरी करने की अनुमति नहीं दे सका।

Pero en cualquier otro campamento, robaría con valentía y sin pausa.

लेकिन किसी अन्य शिविर में वह निर्भीकता से और बिना रुके चोरी करता।

Era tan astuto al robar que nadie podía atraparlo ni acusarlo.

वह चोरी करने में इतना चतुर था कि कोई उसे पकड़ नहीं सका, न ही उस पर आरोप लगा सका।

Su rostro y su cuerpo estaban cubiertos de cicatrices de muchas peleas pasadas.

उसका चेहरा और शरीर पिछली कई लड़ाइयों के निशानों से ढका हुआ था।

Buck seguía luchando con fiereza, pero ahora luchaba con más astucia.

बक अब भी जमकर लड़ा, लेकिन अब वह अधिक चालाकी से लड़ा।

Skeet y Nig eran demasiado amables para pelear, y eran de Thornton.

स्कीट और निग लड़ने के लिए बहुत कोमल थे, और वे थॉर्नटन के थे।

Pero cualquier perro extraño, por fuerte o valiente que fuese, cedía.

लेकिन कोई भी अजनबी कुत्ता, चाहे वह कितना भी शक्तिशाली या बहादुर क्यों न हो, हार मान लेता था।

De lo contrario, el perro se encontraría luchando contra Buck; luchando por su vida.

अन्यथा, कुत्ते को खुद को बक से लड़ते हुए पाया; अपने जीवन के लिए संघर्ष करते हुए।

Buck no tuvo piedad una vez que decidió pelear contra otro perro.

एक बार जब बक ने दूसरे कुत्ते के खिलाफ लड़ने का फैसला किया तो उसे कोई दया नहीं आई।

Había aprendido bien la ley del garrote y el colmillo en las Tierras del Norte.

उन्होंने नॉर्थलैंड में क्लब और फेंग का कानून अच्छी तरह से सीखा था।

Él nunca renunció a una ventaja y nunca se retractó de la batalla.

उन्होंने कभी भी अपनी बढ़त नहीं छोड़ी और कभी भी युद्ध से पीछे नहीं हटे।

Había estudiado a los Spitz y a los perros más feroces del correo y de la policía.

उन्होंने स्पिट्ज़ तथा डाक एवं पुलिस के सबसे खूंखार कुत्तों का अध्ययन किया था।

Sabía claramente que no había término medio en un combate salvaje.

वह स्पष्ट रूप से जानते थे कि जंगली लड़ाई में कोई बीच का रास्ता नहीं होता।

Él debía gobernar o ser gobernado; mostrar misericordia significaba mostrar debilidad.

उसे या तो शासन करना होगा या शासित होना होगा; दया दिखाने का मतलब है कमज़ोरी दिखाना।

Mercy era una desconocida en el crudo y brutal mundo de la supervivencia.

जीवित रहने की कच्ची और क्रूर दुनिया में दया अज्ञात थी।

Mostrar misericordia era visto como miedo, y el miedo conducía rápidamente a la muerte.

दया दिखाना भय के समान माना जाता था, और भय शीघ्र ही मृत्यु का कारण बनता था।

La antigua ley era simple: matar o ser asesinado, comer o ser comido.

पुराना नियम सरल था: मारो या मारे जाओ, खाओ या खाए जाओ।

Esa ley vino desde las profundidades del tiempo, y Buck la siguió plenamente.

वह नियम समय की गहराई से आया था और बक ने उसका पूरी तरह पालन किया।

Buck era mayor que su edad y el número de respiraciones que tomaba.

बक अपनी उम्र और सांसों की संख्या से अधिक उम्र का था।

Conectó claramente el pasado antiguo con el momento presente.

उन्होंने प्राचीन अतीत को वर्तमान क्षण से स्पष्ट रूप से जोड़ा।

Los ritmos profundos de las épocas lo atravesaban como mareas.

युगों की गहरी लयें ज्वार की तरह उसके भीतर प्रवाहित होती थीं।

El tiempo latía en su sangre con la misma seguridad con la que las estaciones movían la tierra.

समय उसके रक्त में उसी प्रकार धड़कता था, जिस प्रकार ऋतुएँ पृथ्वी को चलाती हैं।

Se sentó junto al fuego de Thornton, con el pecho fuerte y los colmillos blancos.

वह थॉर्नटन की आग के पास बैठा था, उसकी छाती मजबूत और दांत सफेद थे।

Su largo pelaje ondeaba, pero detrás de él los espíritus de los perros salvajes observaban.

उसके लंबे फर लहरा रहे थे, लेकिन उसके पीछे जंगली कुत्तों की आत्माएं देख रही थीं।

Lobos medio y lobos completos se agitaron dentro de su corazón y sus sentidos.

उसके हृदय और इन्द्रियों में आधे-भेड़िये और पूरे-भेड़िये हलचल मचा रहे थे।

Probaron su carne y bebieron la misma agua que él.

उन्होंने उसका मांस चखा और वही पानी पिया जो उसने पिया था।

Olfatearon el viento junto a él y escucharon el bosque.

वे उसके साथ-साथ हवा को सूँघते रहे और जंगल की आवाज़ सुनते रहे।

Susurraron los significados de los sonidos salvajes en la oscuridad.

वे अंधेरे में जंगली ध्वनियों का अर्थ फुसफुसाते रहे।

Ellos moldearon sus estados de ánimo y guiaron cada una de sus reacciones tranquilas.

उन्होंने उसके मूड को आकार दिया और उसकी प्रत्येक शांत प्रतिक्रिया को निर्देशित किया।

Se quedaron con él mientras dormía y se convirtieron en parte de sus sueños más profundos.

वे सोते समय उसके साथ लेटे रहते थे और उसके गहरे सपनों का हिस्सा बन जाते थे।

Soñaron con él, más allá de él, y constituyeron su propio espíritu.

उन्होंने उसके साथ, उससे परे स्वप्न देखे, और उसकी आत्मा का निर्माण किया।

Los espíritus de la naturaleza llamaron con tanta fuerza que Buck se sintió atraído.

जंगली आत्माओं ने इतनी जोर से पुकारा कि बक को भी अपने ओर खींचा जाने लगा।

Cada día, la humanidad y sus reivindicaciones se debilitaban más en el corazón de Buck.

प्रत्येक दिन, बक के दिल में मानव जाति और उसके दावे कमजोर होते गए।

En lo profundo del bosque, un llamado extraño y emocionante estaba por surgir.

जंगल के गहरे इलाके में एक अजीब और रोमांचकारी आवाज़ उठने वाली थी।

Cada vez que escuchaba el llamado, Buck sentía un impulso que no podía resistir.

हर बार जब वह पुकार सुनता, तो बक को एक ऐसी इच्छा होती जिसका वह विरोध नहीं कर सकता था।

Él iba a alejarse del fuego y de los caminos humanos trillados.

वह आग से और पीटे हुए मानवीय मार्गों से मुड़ने वाला था।

Iba a adentrarse en el bosque, avanzando sin saber por qué.

वह बिना कारण जाने जंगल में आगे बढ़ने वाला था।

Él no cuestionó esta atracción porque el llamado era profundo y poderoso.

उन्होंने इस आकर्षण पर प्रश्न नहीं उठाया, क्योंकि यह आह्वान गहरा और शक्तिशाली था।

A menudo, alcanzaba la sombra verde y la tierra suave e intacta.

अक्सर, वह हरी छाया और नरम अछूती धरती तक पहुँच जाता था

Pero entonces el fuerte amor por John Thornton lo atrajo de nuevo al fuego.

लेकिन फिर जॉन थॉर्नटन के प्रति प्रबल प्रेम ने उसे पुनः आग के पास खींच लिया।

Sólo John Thornton realmente pudo sostener en sus manos el corazón salvaje de Buck.

केवल जॉन थॉर्नटन ही बक के जंगली दिल को अपनी मुट्ठी में रख सकता था।

El resto de la humanidad no tenía ningún valor o significado duradero para Buck.

बक के लिए शेष मानव जाति का कोई स्थायी मूल्य या अर्थ नहीं था।

Los extraños podrían elogiarlo o acariciar su pelaje con manos amistosas.

अजनबी लोग उसकी प्रशंसा कर सकते थे या अपने मित्रवत हाथों से उसके बालों को सहला सकते थे।

Buck permaneció impasible y se alejó por demasiado afecto.

बक अविचलित रहा और अत्यधिक स्नेह से दूर चला गया।

Hans y Pete llegaron con la balsa que habían esperado durante tanto tiempo.

हंस और पीट उस बेड़ा के साथ पहुंचे जिसका लंबे समय से इंतजार किया जा रहा था

Buck los ignoró hasta que supo que estaban cerca de Thornton.

बक ने उन्हें तब तक नजरअंदाज किया जब तक उसे पता नहीं चला कि वे थॉर्नटन के करीब थे।

Después de eso, los toleró, pero nunca les mostró total calidez.

उसके बाद, उन्होंने उन्हें सहन तो किया, लेकिन कभी भी उनके प्रति पूरी गर्मजोशी नहीं दिखाई।

Él aceptaba comida o gentileza de ellos como si les estuviera haciendo un favor.

वह उनसे भोजन या दयालुता ऐसे लेता था मानो उन पर कोई उपकार कर रहा हो।

Eran como Thornton: sencillos, honestos y claros en sus pensamientos.

वे थॉर्नटन की तरह थे - सरल, ईमानदार और स्पष्ट विचार वाले।

Todos juntos viajaron al aserradero de Dawson y al gran remolino.

वे सब मिलकर डाउसन की आरा मिल और महान भँवर की यात्रा पर गए।

En su viaje aprendieron a comprender profundamente la naturaleza de Buck.

अपनी यात्रा के दौरान उन्होंने बक के स्वभाव को गहराई से समझा।

No intentaron acercarse como lo habían hecho Skeet y Nig.

उन्होंने स्कीट और निग की तरह नजदीक आने की कोशिश नहीं की।

Pero el amor de Buck por John Thornton solo se profundizó con el tiempo.

लेकिन समय के साथ बक का जॉन थॉर्नटन के प्रति प्रेम और भी गहरा होता गया।

Sólo Thornton podía colocar una mochila en la espalda de Buck en el verano.

गर्मियों में केवल थॉर्नटन ही बक की पीठ पर बोझ डाल सकता था।

Cualquiera que fuera lo que Thornton ordenaba, Buck estaba dispuesto a hacerlo a cabalidad.

थॉर्नटन जो भी आदेश देते, बक उसे पूरी तरह से करने को तैयार रहते थे।

Un día, después de que dejaron Dawson hacia las cabeceras del río Tanana,

एक दिन, जब वे डावसन से तानाना नदी के उद्गम स्थल की ओर चले गए,

El grupo se sentó en un acantilado que caía un metro hasta el lecho rocoso desnudo.

समूह एक चट्टान पर बैठा था जो तीन फीट नीचे नंगी चट्टान तक गिर गई थी।

John Thornton se sentó cerca del borde y Buck descansó a su lado.

जॉन थॉर्नटन किनारे पर बैठा था और बक उसके बगल में आराम कर रहा था।

Thornton tuvo una idea repentina y llamó la atención de los hombres.

थॉर्नटन के मन में अचानक एक विचार आया और उसने उन लोगों का ध्यान अपनी ओर आकर्षित किया।

Señaló hacia el otro lado del abismo y le dio a Buck una única orden.

उन्होंने खाई की ओर इशारा किया और बक को एक आदेश दिया।

—¡Salta, Buck! —dijo, extendiendo el brazo por encima del precipicio.

"कूदो, बक!" उसने अपना हाथ नीचे की ओर घुमाते हुए कहा।

En un momento, tuvo que agarrar a Buck, quien estaba saltando para obedecer.

एक क्षण में, उसे बक को पकड़ना पड़ा, जो आज्ञा पालन करने के लिए उछल रहा था।

Hans y Pete corrieron hacia adelante y los pusieron a ambos a salvo.

हंस और पीट आगे बढ़े और दोनों को सुरक्षित स्थान पर खींच लिया।

Cuando todo terminó y recuperaron el aliento, Pete habló.

जब सब कुछ समाप्त हो गया और उन्होंने अपनी सांसें संभाल लीं, तो पीट बोला।

"El amor es extraño", dijo, conmocionado por la feroz devoción del perro.

"यह प्रेम अद्भुत है," उन्होंने कुत्ते की तीव्र भक्ति से हिलकर कहा।

Thornton meneó la cabeza y respondió con seriedad y calma.

थॉर्नटन ने अपना सिर हिलाया और शांत गंभीरता से जवाब दिया।

"No, el amor es espléndido", dijo, "pero también terrible".

"नहीं, यह प्यार शानदार है," उन्होंने कहा, "लेकिन भयानक भी है।"

"A veces, debo admitirlo, este tipo de amor me da miedo".

"कभी-कभी, मुझे मानना होगा, इस तरह का प्यार मुझे डराता है।"

Pete asintió y dijo: "Odiaría ser el hombre que te toque".

पीट ने सिर हिलाया और कहा, "मैं वह आदमी बनना पसंद नहीं करूंगा जो तुम्हें छूता है।"

Miró a Buck mientras hablaba, serio y lleno de respeto.

बक बोलते समय वह गंभीर और सम्मान से भरे हुए नजर आए।

—¡Py Jingo! —dijo Hans rápidamente—. Yo tampoco, señor.

"पाई जिंगो!" हंस ने जल्दी से कहा। "मैं भी नहीं, नहीं सर।"

Antes de que terminara el año, los temores de Pete se hicieron realidad en Circle City.

वर्ष समाप्त होने से पहले, सर्किल सिटी में पीट की आशंकाएं सच साबित हुईं।

Un hombre cruel llamado Black Burton provocó una pelea en el bar.

ब्लैक बर्टन नामक एक क्रूर व्यक्ति ने बार में झगड़ा शुरू कर दिया।

Estaba enojado y malicioso, arremetiendo contra un nuevo novato.

वह क्रोधित और दुर्भावनापूर्ण था, तथा एक नये नवयुवक पर प्रहार कर रहा था।

John Thornton entró en escena, tranquilo y afable como siempre.

जॉन थॉर्नटन हमेशा की तरह शांत और अच्छे स्वभाव के साथ आगे आए।

Buck yacía en un rincón, con la cabeza gacha, observando a Thornton de cerca.

बक एक कोने में सिर झुकाए लेटा हुआ था और थॉर्नटन को करीब से देख रहा था।

Burton atacó de repente, y su puñetazo hizo que Thornton girara.

बर्टन ने अचानक वार किया, जिससे थॉर्नटन चक्कर खा गया।

Sólo la barandilla de la barra evitó que se estrellara con fuerza contra el suelo.

केवल बार की रेलिंग ही उसे जमीन पर गिरने से बचा पाई।

Los observadores oyeron un sonido que no era un ladrido ni un aullido.

देखने वालों ने एक ऐसी आवाज सुनी जो भौंकने या चीखने की नहीं थी

Un rugido profundo salió de Buck mientras se lanzaba hacia el hombre.

बक ने उस आदमी की ओर बढ़ते हुए गहरी दहाड़ लगाई।

Burton levantó el brazo y apenas salvó su vida.

बर्टन ने अपना हाथ ऊपर उठाया और बड़ी मुश्किल से अपनी जान बचाई।

Buck se estrelló contra él y lo tiró al suelo.

बक ने उस पर जोरदार प्रहार किया, जिससे वह सीधा फर्श पर गिर पड़ा।

Buck mordió profundamente el brazo del hombre y luego se abalanzó sobre su garganta.

बक ने उस आदमी की बांह पर गहरा काट लिया, फिर उसके गले पर झपटा।

Burton sólo pudo bloquearlo parcialmente y su cuello quedó destrozado.

बर्टन केवल आंशिक रूप से ही अवरोध उत्पन्न कर सका, तथा उसकी गर्दन फट गई।

Los hombres se apresuraron a entrar, con los garrotes en alto, y apartaron a Buck del hombre sangrante.

लोग दौड़े, लाठियां उठाईं, और खून से लथपथ बक को वहां से भगा दिया।

Un cirujano trabajó rápidamente para detener la fuga de sangre.

एक सर्जन ने रक्त को बाहर बहने से रोकने के लिए तेजी से काम किया।

Buck caminaba de un lado a otro y gruñía, intentando atacar una y otra vez.

बक इधर-उधर घूमता और गुर्राता हुआ बार-बार हमला करने की कोशिश कर रहा था।

Sólo los golpes con los palos le impidieron llegar hasta Burton.

केवल झूलते हुए डंडे ही उसे बर्टन तक पहुंचने से रोक रहे थे।

Allí mismo se convocó y celebró una asamblea de mineros.

खनिकों की एक बैठक बुलाई गई और उसे वहीं पर आयोजित किया गया।

Estuvieron de acuerdo en que Buck había sido provocado y votaron por liberarlo.

उन्होंने इस बात पर सहमति जताई कि बक को उकसाया गया था और उसे रिहा करने के लिए मतदान किया गया।

Pero el feroz nombre de Buck ahora resonaba en todos los campamentos de Alaska.

लेकिन बक का भयंकर नाम अब अलास्का के हर शिविर में गूंजने लगा।

Más tarde ese otoño, Buck salvó a Thornton nuevamente de una nueva manera.

बाद में उसी वर्ष, बक ने एक नए तरीके से थॉर्नटन को पुनः बचाया।

Los tres hombres guiaban un bote largo por rápidos agitados.

तीनों व्यक्ति एक लम्बी नाव को तेज बहाव वाली नदी में ले जा रहे थे।

Thornton tripulaba el bote, gritando instrucciones para llegar a la costa.

थॉर्नटन नाव को चला रहे थे और तटरेखा की ओर जाने का रास्ता बता रहे थे।

Hans y Pete corrieron por la tierra, sosteniendo una cuerda de árbol a árbol.

हंस और पीट एक रस्सी पकड़कर एक पेड़ से दूसरे पेड़ तक दौड़ते रहे।

Buck seguía el ritmo en la orilla, siempre observando a su amo.

बक किनारे पर लगातार चलता रहा और हमेशा अपने मालिक पर नज़र रखता रहा।

En un lugar desagradable, las rocas sobresalían bajo el agua rápida.

एक ख़राब जगह पर, तेज़ पानी के नीचे चट्टानें उभरी हुई थीं।

Hans soltó la cuerda y Thornton dirigió el bote hacia otro lado.

हंस ने रस्सी छोड़ दी और थॉर्नटन ने नाव को दूर ले गया।

Hans corrió para alcanzar el barco nuevamente más allá de las rocas peligrosas.

हंस खतरनाक चट्टानों को पार करते हुए नाव को पकड़ने के लिए दौड़ा।

El barco superó la cornisa pero se topó con una parte más fuerte de la corriente.

नाव किनारे से तो निकल गई, लेकिन धारा के तेज बहाव से टकरा गई।

Hans agarró la cuerda demasiado rápido y desequilibró el barco.

हंस ने रस्सी को बहुत तेजी से पकड़ लिया और नाव का संतुलन बिगाड़ दिया।

El barco se volcó y se estrelló contra la orilla, boca abajo.

नाव पलट गई और नीचे की ओर किनारे से टकरा गई।

Thornton fue arrojado y arrastrado hacia la parte más salvaje del agua.

थॉर्नटन को बाहर फेंक दिया गया और वह पानी के सबसे खतरनाक हिस्से में बह गया।

Ningún nadador habría podido sobrevivir en esas aguas turbulentas y mortales.

कोई भी तैराक उस जानलेवा, तेज़ पानी में जीवित नहीं बच सकता था।

Buck saltó instantáneamente y persiguió a su amo río abajo.

बक तुरन्त पानी में कूद पड़ा और अपने मालिक का नदी में पीछा किया।

Después de trescientos metros, llegó por fin a Thornton.

तीन सौ गज चलने के बाद वह अंततः थॉर्नटन पहुँच गया।

Thornton agarró la cola de Buck y Buck se giró hacia la orilla.

थॉर्नटन ने बक की पूंछ पकड़ ली और बक किनारे की ओर मुड़ गया।

Nadó con todas sus fuerzas, luchando contra el arrastre salvaje del agua.

वह पानी के तेज़ बहाव से लड़ते हुए पूरी ताकत से तैरने लगा।

Se movieron río abajo más rápido de lo que podían llegar a la orilla.

वे तट तक पहुंचने से पहले ही तेजी से नीचे की ओर बढ़ गए।

Más adelante, el río rugía cada vez más fuerte mientras caía en rápidos mortales.

आगे नदी और भी जोर से दहाड़ने लगी, क्योंकि वह जानलेवा तेज बहाव में गिर रही थी।

Las rocas cortaban el agua como los dientes de un peine enorme.

चट्टानें पानी को किसी बड़े कंघे के दांतों की तरह चीरती हुई निकल रही थीं।

La atracción del agua cerca de la caída era salvaje e ineludible.

बूंद के पास पानी का खिंचाव बहुत भयानक और अपरिहार्य था।

Thornton sabía que nunca podrían llegar a la costa a tiempo.

थॉर्नटन को पता था कि वे कभी भी समय पर किनारे तक नहीं पहुंच सकेंगे।

Raspó una roca, se estrelló contra otra,

उसने एक चट्टान को खुरच दिया, दूसरी को तोड़ दिया,

Y entonces se estrelló contra una tercera roca, agarrándola con ambas manos.

और फिर वह तीसरी चट्टान से टकराया और उसे दोनों हाथों से पकड़ लिया।

Soltó a Buck y gritó por encima del rugido: "¡Vamos, Buck! ¡Vamos!".

उसने बक को छोड़ दिया और दहाड़ते हुए चिल्लाया, "जाओ, बक! जाओ!"

Buck no pudo mantenerse a flote y fue arrastrado por la corriente.

बक तैर नहीं सका और धारा के साथ बह गया।

Luchó con todas sus fuerzas, intentando girar, pero no consiguió ningún progreso.

उसने कड़ी मशक्कत की, मुड़ने का प्रयास किया, लेकिन कोई प्रगति नहीं हुई।

Entonces escuchó a Thornton repetir la orden por encima del rugido del río.

तभी उसने नदी की गर्जना के बीच थॉर्नटन को आदेश दोहराते सुना।

Buck salió del agua y levantó la cabeza como para echar una última mirada.

बक पानी से बाहर निकला और अपना सिर ऊपर उठाया जैसे कि आखिरी बार देख रहा हो।

Luego se giró y obedeció, nadando hacia la orilla con resolución.

फिर मुड़कर आज्ञा का पालन किया और दृढ़ संकल्प के साथ किनारे की ओर तैरने लगे।

Pete y Hans lo sacaron a tierra en el último momento posible.

पीट और हंस ने उसे अंतिम क्षण में किनारे पर खींच लिया।

Sabían que Thornton podría aferrarse a la roca sólo por unos minutos más.

वे जानते थे कि थॉर्नटन चट्टान से केवल कुछ मिनट ही और चिपक सकता है।

Corrieron por la orilla hasta un lugar mucho más arriba de donde estaba colgado.

वे किनारे पर उस स्थान तक दौड़े, जहां वह लटका हुआ था।

Ataron la cuerda del bote al cuello y los hombros de Buck con cuidado.

उन्होंने नाव की रस्सी को बक की गर्दन और कंधों पर सावधानीपूर्वक बाँध दिया।

La cuerda estaba ajustada pero lo suficientemente suelta para permitir la respiración y el movimiento.

रस्सी कसी हुई थी, लेकिन सांस लेने और चलने के लिए पर्याप्त ढीली थी।

Luego lo lanzaron nuevamente al caudaloso y mortal río.

इसके बाद उन्होंने उसे पुनः उस तेज़ बहती, जानलेवा नदी में फेंक दिया।

Buck nadó con valentía, pero perdió su ángulo debido a la fuerza de la corriente.

बक ने साहसपूर्वक तैरना जारी रखा, लेकिन धारा के तेज वेग में उसका कोण चूक गया।

Se dio cuenta demasiado tarde de que iba a dejar atrás a Thornton.

उसे बहुत देर से पता चला कि वह थॉर्नटन से आगे निकल जाएगा।

Hans tiró de la cuerda con fuerza, como si Buck fuera un barco que se hundía.

हंस ने रस्सी को इस तरह खींचा, मानो बक कोई पलटती हुई नाव हो।

La corriente lo arrastró hacia abajo y desapareció bajo la superficie.

धारा ने उसे पानी के नीचे खींच लिया और वह सतह के नीचे गायब हो गया।

Su cuerpo chocó contra el banco antes de que Hans y Pete pudieran sacarlo.

इससे पहले कि हंस और पीट उसे बाहर निकालते, उसका शरीर किनारे से टकराया।

Estaba medio ahogado y le sacaron el agua a golpes.

वह आधा डूब चुका था और उन्होंने उससे पानी निकाला।

Buck se puso de pie, se tambaleó y volvió a desplomarse en el suelo.

बक लड़खड़ाकर खड़ा हो गया और पुनः जमीन पर गिर पड़ा।

Entonces oyeron la voz de Thornton llevada débilmente por el viento.

तभी उन्हें हवा के साथ आती हुई थॉर्नटन की धीमी आवाज सुनाई दी।

Aunque las palabras no eran claras, sabían que estaba cerca de morir.

यद्यपि शब्द स्पष्ट नहीं थे, फिर भी वे जानते थे कि वह मृत्यु के निकट है।

El sonido de la voz de Thornton golpeó a Buck como una sacudida eléctrica.

थॉर्नटन की आवाज ने बक को बिजली के झटके की तरह झकझोर दिया।

Saltó y corrió por la orilla, regresando al punto de lanzamiento.

वह उछलकर किनारे की ओर भागा और वापस प्रक्षेपण स्थल पर आ गया।

Nuevamente ataron la cuerda a Buck, y nuevamente entró al arroyo.

उन्होंने फिर से रस्सी को बक के हाथ में बाँध दिया और वह फिर से धारा में प्रवेश कर गया।

Esta vez nadó directo y firmemente hacia el agua que palpitaba.

इस बार, वह सीधे और मजबूती से बहते पानी में तैर गया।

Hans soltó la cuerda con firmeza mientras Pete evitaba que se enredara.

हंस ने रस्सी को धीरे से छोड़ा जबकि पीट ने उसे उलझने से बचाया।

Buck nadó con fuerza hasta que estuvo alineado justo encima de Thornton.

बक ने तब तक तेजी से तैराकी की जब तक कि वह थॉर्नटन के ठीक ऊपर नहीं पहुंच गया।

Luego se dio la vuelta y se lanzó hacia abajo como un tren a toda velocidad.

फिर वह मुझा और पूरी गति से रेलगाड़ी की तरह दौड़ पड़ा।

Thornton lo vio venir, se preparó y le rodeó el cuello con los brazos.

थॉर्नटन ने उसे आते देखा, अपने आप को संभाला, तथा उसकी गर्दन के चारों ओर अपनी बाहें लपेट लीं।

Hans ató la cuerda fuertemente alrededor de un árbol mientras ambos eran arrastrados hacia abajo.

हंस ने रस्सी को पेड़ के चारों ओर बांध दिया और दोनों को नीचे खींच लिया गया।

Cayeron bajo el agua y se estrellaron contra rocas y escombros del río.

वे पानी के नीचे लुढ़क गए और चट्टानों और नदी के मलबे से टकराने लगे।

En un momento Buck estaba arriba y al siguiente Thornton se levantó jadeando.

एक क्षण बक शीर्ष पर था, अगले ही क्षण थॉर्नटन हांफता हुआ ऊपर उठा।

Maltratados y asfixiados, se desviaron hacia la orilla y se pusieron a salvo.

बुरी तरह से घायल और घुटते हुए वे किनारे और सुरक्षित स्थान की ओर मुड़े।

Thornton recuperó el conocimiento, acostado sobre un tronco a la deriva.

थॉर्नटन को होश आया तो वह एक लकड़ी के ढेर पर लेटा हुआ था।

Hans y Pete trabajaron duro para devolverle el aliento y la vida.

हंस और पीट ने उसकी सांस और जीवन वापस लाने के लिए कड़ी मेहनत की।

Su primer pensamiento fue para Buck, que yacía inmóvil y flácido.

उसका पहला विचार बक के बारे में था, जो निश्चल और शिथिल पड़ा था।

Nig aulló sobre el cuerpo de Buck y Skeet le lamió la cara suavemente.

निग बक के शरीर पर चिल्लाया, और स्कीट ने उसके चेहरे को धीरे से चाटा।

Thornton, dolorido y magullado, examinó a Buck con manos cuidadosas.

चोटिल और पीड़ा से भरे थॉर्नटन ने सावधानीपूर्वक अपने हाथों से बक की जांच की।

Encontró tres costillas rotas, pero ninguna herida mortal en el perro.

उन्होंने पाया कि कुत्ते की तीन पसलियां टूटी हुई थीं, लेकिन कोई घातक घाव नहीं था।

"Eso lo resuelve", dijo Thornton. "Acamparemos aquí". Y así lo hicieron.

"यह बात तय हो गई," थॉर्नटन ने कहा। "हम यहीं डेरा डालेंगे।" और उन्होंने ऐसा ही किया।

Se quedaron hasta que las costillas de Buck sanaron y pudo caminar nuevamente.

वे तब तक वहीं रहे जब तक बक की पसलियां ठीक नहीं हो गईं और वह फिर से चलने लायक नहीं हो गया।

Ese invierno, Buck realizó una hazaña que aumentó aún más su fama.

उस शीतकाल में बक ने एक ऐसा कारनामा किया जिससे उसकी प्रसिद्धि और बढ़ गयी।

Fue menos heroico que salvar a Thornton, pero igual de impresionante.

यह थॉर्नटन को बचाने से कम वीरतापूर्ण था, लेकिन उतना ही प्रभावशाली था।

En Dawson, los socios necesitaban suministros para un viaje lejano.

डावसन में साझेदारों को दूर की यात्रा के लिए आपूर्ति की आवश्यकता थी।

Querían viajar hacia el Este, hacia tierras vírgenes y silvestres.

वे पूर्व की ओर, अछूते निर्जन प्रदेशों की यात्रा करना चाहते थे।

La escritura de Buck en el Eldorado Saloon hizo posible ese viaje.

एल्डोरैडो सैलून में बक के कार्य ने उस यात्रा को संभव बनाया।

Todo empezó con hombres alardeando de sus perros mientras bebían.

इसकी शुरुआत शराब पीते समय पुरुषों द्वारा अपने कुत्तों की शेखी बघारने से हुई।

La fama de Buck lo convirtió en blanco de desafíos y dudas.

बक की प्रसिद्धि ने उन्हें चुनौतियों और संदेह का लक्ष्य बना दिया।

Thornton, orgulloso y tranquilo, se mantuvo firme en la defensa del nombre de Buck.

गर्व और शांति से भरे थॉर्नटन, बक के नाम की रक्षा में दृढ़ रहे।

Un hombre dijo que su perro podía levantar doscientos cincuenta kilos con facilidad.

एक व्यक्ति ने बताया कि उसका कुत्ता पांच सौ पाउंड का भार आसानी से खींच सकता है।

Otro dijo seiscientos, y un tercero se jactó de setecientos.

एक अन्य ने कहा छः सौ, और तीसरे ने कहा सात सौ।

"¡Pfft!" dijo John Thornton, "Buck puede tirar de un trineo de mil libras".

"प्फ़ट!" जॉन थॉर्नटन ने कहा, "बक एक हज़ार पाउंड की स्लेज खींच सकता है।"

Matthewson, un Rey de Bonanza, se inclinó hacia delante y lo desafió.

मैथ्यूसन, जो एक बोनान्ज़ा किंग था, आगे झुका और उसे चुनौती दी।

¿Crees que puede poner tanto peso en movimiento?

"तुम्हें लगता है कि वह इतना वजन उठाकर चल सकता है?"

"¿Y crees que puede tirar del peso cien yardas enteras?"

"और आपको लगता है कि वह वजन को पूरे सौ गज तक खींच सकता है?"

Thornton respondió con frialdad: «Sí. Buck es lo suficientemente bueno como para hacerlo».

थॉर्नटन ने शांत भाव से उत्तर दिया, "हाँ। बक ऐसा करने के लिए पर्याप्त कुत्ता है।"

"Pondrá mil libras en movimiento y las arrastrará cien yardas".

"वह एक हजार पाउंड का भार गति में डाल देगा, और उसे सौ गज तक खींच लेगा।"

Matthewson sonrió lentamente y se aseguró de que todos los hombres escucharan sus palabras.

मैथ्यूसन धीरे से मुस्कुराये और यह सुनिश्चित किया कि सभी लोग उनकी बातें सुनें।

Tengo mil dólares que dicen que no puede. Ahí está.

"मेरे पास एक हज़ार डॉलर हैं जो कहते हैं कि वह ऐसा नहीं कर सकता। यह रहा।"

Arrojó un saco de polvo de oro del tamaño de una salchicha sobre la barra.

उसने सॉसेज के आकार की सोने की धूल से भरी एक बोरी बार पर पटक दी।

Nadie dijo una palabra. El silencio se hizo denso y tenso a su alrededor.

कोई भी एक शब्द नहीं बोला। उनके चारों ओर सन्नाटा भारी और तनावपूर्ण हो गया।

El engaño de Thornton —si es que lo hubo— había sido tomado en serio.

थॉर्नटन की धमकी को - यदि वह झूठी थी - गंभीरता से लिया गया।

Sintió que el calor le subía a la cara mientras la sangre le subía a las mejillas.

उसने अपने चेहरे पर गर्मी महसूस की और खून उसके गालों पर चढ़ गया।

En ese momento su lengua se había adelantado a su razón.

उस क्षण उसकी जीभ उसकी बुद्धि से आगे निकल गई थी।

Realmente no sabía si Buck podría mover mil libras.

वह सचमुच नहीं जानता था कि बक एक हजार पाउंड का भार उठा सकता है या नहीं।

¡Media tonelada! Solo su tamaño le hacía sentir un gran peso en el corazón.

आधा टन! सिर्फ़ इसके आकार से ही उसका दिल भारी हो गया।

Tenía fe en la fuerza de Buck y creía que era capaz.

उन्हें बक की ताकत पर भरोसा था और वे उसे सक्षम समझते थे।

Pero nunca se había enfrentado a un desafío así, no de esta manera.

लेकिन उन्होंने कभी इस तरह की चुनौती का सामना नहीं किया था।

Una docena de hombres lo observaban en silencio, esperando ver qué haría.

एक दर्जन लोग चुपचाप उसे देख रहे थे, यह देखने के लिए कि वह क्या करेगा।

Él no tenía el dinero, ni tampoco Hans ni Pete.

उसके पास पैसे नहीं थे - न ही हंस के पास और न ही पीट के पास।

"Tengo un trineo afuera", dijo Matthewson fría y directamente.

मैथ्यूसन ने ठंडे और सीधे स्वर में कहा, "मेरे पास बाहर एक स्लेज है।"

"Está cargado con veinte sacos de cincuenta libras cada uno, todo de harina.

"इसमें बीस बोरियाँ भरी हुई हैं, प्रत्येक बोरी में पचास पाउंड आटा है।

Así que no dejen que un trineo perdido sea su excusa ahora", añadió.

उन्होंने कहा, "इसलिए अब स्लेज गुम होने को अपना बहाना मत बनाइए।"

Thornton permaneció en silencio. No sabía qué decir.

थॉर्नटन चुप खड़ा रहा। उसे समझ नहीं आ रहा था कि वह क्या कहे।

Miró a su alrededor los rostros sin verlos con claridad.

उसने चारों ओर चेहरों को देखा, लेकिन उन्हें स्पष्ट रूप से नहीं देख सका।

Parecía un hombre congelado en sus pensamientos, intentando reiniciarse.

वह विचारों में डूबा हुआ एक आदमी लग रहा था, जो पुनः आरंभ करने का प्रयास कर रहा था।

Luego vio a Jim O'Brien, un amigo de la época de Mastodon.

तभी उनकी मुलाकात जिम ओ'ब्रायन से हुई, जो मैस्टोडॉन के दिनों के उनके मित्र थे।

Ese rostro familiar le dio un coraje que no sabía que tenía.

उस परिचित चेहरे ने उसे वह साहस दिया जिसका उसे पता भी नहीं था।

Se giró y preguntó en voz baja: "¿Puedes prestarme mil?"

वह मुड़ा और धीमी आवाज़ में पूछा, "क्या आप मुझे एक हज़ार रुपये उधार दे सकते हैं?"

"Claro", dijo O'Brien, dejando caer un pesado saco junto al oro.

"ज़रूर," ओ'ब्रायन ने कहा, और सोने के पास एक भारी बोरी गिरा दी।

"Pero la verdad, John, no creo que la bestia pueda hacer esto".

"लेकिन सच कहूं तो, जॉन, मुझे विश्वास नहीं है कि जानवर ऐसा कर सकता है।"

Todos los que estaban en el Eldorado Saloon corrieron hacia afuera para ver el evento.

एल्डोरैडो सैलून में सभी लोग घटना देखने के लिए बाहर दौड़े।

Abandonaron las mesas y las bebidas, e incluso los juegos se pausaron.

उन्होंने अपनी मेजें और पेय पदार्थ छोड़ दिए, यहां तक कि खेल भी रोक दिए गए।

Comerciantes y jugadores acudieron para presenciar el final de la audaz apuesta.

डीलर और जुआरी साहसिक दांव का अंत देखने के लिए आए थे।

Cientos de personas se reunieron alrededor del trineo en la calle helada y abierta.

बर्फीली खुली सड़क पर स्लेज के चारों ओर सैकड़ों लोग एकत्र हुए।

El trineo de Matthewson estaba cargado con un montón de sacos de harina.

मैथ्यूसन की स्लेज पर आटे की बोरियां भरी हुई थीं।

El trineo había permanecido parado durante horas a temperaturas bajo cero.

स्लेज घंटों तक शून्य से नीचे के तापमान में खड़ी रही।

Los patines del trineo estaban congelados y pegados a la nieve compacta.

स्लेज के धावक बर्फ से चिपके हुए थे।

Los hombres ofrecieron dos a uno de que Buck no podría mover el trineo.

लोगों ने दो-एक की संभावना जताई कि बक स्लेज को नहीं हिला सकेगा।

Se desató una disputa sobre lo que realmente significaba "break out".

इस बात पर विवाद छिड़ गया कि वास्तव में "ब्रेक आउट" का क्या अर्थ है।

O'Brien dijo que Thornton debería aflojar la base congelada del trineo.

ओ'ब्रायन ने कहा कि थॉर्नटन को स्लेज के जमे हुए आधार को ढीला करना चाहिए।

Buck pudo entonces "escapar" de un comienzo sólido e inmóvil.

बक तब एक ठोस, गतिहीन शुरुआत से "बाहर निकल" सकता था।

Matthewson argumentó que el perro también debe liberar a los corredores.

मैथ्यूसन ने तर्क दिया कि कुत्ते को भी धावकों को मुक्त करना होगा।

Los hombres que habían escuchado la apuesta estuvieron de acuerdo con la opinión de Matthewson.

जिन लोगों ने शर्त सुनी थी वे मैथ्यूसन के विचार से सहमत थे।

Con esa decisión, las probabilidades aumentaron a tres a uno en contra de Buck.

इस निर्णय के साथ ही बक के विरुद्ध संभावना तीन-से-एक हो गई।

Nadie se animó a asumir las crecientes probabilidades de tres a uno.

बढ़ती हुई तीन-से-एक की विषमता को स्वीकार करने के लिए कोई भी आगे नहीं आया।

Ningún hombre creyó que Buck pudiera realizar la gran hazaña.

किसी भी व्यक्ति को विश्वास नहीं था कि बक इतना महान कार्य कर सकता है।

Thornton se había apresurado a hacer la apuesta, cargado de dudas.

थॉर्नटन को संदेहों से भरा हुआ शर्त में जल्दबाजी में शामिल किया गया था।

Ahora miró el trineo y el equipo de diez perros que estaba a su lado.

अब उसने स्लेज और उसके पास खड़े दस कुत्तों के दल को देखा।

Ver la realidad de la tarea la hizo parecer más imposible.

कार्य की वास्तविकता को देखकर यह और भी असम्भव लगने लगा।

Matthewson estaba lleno de orgullo y confianza en ese momento.

उस क्षण मैथ्यूसन गर्व और आत्मविश्वास से भरे हुए थे।

—¡Tres a uno! —gritó—. ¡Apuesto mil más, Thornton!

"तीन से एक!" वह चिल्लाया। "मैं एक हज़ार और दांव लगाऊँगा, थॉर्नटन!

"¿Qué dices?" añadió lo suficientemente alto para que todos lo oyeran.

आप क्या कहते हैं?" उन्होंने इतनी ऊंची आवाज में कहा कि सभी सुन सकें।

El rostro de Thornton mostraba sus dudas, pero su ánimo se había elevado.

थॉर्नटन के चेहरे पर संदेह झलक रहा था, लेकिन उसका उत्साह बढ़ गया था।

Ese espíritu de lucha ignoraba las probabilidades y no temía a nada en absoluto.

उस लड़ाकू भावना ने मुश्किलों को नजरअंदाज कर दिया और किसी भी चीज से नहीं डरी।

Llamó a Hans y Pete para que trajeran todo su dinero a la mesa.

उन्होंने हंस और पीट को बुलाया और कहा कि वे अपनी सारी नकदी मेज पर ले आएं।

Les quedaba poco: sólo doscientos dólares en total.

उनके पास बहुत कम पैसा बचा था - कुल मिलाकर केवल दो सौ डॉलर।

Esta pequeña suma constituía su fortuna total en tiempos difíciles.

यह छोटी सी रकम कठिन समय के दौरान उनकी कुल संपत्ति थी।

Aún así, apostaron toda su fortuna contra la apuesta de Matthewson.

फिर भी, उन्होंने मैथ्यूसन की शर्त पर अपनी सारी सम्पत्ति दांव पर लगा दी।

El equipo de diez perros fue desenganchado y se alejó del trineo.

दस कुत्तों की टीम को अलग कर दिया गया और स्लेज से दूर ले जाया गया।

Buck fue colocado en las riendas, vistiendo su arnés familiar.

बक को उसकी परिचित लगाम पहनाकर कमान सौंपी गई।

Había captado la energía de la multitud y sentía la tensión.

उन्होंने भीड़ की ऊर्जा और तनाव को महसूस किया था।

De alguna manera, sabía que tenía que hacer algo por John Thornton.

किसी तरह, उन्हें पता था कि उन्हें जॉन थॉर्नटन के लिए कुछ करना होगा।

La gente murmuraba con admiración ante la orgullosa figura del perro.

लोग कुत्ते की गर्वित आकृति को देखकर प्रशंसा से बड़बड़ाने लगे।

Era delgado y fuerte, sin un solo gramo de carne extra.

वह दुबला-पतला और मजबूत था, उसके शरीर पर एक भी अतिरिक्त मांस नहीं था।

Su peso total de ciento cincuenta libras era todo potencia y resistencia.

उनका पूरा वजन, जो कि एक सौ पचास पाउंड था, शक्ति और सहनशक्ति का प्रतीक था।

El pelaje de Buck brillaba como la seda, espeso y saludable.

बक का कोट रेशम की तरह चमक रहा था, जो स्वास्थ्य और शक्ति से भरपूर था।

El pelaje a lo largo de su cuello y hombros pareció levantarse y erizarse.

उसकी गर्दन और कंधों के पास का फर ऊपर उठ गया और उसमें बाल खड़े हो गए।

Su melena se movía levemente, cada cabello vivo con su gran energía.

उसकी अयाल हल्की सी हिल रही थी, प्रत्येक बाल उसकी महान ऊर्जा से जीवंत था।

Su pecho ancho y sus piernas fuertes hacían juego con su cuerpo pesado y duro.

उसकी चौड़ी छाती और मजबूत पैर उसके भारी, मजबूत शरीर से मेल खाते थे।

Los músculos se ondulaban bajo su abrigo, tensos y firmes como hierro.

उसके कोट के नीचे मांसपेशियाँ फड़क रही थीं, लोहे की तरह सख्त और दृढ़।

Los hombres lo tocaron y juraron que estaba construido como una máquina de acero.

लोग उसे छूकर कसम खाते थे कि वह स्टील मशीन की तरह बना है।

Las probabilidades bajaron levemente a dos a uno contra el gran perro.

महान कुत्ते के खिलाफ बाधाएं थोड़ी कम होकर दो से एक हो गईं।

Un hombre de los bancos Skookum se adelantó, tartamudeando.

स्कूकम बेंचेज से एक आदमी हकलाते हुए आगे बढ़ा।

—¡Bien, señor! ¡Ofrezco ochocientas libras por él, antes del examen, señor!

"अच्छा, सर! मैं उसके लिए आठ सौ की पेशकश करता हूँ - परीक्षण से पहले, सर!"

"¡Ochocientos, tal como está ahora mismo!" insistió el hombre.

"अभी तो आठ सौ है!" आदमी ने जोर देकर कहा।

Thornton dio un paso adelante, sonrió y meneó la cabeza con calma.

थॉर्नटन आगे बढ़े, मुस्कुराये और शांति से अपना सिर हिलाया।

Matthewson intervino rápidamente con una voz de advertencia y el ceño fruncido.

मैथ्यूसन ने तुरंत चेतावनी भरे स्वर में भौंहें सिकोड़ते हुए हस्तक्षेप किया।

—Debes alejarte de él —dijo—. Dale espacio.

उन्होंने कहा, "तुम्हें उससे दूर चले जाना चाहिए। उसे जगह दो।"

La multitud quedó en silencio; sólo los jugadores seguían ofreciendo dos a uno.

भीड़ शांत हो गई; केवल जुआरी ही अब भी दो-दो दांव लगा रहे थे।

Todos admiraban la complexión de Buck, pero la carga parecía demasiado grande.

सभी लोग बक के शरीर की प्रशंसा कर रहे थे, लेकिन उसका वजन बहुत अधिक था।

Veinte sacos de harina, cada uno de cincuenta libras de peso, parecían demasiados.

आटे की बीस बोरियाँ - प्रत्येक का वजन पचास पाउंड - बहुत ज़्यादा लग रही थीं।

Nadie estaba dispuesto a abrir su bolsa y arriesgar su dinero.

कोई भी अपनी थैली खोलने और अपना पैसा जोखिम में डालने को तैयार नहीं था।

Thornton se arrodilló junto a Buck y tomó su cabeza con ambas manos.

थॉर्नटन बक के पास घुटनों के बल बैठ गया और उसके सिर को दोनों हाथों में ले लिया।

Presionó su mejilla contra la de Buck y le habló al oído.

उसने अपना गाल बक के गाल से सटाया और उसके कान में बोला।

Ya no había apretones juguetones ni susurros de insultos amorosos.

अब कोई चंचल हिलाना-डुलाना या फुसफुसाकर प्यार भरी गालियाँ नहीं थीं।

Él sólo murmuró suavemente: "Tanto como me amas, Buck".

वह केवल धीरे से बुदबुदाया, "जितना तुम मुझसे प्यार करते हो, बक।"

Buck dejó escapar un gemido silencioso, su entusiasmo apenas fue contenido.

बक ने धीमी सी कराह निकाली, उसकी उत्सुकता पर कोई काबू नहीं था।

Los espectadores observaron con curiosidad cómo la tensión llenaba el aire.

दर्शक उत्सुकता से देख रहे थे क्योंकि वातावरण में तनाव व्याप्त था।

El momento parecía casi irreal, como algo más allá de la razón.

वह क्षण लगभग अवास्तविक सा लगा, जैसे कुछ तर्क से परे हो।

Cuando Thornton se puso de pie, Buck tomó suavemente su mano entre sus mandíbulas.

जब थॉर्नटन खड़ा हुआ, तो बक ने धीरे से उसका हाथ अपने जबड़े में ले लिया।

Presionó con los dientes y luego lo soltó lenta y suavemente.

उसने अपने दांतों से दबाया, फिर धीरे से और धीरे से छोड़ दिया।

Fue una respuesta silenciosa de amor, no dicha, pero entendida.

यह प्रेम का मौन उत्तर था, बोला हुआ नहीं, बल्कि समझा हुआ।

Thornton se alejó bastante del perro y dio la señal.

थॉर्नटन कुत्ते से काफी पीछे हट गया और संकेत दिया।

—Ahora, Buck —dijo, y Buck respondió con calma y concentración.

"अब, बक," उन्होंने कहा, और बक ने ध्यान केंद्रित कर शांति से जवाब दिया।

Buck apretó las correas y luego las aflojó unos centímetros.

बक ने ट्रेस को पहले कस दिया, फिर कुछ इंच तक ढीला कर दिया।

Éste era el método que había aprendido; su manera de romper el trineo.

यह वह विधि थी जो उसने सीखी थी; स्लेज तोड़ने का उसका तरीका।

—¡Caramba! —gritó Thornton con voz aguda en el pesado silencio.

"जी!" थॉर्नटन चिल्लाया, उसकी आवाज़ भारी सन्नाटे में तीखी थी।

Buck giró hacia la derecha y se lanzó con todo su peso.

बक दाहिनी ओर मुड़ा और अपना पूरा वजन डालकर आगे बढ़ा।

La holgura desapareció y la masa total de Buck golpeó las cuerdas apretadas.

ढीलापन गायब हो गया, और बक का पूरा शरीर तंग पटरियों से टकराया।

El trineo tembló y los patines produjeron un crujido crujiente.

स्लेज कांपने लगी और धावकों ने तीखी चटचटाहट वाली आवाज निकाली।

—¡Ja! —ordenó Thornton, cambiando nuevamente la dirección de Buck.

"हाउ!" थॉर्नटन ने बक की दिशा फिर बदलते हुए आदेश दिया।

Buck repitió el movimiento, esta vez tirando bruscamente hacia la izquierda.

बक ने यही चाल दोहराई, इस बार वह तेजी से बायीं ओर खिंचा।

El trineo crujió más fuerte y los patines crujieron y se movieron.

स्लेज की आवाज तेज हो गई, धावक झटके खाने लगे और इधर-उधर हिलने लगे।

La pesada carga se deslizó ligeramente hacia un lado sobre la nieve congelada.

भारी बोझ जमी हुई बर्फ पर थोड़ा सा बगल की ओर खिसक गया।

¡El trineo se había soltado del sendero helado!

स्लेज बर्फीले रास्ते की पकड़ से मुक्त हो गयी थी!

Los hombres contenían la respiración, sin darse cuenta de que ni siquiera estaban respirando.

पुरुषों ने अपनी सांस रोक ली, उन्हें पता ही नहीं था कि वे सांस भी नहीं ले रहे हैं।

—¡Ahora, TIRA! —gritó Thornton a través del silencio helado.

"अब, खींचो!" थॉर्नटन ने जमी हुई खामोशी के पार चिल्लाकर कहा।

La orden de Thornton sonó aguda, como el chasquido de un látigo.

थॉर्नटन का आदेश चाबुक की तड़तड़ाहट की तरह तीव्र सुनाई दिया।

Buck se lanzó hacia adelante con una estocada feroz y estremecedora.

बक ने स्वयं को एक भयंकर और झटके के साथ आगे की ओर फेंका।

Todo su cuerpo se tensó y se arrugó por la enorme tensión.

उसका पूरा शरीर भारी तनाव के कारण तनावग्रस्त और सिकुड़ गया।

Los músculos se ondulaban bajo su pelaje como serpientes que cobraban vida.

उसके फर के नीचे मांसपेशियाँ ऐसे लहरा रही थीं जैसे जीवित साँप हों।

Su gran pecho estaba bajo y la cabeza estirada hacia delante, hacia el trineo.

उसकी बड़ी छाती नीचे झुकी हुई थी, सिर स्लेज की ओर आगे की ओर बढ़ा हुआ था।

Sus patas se movían como un rayo y sus garras cortaban el suelo helado.

उसके पंजे बिजली की तरह चलते थे, और उसके पंजे जमी हुई ज़मीन को चीरते थे।

Los surcos se abrieron profundos mientras luchaba por cada centímetro de tracción.

वह प्रत्येक इंच पकड़ के लिए संघर्ष कर रहा था, तथा खांचे गहरे हो गए थे।

El trineo se balanceó, tembló y comenzó un movimiento lento e inquieto.

स्लेज हिलने लगी, कांपने लगी और धीमी, असहज गति से चलने लगी।

Un pie resbaló y un hombre entre la multitud gimió en voz alta.

एक पैर फिसला और भीड़ में से एक आदमी जोर से कराह उठा।

Entonces el trineo se lanzó hacia adelante con un movimiento brusco y espasmódico.

तभी स्लेज झटके के साथ, उग्र गति से आगे बढ़ी।

No se detuvo de nuevo: media pulgada... una pulgada... dos pulgadas más.

यह फिर नहीं रुका - आधा इंच...एक इंच...दो इंच और।

Los tirones se hicieron más pequeños a medida que el trineo empezó a ganar velocidad.

जैसे-जैसे स्लेज ने गति पकड़नी शुरू की, झटके कम होते गए।

Pronto Buck estaba tirando con una potencia suave, uniforme y rodante.

जल्द ही बक सहज, समान, लुढ़कती शक्ति के साथ खींचने लगा।

Los hombres jadearon y finalmente recordaron respirar de nuevo.

लोगों की सांस फूलने लगी और अंततः उन्हें दोबारा सांस लेने की याद आई।

No se habían dado cuenta de que su respiración se había detenido por el asombro.

उन्हें पता ही नहीं चला कि भय के कारण उनकी सांसें रुक गई थीं।

Thornton corrió detrás, gritando órdenes breves y alegres.

थॉर्नटन पीछे दौड़ा और छोटे-छोटे, प्रसन्नचित आदेश देता हुआ बोला।

Más adelante había una pila de leña que marcaba la distancia.

आगे लकड़ियों का ढेर था जो दूरी का संकेत दे रहा था।

A medida que Buck se acercaba a la pila, los vítores se hacían cada vez más fuertes.

जैसे ही बक ढेर के पास पहुंचा, जयजयकार और तेज होती गई।

Los aplausos aumentaron hasta convertirse en un rugido cuando Buck pasó el punto final.

जैसे ही बक अंतिम बिंदु से आगे बढ़ा, जयजयकार गर्जना में बदल गई।

Los hombres saltaron y gritaron, incluso Matthewson sonrió.

लोग उछलने लगे और चिल्लाने लगे, यहां तक कि मैथ्यूसन भी मुस्कुराने लगा।

Los sombreros volaron por el aire y los guantes fueron arrojados sin pensar ni rumbo.

टोपियाँ हवा में उड़ने लगीं, दस्ताने बिना सोचे-समझे या उद्देश्य के उछाले जाने लगे।

Los hombres se abrazaron y se dieron la mano sin saber a quién.

पुरुषों ने एक दूसरे को पकड़ लिया और बिना यह जाने कि वे कौन हैं, हाथ मिलाया।

Toda la multitud vibró en una celebración salvaje y alegre.

पूरी भीड़ उन्मत्त, आनन्दपूर्ण उत्सव में झूम उठी।

Thornton cayó de rodillas junto a Buck con manos temblorosas.

थॉर्नटन कांपते हाथों से बक के पास घुटनों के बल बैठ गया।

Apretó su cabeza contra la de Buck y lo sacudió suavemente hacia adelante y hacia atrás.

उसने अपना सिर बक के सिर से सटाया और उसे धीरे से आगे-पीछे हिलाया।

Los que se acercaron le oyeron maldecir al perro con silencioso amor.

जो लोग उसके पास गए, उन्होंने उसे शांत प्रेम से कुत्ते को कोसते हुए सुना।

Maldijo a Buck durante un largo rato, suavemente, cálidamente, con emoción.

वह काफी देर तक बक को गालियाँ देता रहा - धीरे से,
गर्मजोशी से, भावुकता से।

—¡Bien, señor! ¡Bien, señor! —gritó el rey del Banco
Skookum a toda prisa.

"अच्छा, सर! अच्छा, सर!" स्कूकम बैंच राजा ने जल्दी से
चिल्लाया।

—¡Le daré mil, no, mil doscientos, por ese perro, señor!

"मैं आपको उस कुत्ते के लिए एक हज़ार - नहीं, बारह सौ -
दूँगा, सर!"

Thornton se puso de pie lentamente, con los ojos brillantes
de emoción.

थॉर्नटन धीरे-धीरे अपने पैरों पर खड़ा हुआ, उसकी आँखें
भावनाओं से चमक रही थीं।

Las lágrimas corrían abiertamente por sus mejillas sin
ninguna vergüenza.

बिना किसी शर्म के उसके गालों पर खुलकर आँसू बहने लगे।

"Señor", le dijo al rey del Banco Skookum, firme y firme.

"सर," उसने स्कूकम बैंच राजा से स्थिर और दृढ़ स्वर में कहा

—No, señor. Puede irse al infierno, señor. Esa es mi última
respuesta.

"नहीं, सर। आप नरक में जा सकते हैं, सर। यह मेरा अंतिम
उत्तर है।"

Buck agarró suavemente la mano de Thornton con sus
fuertes mandíbulas.

बक ने थॉर्नटन का हाथ धीरे से अपने मजबूत जबड़ों में पकड़
लिया।

Thornton lo sacudió juguetonamente; su vínculo era más
profundo que nunca.

थॉर्नटन ने उसे खेल-खेल में हिलाया, उनका रिश्ता पहले की
तरह गहरा था।

La multitud, conmovida por el momento, retrocedió en silencio.

इस क्षण से द्रवित भीड़ चुपचाप पीछे हट गई।

Desde entonces nadie se atrevió a interrumpir tan sagrado afecto.

तब से, किसी ने भी ऐसे पवित्र स्नेह को बाधित करने का साहस नहीं किया।

El sonido de la llamada
पुकार की ध्वनि

Buck había ganado mil seiscientos dólares en cinco minutos.

बक ने पाँच मिनट में सोलह सौ डॉलर कमा लिये थे।

El dinero permitió a John Thornton pagar algunas de sus deudas.

इस धन से जॉन थॉर्नटन ने अपने कुछ कर्ज चुकाये।

Con el resto del dinero se dirigió al Este con sus socios.

बाकी बचे पैसों से वह अपने साझेदारों के साथ पूर्व की ओर चल पड़ा।

Buscaban una legendaria mina perdida, tan antigua como el país mismo.

वे एक ऐसी खोई हुई खदान की तलाश में थे, जो देश जितनी ही पुरानी थी।

Muchos hombres habían buscado la mina, pero pocos la habían encontrado.

कई लोगों ने खदान की खोज की थी, लेकिन बहुत कम लोग इसे खोज पाए थे।

Más de unos pocos hombres habían desaparecido durante la peligrosa búsqueda.

इस खतरनाक खोज के दौरान कई लोग गायब हो गये थे।

Esta mina perdida estaba envuelta en misterio y vieja tragedia.

यह खोई हुई खदान रहस्य और पुरानी त्रासदी दोनों से लिपटी हुई थी।

Nadie sabía quién había sido el primer hombre que encontró la mina.

कोई नहीं जानता था कि खदान खोजने वाला पहला व्यक्ति कौन था।

Las historias más antiguas no mencionan a nadie por su nombre.

सबसे पुरानी कहानियों में किसी का नाम नहीं लिया गया है।

Siempre había habido allí una antigua y destartalada cabaña.

वहाँ हमेशा से एक पुराना जर्जर केबिन रहा था।

Los hombres moribundos habían jurado que había una mina al lado de aquella vieja cabaña.

मरते हुए लोगों ने कसम खाई थी कि उस पुराने केबिन के बगल में एक बारूदी सुरंग थी।

Probaron sus historias con oro como ningún otro en ningún otro lugar.

उन्होंने अपनी कहानियों को सोने से प्रमाणित किया जैसा अन्यत्र कहीं नहीं मिलता।

Ningún alma viviente había jamás saqueado el tesoro de aquel lugar.

किसी भी जीवित आत्मा ने उस स्थान से खजाना कभी नहीं लूटा था।

Los muertos estaban muertos, y los muertos no cuentan historias.

मरे हुए लोग तो मरे हुए हैं, और मरे हुए लोग कोई कहानी नहीं बताते।

Entonces Thornton y sus amigos se dirigieron al Este.

इसलिए थॉर्नटन और उसके दोस्त पूर्व की ओर चले गए।

Pete y Hans se unieron, trayendo a Buck y seis perros fuertes.

पीट और हंस भी बक और छह मजबूत कुत्तों को साथ लेकर आये।

Se embarcaron en un camino desconocido donde otros habían fracasado.

वे एक अज्ञात रास्ते पर चल पड़े, जहां अन्य लोग असफल हो गए थे।

Se deslizaron en trineo setenta millas por el congelado río Yukón.

उन्होंने जमी हुई युकोन नदी पर सत्तर मील तक स्लेज से यात्रा की।

Giraron a la izquierda y siguieron el sendero hacia Stewart.

वे बायीं ओर मुड़े और स्टीवर्ट नदी के रास्ते पर चले गए।

Pasaron Mayo y McQuestion y siguieron adelante.

वे मेयो और मैक्क्वेश्चन को पार करते हुए आगे बढ़ गए।

El río Stewart se encogió y se convirtió en un arroyo, atravesando picos irregulares.

स्टीवर्ट नदी सिकुड़कर एक धारा में बदल गई, जिसके दांतेदार शिखर उभर आए।

Estos picos afilados marcaban la columna vertebral del continente.

ये तीखी चोटियाँ महाद्वीप की रीढ़ की हड्डी का प्रतीक थीं।

John Thornton exigía poco a los hombres y a la tierra salvaje.

जॉन थॉर्नटन को मनुष्यों या जंगली भूमि से कोई खास अपेक्षा नहीं थी।

No temía a nada de la naturaleza y se enfrentaba a lo salvaje con facilidad.

उन्हें प्रकृति से किसी भी चीज का डर नहीं था और उन्होंने जंगली जीवन का सामना सहजता से किया।

Con sólo sal y un rifle, podría viajar a donde quisiera.

केवल नमक और एक राइफल के साथ वह जहां चाहे यात्रा कर सकता था।

Al igual que los nativos, cazaba alimentos mientras viajaba.

स्थानीय लोगों की तरह वह भी यात्रा करते समय भोजन की तलाश में रहते थे।

Si no pescaba nada, seguía adelante, confiando en que la suerte le acompañaría.

यदि उसे कुछ नहीं मिलता तो वह भाग्य पर भरोसा करते हुए आगे बढ़ता रहता।

En este largo viaje, la carne era lo principal que comían.

इस लम्बी यात्रा में मांस ही मुख्य चीज थी जो उन्होंने खाई।

El trineo contenía herramientas y municiones, pero no un horario estricto.

स्लेज में औजार और गोला-बारूद तो था, लेकिन कोई सख्त समय-सारणी नहीं थी।

A Buck le encantaba este vagabundeo, la caza y la pesca interminables.

बक को यह भ्रमण, अंतहीन शिकार और मछली पकड़ना बहुत पसंद था।

Durante semanas estuvieron viajando día tras día.

कई सप्ताह तक वे लगातार दिन-रात यात्रा करते रहे।

Otras veces montaban campamentos y permanecían allí durante semanas.

कभी-कभी वे शिविर बनाकर हफ्तों तक वहीं रहते थे।

Los perros descansaron mientras los hombres cavaban en la tierra congelada.

जब लोग जमी हुई मिट्टी खोद रहे थे, तब कुत्ते आराम कर रहे थे।

Calentaron sartenes sobre el fuego y buscaron oro escondido.

वे आग पर बर्तन गर्म करते और उसमें छिपे हुए सोने की खोज करते।

Algunos días pasaban hambre y otros días tenían fiestas.

कुछ दिन वे भूखे रहे, और कुछ दिन उन्होंने दावतें खाईं।

Sus comidas dependían de la presa y de la suerte de la caza.

उनका भोजन खेल और शिकार के भाग्य पर निर्भर करता था।

Cuando llegaba el verano, los hombres y los perros cargaban cargas sobre sus espaldas.

जब गर्मियां आती थीं, तो लोग और कुत्ते अपनी पीठ पर बोझ लाद लेते थे।

Navegaron por lagos azules escondidos en bosques de montaña.

उन्होंने पहाड़ी जंगलों में छिपी नीली झीलों पर राफ्टिंग की।

Navegaban en delgadas embarcaciones por ríos que ningún hombre había cartografiado jamás.

वे उन नदियों पर पतली नावें चलाते थे जिनका मानचित्र कभी किसी मनुष्य ने नहीं बनाया था।

Esos barcos se construyeron a partir de árboles que cortaban en la naturaleza.

वे नावें जंगल में काटे गए पेड़ों से बनाई गई थीं।

Los meses pasaron y ellos serpentearon por tierras salvajes y desconocidas.

कई महीने बीत गए और वे जंगली अनजान भूमि से होकर गुज़रते रहे।

No había hombres allí, aunque había rastros antiguos que indicaban que había habido hombres.

वहाँ कोई आदमी नहीं था, फिर भी पुराने निशानों से संकेत मिलता है कि वहाँ आदमी थे।

Si la Cabaña Perdida fue real, entonces otras personas habían pasado por allí alguna vez.

यदि खोया हुआ केबिन वास्तविक था, तो अन्य लोग भी कभी इस रास्ते से आये होंगे।

Cruzaron pasos altos en medio de tormentas de nieve, incluso en verano.

वे बर्फानी तूफानों में भी, यहाँ तक कि गर्मियों के दौरान भी, ऊँचे दर्रे पार करते थे।

Temblaban bajo el sol de medianoche en las laderas desnudas de las montañas.

वे नंगे पहाड़ी ढलानों पर आधी रात के सूरज के नीचे ठिठुर रहे थे।

Entre la línea de árboles y los campos de nieve, subieron lentamente.

वृक्षों और बर्फ के मैदानों के बीच वे धीरे-धीरे चढ़ते रहे।

En los valles cálidos, aplastaban nubes de mosquitos y moscas.

गर्म घाटियों में, वे मक्खियों और मच्छरों के झुंड को मारते थे।

Recogieron bayas dulces cerca de los glaciares en plena floración del verano.

उन्होंने गर्मियों में खिले ग्लेशियरों के पास से मीठे जामुन तोड़े।

Las flores que encontraron eran tan hermosas como las de las Tierras del Sur.

उन्हें जो फूल मिले वे साउथलैंड के फूलों जैसे ही सुन्दर थे।

Ese otoño llegaron a una región solitaria llena de lagos silenciosos.

उस पतझड़ में वे शांत झीलों से भरे एक सुनसान क्षेत्र में पहुँच गये।

La tierra estaba triste y vacía, una vez llena de pájaros y bestias.

यह भूमि उदास और खाली थी, जहां कभी पक्षी और जानवर रहते थे।

Ahora no había vida, sólo el viento y el hielo formándose en charcos.

अब वहाँ कोई जीवन नहीं था, केवल हवा और तालाबों में जमती बर्फ थी।

Las olas golpeaban las orillas vacías con un sonido suave y triste.

लहरें खाली तटों से मृदु, शोकपूर्ण ध्वनि के साथ टकरा रही थीं।

Llegó otro invierno y volvieron a seguir los viejos y tenues senderos.

एक और सर्दी आई और वे फिर से धुंधले, पुराने रास्तों पर चल पड़े।

Éstos eran los rastros de hombres que habían buscado mucho antes que ellos.

ये उन लोगों के निशान थे जिन्होंने इनसे बहुत पहले खोज की थी।

Un día encontraron un camino que se adentraba profundamente en el bosque oscuro.

एक बार उन्हें अंधेरे जंगल में एक रास्ता मिल गया।

Era un sendero antiguo y sintieron que la cabaña perdida estaba cerca.

यह एक पुराना रास्ता था और उन्हें लगा कि खोया हुआ। केबिन नजदीक ही है।

Pero el sendero no conducía a ninguna parte y se perdía en el espeso bosque.

लेकिन रास्ता कहीं नहीं गया और घने जंगल में लुप्त हो गया।

Nadie sabe quién hizo el sendero ni por qué lo hizo.

यह रास्ता किसने बनाया और क्यों बनाया, यह कोई नहीं जानता।

Más tarde encontraron los restos de una cabaña escondidos entre los árboles.

बाद में उन्हें पेड़ों के बीच छिपे एक लॉज का मलबा मिला।

Mantas podridas yacían esparcidas donde alguna vez alguien había dormido.

जहां कभी कोई सोया था, वहां सड़े हुए कम्बल बिखरे पड़े थे।

John Thornton encontró una pistola de chispa de cañón largo enterrada en el interior.

जॉन थॉर्नटन को अंदर दबा हुआ एक लंबी बैरल वाला फ्लिंटलॉक मिला।

Sabía que se trataba de un cañón de la Bahía de Hudson desde los primeros días de su comercialización.

उन्हें शुरुआती कारोबारी दिनों से ही पता था कि यह हडसन बे की बंदूक है।

En aquella época, estas armas se intercambiaban por montones de pieles de castor.

उन दिनों ऐसी बंदूकों का व्यापार ऊदबिलाव की खाल के ढेर के बदले में किया जाता था।

Eso fue todo: no quedó ninguna pista del hombre que construyó el albergue.

बस इतना ही था - लॉज बनाने वाले व्यक्ति का कोई सुराग नहीं बचा।

Llegó nuevamente la primavera y no encontraron ninguna señal de la Cabaña Perdida.

फिर वसंत आया और उन्हें खोए हुए केबिन का कोई निशान नहीं मिला।

En lugar de eso encontraron un valle amplio con un arroyo poco profundo.

इसके बजाय उन्हें एक उथली धारा वाली चौड़ी घाटी मिली।

El oro se extendía sobre el fondo de las sartenes como mantequilla suave y amarilla.

पैन के तले पर चिकने, पीले मक्खन की तरह सोना फैला हुआ था।

Se detuvieron allí y no buscaron más la cabaña.

वे वहीं रुक गए और केबिन की और खोज नहीं की।

Cada día trabajaban y encontraban miles en polvo de oro.

प्रत्येक दिन वे काम करते थे और हजारों की संख्या में सोने की धूल ढूंढते थे।

Empaquetaron el oro en bolsas de piel de alce, de cincuenta libras cada una.

उन्होंने सोने को मूस की खाल से बने बैगों में पैक किया, प्रत्येक बैग का वजन पचास पाउंड था।

Las bolsas estaban apiladas como leña afuera de su pequeña cabaña.

उनके छोटे से लॉज के बाहर बैगों को जलाऊ लकड़ी की तरह ढेर करके रखा गया था।

Trabajaron como gigantes y los días pasaban como sueños rápidos.

वे दिग्गजों की तरह काम करते थे, और दिन सपनों की तरह बीतते थे।

Acumularon tesoros a medida que los días interminables transcurrían rápidamente.

जैसे-जैसे अंतहीन दिन तेजी से बीतते गए, उन्होंने खजाना इकट्ठा करना जारी रखा।

Los perros no tenían mucho que hacer excepto transportar carne de vez en cuando.

कुत्तों के पास अब मांस ढोने के अलावा कोई और काम नहीं था।

Thornton cazó y mató el animal, y Buck se quedó tendido junto al fuego.

थॉर्नटन शिकार करता और उसे मारता था, और बक आग के पास लेटा रहता था।

Pasó largas horas en silencio, perdido en sus pensamientos y recuerdos.

वह कई घंटे मौन रहकर विचारों और स्मृतियों में खोए रहते थे।

La imagen del hombre peludo venía cada vez más a la mente de Buck.

बक के मन में बालों वाले आदमी की छवि बार-बार आती थी।

Ahora que el trabajo escaseaba, Buck soñaba mientras parpadeaba ante el fuego.

अब चूंकि काम कम हो गया था, बक आग के पास आंखें झपकाते हुए सपने देखने लगा।

En esos sueños, Buck vagaba con el hombre en otro mundo.

उन सपनों में, बक उस आदमी के साथ दूसरी दुनिया में भटकता रहा।

El miedo parecía el sentimiento más fuerte en ese mundo distante.

उस दूर के संसार में भय सबसे प्रबल भावना प्रतीत हो रही थी।

Buck vio al hombre peludo dormir con la cabeza gacha.

बक ने देखा कि वह बालों वाला आदमी सिर झुकाए सो रहा था।

Tenía las manos entrelazadas y su sueño era inquieto y entrecortado.

उसके हाथ आपस में बंधे हुए थे और उसकी नींद बेचैन और टूटी हुई थी।

Solía despertarse sobresaltado y mirar con miedo hacia la oscuridad.

वह अचानक जाग जाता था और भयभीत होकर अंधेरे में देखता रहता था।

Luego echaba más leña al fuego para mantener la llama brillante.

फिर वह आग की लौ को तेज बनाए रखने के लिए उसमें और लकड़ियाँ डालता।

A veces caminaban por una playa junto a un mar gris e interminable.

कभी-कभी वे धूसर, अंतहीन समुद्र के किनारे समुद्र तट पर
टहलते थे।

El hombre peludo recogía mariscos y los comía mientras
caminaba.

बालों वाला आदमी चलते-चलते सीपदार मछलियाँ उठाता और
खाता रहा।

Sus ojos buscaban siempre peligros ocultos en las sombras.

उसकी आँखें हमेशा छाया में छिपे खतरों की तलाश में रहती
थीं।

Sus piernas siempre estaban listas para correr ante la
primera señal de amenaza.

खतरे का पहला संकेत मिलते ही उसके पैर दौड़ने के लिए
हमेशा तैयार रहते थे।

Se arrastraron por el bosque, silenciosos y cautelosos, uno al
lado del otro.

वे जंगल में एक-दूसरे के साथ-साथ चुपचाप और सतर्क होकर
रेंगते रहे।

Buck lo siguió de cerca y ambos se mantuvieron alerta.

बक उसके पीछे-पीछे गया, और वे दोनों सतर्क रहे।

Sus orejas se movían y temblaban, sus narices olfateaban el
aire.

उनके कान फड़कने लगे और हिलने लगे, उनकी नाक हवा
सूँघने लगी।

El hombre podía oír y oler el bosque tan agudamente como
Buck.

वह आदमी जंगल की आवाज़ को बक की तरह ही तेज़ी से
सुन और सूंघ सकता था।

El hombre peludo se balanceó entre los árboles con una
velocidad repentina.

बालों वाला आदमी अचानक तेजी से पेड़ों के बीच से गुजरा।

Saltaba de rama en rama sin perder nunca su agarre.

वह एक डाल से दूसरी डाल पर छलांग लगाता रहा, लेकिन उसकी पकड़ कभी ढीली नहीं पड़ी।

Se movió tan rápido sobre el suelo como sobre él.

वह जमीन पर जितनी तेजी से चलता था, उतनी ही तेजी से ऊपर भी चलता था।

Buck recordó las largas noches bajo los árboles, haciendo guardia.

बक को पेड़ों के नीचे पहरा देते हुए बिताई गई लंबी रातें याद थीं।

El hombre dormía recostado en las ramas, aferrado fuertemente.

वह आदमी शाखाओं से चिपककर सो गया।

Esta visión del hombre peludo estaba estrechamente ligada al llamado profundo.

बालों वाले आदमी का यह दर्शन गहरी पुकार से बहुत निकटता से जुड़ा हुआ था।

El llamado aún resonaba en el bosque con una fuerza inquietante.

वह पुकार अभी भी जंगल में भयावह शक्ति के साथ गूंजती है।

La llamada llenó a Buck de anhelo y una inquieta sensación de alegría.

इस कॉल ने बक को लालसा और खुशी की बेचैन भावना से भर दिया।

Sintió impulsos y agitaciones extrañas que no podía nombrar.

उसे अजीब सी इच्छाएं और हलचल महसूस हुई जिनका वह नाम नहीं बता सका।

A veces seguía la llamada hasta lo profundo del tranquilo bosque.

कभी-कभी वह उस पुकार का पीछा करते हुए जंगल की शांत गहराई में चला जाता था।

Buscó el llamado, ladrando suave o agudamente mientras caminaba.

वह पुकार की तलाश में था, चलते समय धीरे से या तेजी से भौंकता हुआ।

Olfateó el musgo y la tierra negra donde crecían las hierbas.

उसने उस जगह पर काई और काली मिट्टी को सूँघा जहाँ घास उगी हुई थी।

Resopló de alegría ante los ricos olores de la tierra profunda.

वह गहरी धरती की समृद्ध गंध से प्रसन्न होकर सूँघने लगा।

Se agazapó durante horas detrás de troncos cubiertos de hongos.

वह घंटों तक फफूंद से ढके पेड़ों के पीछे दुबका रहा।

Se quedó quieto, escuchando con los ojos muy abiertos cada pequeño sonido.

वह चुपचाप खड़ा रहा और अपनी आँखें चौड़ी करके हर छोटी सी आवाज़ को सुनता रहा।

Quizás esperaba sorprender al objeto que le había hecho el llamado.

हो सकता है कि वह उस चीज़ को आश्चर्यचकित करने की आशा कर रहा हो जिसने कॉल दिया था।

Él no sabía por qué actuaba así: simplemente lo hacía.

वह नहीं जानता था कि उसने ऐसा क्यों किया - उसने बस ऐसा किया।

Los impulsos venían desde lo más profundo, más allá del pensamiento o la razón.

ये इच्छाएं भीतर से आती थीं, विचार या तर्क से परे।

Impulsos irresistibles se apoderaron de Buck sin previo aviso ni razón.

अदम्य इच्छाओं ने बिना किसी चेतावनी या कारण के बक को जकड़ लिया।

A veces dormitaba perezosamente en el campamento bajo el calor del mediodía.

कभी-कभी वह दोपहर की गर्मी में शिविर में आलस से झपकी ले रहा था।

De repente, su cabeza se levantó y sus orejas se levantaron en alerta.

अचानक, उसका सिर उठा और उसके कान चौकन्ने होकर ऊपर उठ गये।

Entonces se levantó de un salto y se lanzó hacia lo salvaje sin detenerse.

फिर वह उछल पड़ा और बिना रुके जंगल की ओर भाग गया।

Corrió durante horas por senderos forestales y espacios abiertos.

वह जंगल के रास्तों और खुले स्थानों पर घंटों दौड़ता रहा।

Le encantaba seguir los lechos de los arroyos secos y espiar a los pájaros en los árboles.

उसे सूखी नदियों के किनारे घूमना और पेड़ों पर पक्षियों की जासूसी करना बहुत पसंद था।

Podría permanecer escondido todo el día, mirando a las perdices pavonearse.

वह सारा दिन छिपकर लेटा रह सकता था, और इधर-उधर घूमते तीतरों को देखता रह सकता था।

Ellos tamborilearon y marcharon, sin percatarse de la presencia todavía de Buck.

वे ढोल बजाते और मार्च करते रहे, बक की उपस्थिति से अनभिज्ञ।

Pero lo que más le gustaba era correr al atardecer en verano.

लेकिन उन्हें सबसे ज्यादा पसंद था गर्मियों में शाम के समय दौड़ना।

La tenue luz y los sonidos soñolientos del bosque lo llenaron de alegría.

मंद रोशनी और जंगल की नींद भरी आवाज़ें उसे खुशी से भर रही थीं।

Leyó las señales del bosque tan claramente como un hombre lee un libro.

उन्होंने जंगल के चिह्नों को इतनी स्पष्टता से पढ़ा जैसे कोई व्यक्ति किताब पढ़ता है।

Y siempre buscaba aquella cosa extraña que lo llamaba.

और वह हमेशा उस अजीब चीज़ को खोजता रहता था जो उसे बुलाती थी।

Ese llamado nunca se detuvo: lo alcanzaba despierto o dormido.

वह पुकार कभी रुकी नहीं - वह जागते या सोते समय उसके पास पहुंचती थी।

Una noche, se despertó sobresaltado, con los ojos alerta y las orejas alerta.

एक रात वह अचानक जाग गया, उसकी आँखें तेज़ और कान ऊँचे थे।

Sus fosas nasales se crisparon mientras su melena se erizaba en ondas.

उसके नथुने फड़क रहे थे, जबकि उसके बाल लहरों की तरह खड़े थे।

Desde lo profundo del bosque volvió a oírse el sonido, el viejo llamado.

जंगल के गहरे भाग से फिर वही आवाज़ आई, वही पुरानी पुकार।

Esta vez el sonido sonó claro, un aullido largo, inquietante y familiar.

इस बार आवाज स्पष्ट सुनाई दी, एक लंबी, भयावह, परिचित चीख।

Era como el grito de un husky, pero extraño y salvaje en tono.

यह कर्कश चीख की तरह थी, लेकिन स्वर में अजीब और जंगली।

Buck reconoció el sonido al instante: había oído exactamente el mismo sonido hacía mucho tiempo.

बक को तुरन्त ही वह आवाज पहचान गई - उसने ठीक वैसी ही आवाज बहुत पहले सुनी थी।

Saltó a través del campamento y desapareció rápidamente en el bosque.

वह शिविर से छलांग लगाकर तेजी से जंगल में गायब हो गया।

A medida que se acercaba al sonido, disminuyó la velocidad y se movió con cuidado.

जैसे ही वह आवाज के निकट पहुंचा, उसने अपनी गति धीमी कर ली और सावधानी से आगे बढ़ा।

Pronto llegó a un claro entre espesos pinos.

जल्द ही वह घने देवदार के पेड़ों के बीच एक खुले स्थान पर पहुंच गया।

Allí, erguido sobre sus cuartos traseros, estaba sentado un lobo de bosque alto y delgado.

वहाँ, एक लंबा, दुबला-पतला भेड़िया अपने कूल्हों के बल सीधा बैठा था।

La nariz del lobo apuntaba hacia el cielo, todavía haciendo eco del llamado.

भेड़िये की नाक आसमान की ओर उठी हुई थी, तथा अभी भी आवाज गूंज रही थी।

Buck no había emitido ningún sonido, pero el lobo se detuvo y escuchó.

बक ने कोई आवाज नहीं की, फिर भी भेड़िया रुक गया और सुनने लगा।

Sintiendo algo, el lobo se tensó y buscó en la oscuridad.

कुछ आभास होने पर भेड़िया घबरा गया और अंधेरे में खोज करने लगा।

Buck apareció sigilosamente, con el cuerpo agachado y los pies quietos sobre el suelo.

हिरन धीरे-धीरे नज़र आया, उसका शरीर झुका हुआ था, पैर ज़मीन पर शांत थे।

Su cola estaba recta y su cuerpo enroscado por la tensión.

उसकी पूँछ सीधी थी, उसका शरीर तनाव से कड़ा हो गया था।

Mostró al mismo tiempo una amenaza y una especie de amistad ruda.

उन्होंने धमकी और एक प्रकार की कठोर मित्रता दोनों का प्रदर्शन किया।

Fue el saludo cauteloso que compartían las bestias salvajes.

यह जंगली जानवरों द्वारा किया जाने वाला सतर्क अभिवादन था।

Pero el lobo se dio la vuelta y huyó tan pronto como vio a Buck.

लेकिन जैसे ही भेड़िये ने बक को देखा, वह मुड़कर भाग गया।

Buck lo persiguió, saltando salvajemente, ansioso por alcanzarlo.

बक ने बेतहाशा छलांग लगाते हुए उसका पीछा किया, ताकि वह उससे आगे निकल जाए।

Siguió al lobo hasta un arroyo seco bloqueado por un atasco de madera.

वह भेड़िये का पीछा करते हुए एक सूखी नदी तक पहुंचा जो लकड़ी के ढेर से अवरुद्ध थी।

Acorralado, el lobo giró y se mantuvo firme.

कोने में फँसकर भेड़िया घूम गया और अपनी जगह पर खड़ा हो गया।

El lobo gruñó y mordió a su presa como un perro husky atrapado en una pelea.

भेड़िया किसी लड़ाई में फंसे हुए कर्कश कुत्ते की तरह गुर्राया और झपट पड़ा।

Los dientes del lobo chasquearon rápidamente y su cuerpo se erizó de furia salvaje.

भेड़िये के दांत तेजी से बजने लगे, उसका शरीर भयंकर क्रोध से भर गया।

Buck no atacó, sino que rodeó al lobo con cautelosa amabilidad.

बक ने हमला नहीं किया, बल्कि सावधानीपूर्वक मित्रतापूर्वक भेड़िये के चारों ओर चक्कर लगाया।

Intentó bloquear su escape con movimientos lentos e inofensivos.

उसने धीमी, हानिरहित हरकतों से उसके भागने को रोकने की कोशिश की।

El lobo estaba cauteloso y asustado: Buck pesaba tres veces más que él.

भेड़िया सावधान और डरा हुआ था - बक का वजन उससे तीन गुना ज़्यादा था।

La cabeza del lobo apenas llegaba hasta el enorme hombro de Buck.

भेड़िये का सिर बमुश्किल बक के विशाल कंधे तक पहुंच पाया।

Al acecho de un hueco, el lobo salió disparado y la persecución comenzó de nuevo.

रास्ता देखकर भेड़िया भाग गया और पीछा फिर शुरू हो गया।

Varias veces Buck lo acorraló y el baile se repitió.

कई बार बक ने उसे कोने में धकेला, और नृत्य दोहराया गया।

El lobo estaba delgado y débil, de lo contrario Buck no podría haberlo atrapado.

भेड़िया दुबला-पतला और कमज़ोर था, अन्यथा बक उसे पकड़ नहीं पाता।

Cada vez que Buck se acercaba, el lobo giraba y lo enfrentaba con miedo.

हर बार जब बक उसके निकट आता तो भेड़िया डरकर घूम जाता और उसका सामना करता।

Luego, a la primera oportunidad, se lanzó de nuevo al bosque.

फिर पहला मौका मिलते ही वह एक बार फिर जंगल में भाग गया।

Pero Buck no se dio por vencido y finalmente el lobo comenzó a confiar en él.

लेकिन बक ने हार नहीं मानी और अंततः भेड़िये को उस पर भरोसा हो गया।

Olió la nariz de Buck y los dos se pusieron juguetones y alertas.

उसने बक की नाक सूँघी, और दोनों चंचल और सतर्क हो गए।

Jugaban como animales salvajes, feroces pero tímidos en su alegría.

वे जंगली जानवरों की तरह खेलते थे, अपनी खुशी में वे भयंकर होते हुए भी शर्मीले थे।

Después de un rato, el lobo se alejó trotando con calma y propósito.

थोड़ी देर बाद भेड़िया शांत भाव से चला गया।

Le demostró claramente a Buck que tenía la intención de que lo siguieran.

उन्होंने बक को स्पष्ट रूप से दिखा दिया कि उनका अनुसरण किया जाना चाहिए।

Corrieron uno al lado del otro a través de la penumbra del crepúsculo.

वे गोधूलि के अंधेरे में एक-दूसरे के साथ-साथ दौड़े।

Siguieron el lecho del arroyo hasta el desfiladero rocoso.

वे नाले के किनारे-किनारे चलते हुए चट्टानी घाटी में चले गए।

Cruzaron una divisoria fría donde había comenzado el arroyo.

उन्होंने उस ठण्डे विभाजन को पार किया जहां से धारा शुरू हुई थी।

En la ladera más alejada encontraron un extenso bosque y numerosos arroyos.

दूर ढलान पर उन्हें विस्तृत जंगल और कई नदियाँ मिलीं।

Por esta vasta tierra corrieron durante horas sin parar.

इस विशाल भूमि पर वे घंटों बिना रुके दौड़ते रहे।

El sol salió más alto, el aire se calentó, pero ellos siguieron corriendo.

सूरज ऊपर चढ़ता गया, हवा गर्म होती गई, लेकिन वे दौड़ते रहे।

Buck estaba lleno de alegría: sabía que estaba respondiendo a su llamado.

बक खुशी से भर गया - वह जानता था कि वह अपनी बुलाहट का उत्तर दे रहा है।

Corrió junto a su hermano del bosque, más cerca de la fuente del llamado.

वह अपने जंगली भाई के पास दौड़ा, तथा कॉल के स्रोत के करीब पहुंच गया।

Los viejos sentimientos regresaron, poderosos y difíciles de ignorar.

पुरानी भावनाएँ वापस आ गईं, शक्तिशाली और अनदेखा करना कठिन।

Éstas eran las verdades detrás de los recuerdos de sus sueños.

ये उनके सपनों की यादों के पीछे की सच्चाई थी।

Todo esto ya lo había hecho antes, en un mundo distante y sombrío.

उसने यह सब पहले भी एक दूर और अंधकारमय दुनिया में किया था।

Ahora lo hizo de nuevo, corriendo salvajemente con el cielo abierto encima.

अब उसने फिर ऐसा ही किया, ऊपर खुले आसमान में बेतहाशा दौड़ता हुआ।

Se detuvieron en un arroyo para beber del agua fría que fluía.

वे ठंडे बहते पानी को पीने के लिए एक झरने के पास रुके।

Mientras bebía, Buck de repente recordó a John Thornton.

शराब पीते समय बक को अचानक जॉन थॉर्नटन की याद आ गई।

Se sentó en silencio, desgarrado por la atracción de la lealtad y el llamado.

वह चुपचाप बैठ गया, निष्ठा और आह्वान के खिंचाव से विचलित।

El lobo siguió trotando, pero regresó para impulsar a Buck a seguir adelante.

भेड़िया आगे बढ़ गया, लेकिन बक को आगे बढ़ने के लिए कहने के लिए वापस आया।

Le olisqueó la nariz y trató de convencerlo con gestos suaves.

उसने अपनी नाक सूँघी और कोमल इशारों से उसे मनाने की कोशिश की।

Pero Buck se dio la vuelta y comenzó a regresar por donde había venido.

लेकिन बक पलट गया और जिस रास्ते से आया था उसी रास्ते से वापस जाने लगा।

El lobo corrió a su lado durante un largo rato, gimiendo silenciosamente.

भेड़िया बहुत देर तक उसके बगल में चुपचाप रोता हुआ दौड़ता रहा।

Luego se sentó, levantó la nariz y dejó escapar un largo aullido.

फिर वह बैठ गया, अपनी नाक ऊपर उठाई और एक लंबी चीख निकाली।

Fue un grito triste, que se suavizó cuando Buck se alejó.

यह एक शोकपूर्ण चीख थी, जो बक के चले जाने पर धीमी पड़ गई।

Buck escuchó mientras el sonido del grito se desvanecía lentamente en el silencio del bosque.

बक सुनता रहा, रोने की आवाज धीरे-धीरे जंगल के सन्नाटे में लुप्त हो गई।

John Thornton estaba cenando cuando Buck irrumpió en el campamento.

जॉन थॉर्नटन खाना खा रहे थे जब बक शिविर में घुस आया।

Buck saltó sobre él salvajemente, lamiéndolo, mordiéndolo y haciéndolo caer.

बक उस पर बेतहाशा कूद पड़ा, उसे चाटने, काटने और पटकने लगा।

Lo derribó, se subió encima y le besó la cara.

उसने उसे गिरा दिया, उसके ऊपर चढ़ गया, और उसके चेहरे को चूमा।

Thornton lo llamó con cariño "hacer el tonto en general".

थॉर्नटन ने इसे स्नेहपूर्वक "सामान्य मूर्खता का नाटक" कहा।

Mientras tanto, maldijo a Buck suavemente y lo sacudió de un lado a otro.

इस दौरान वह बक को धीरे से कोसता रहा और उसे आगे-पीछे हिलाता रहा।

Durante dos días y dos noches enteras, Buck no abandonó el campamento ni una sola vez.

पूरे दो दिन और रात तक बक एक बार भी शिविर से बाहर नहीं निकला।

Se mantuvo cerca de Thornton y nunca lo perdió de vista.

वह थॉर्नटन के करीब रहा और उसे कभी अपनी नजरों से ओझल नहीं होने दिया।

Lo siguió mientras trabajaba y lo observó mientras comía.

जब वह काम करता तो वह उसके पीछे-पीछे चलता और जब वह खाता तो वह उसे देखता रहता।

Acompañaba a Thornton con sus mantas por la noche y lo salía cada mañana.

उन्होंने थॉर्नटन को रात में अपने कंबल में और प्रत्येक सुबह बाहर देखा।

Pero pronto el llamado del bosque regresó, más fuerte que nunca.

लेकिन जल्द ही जंगल की आवाज़ वापस आ गई, पहले से भी अधिक तेज़।

Buck volvió a inquietarse, agitado por los pensamientos del lobo salvaje.

जंगली भेड़िये के विचार से बक फिर से बेचैन हो गया।

Recordó el terreno abierto y correr uno al lado del otro.

उसे खुली ज़मीन और साथ-साथ दौड़ना याद आ गया।

Comenzó a vagar por el bosque una vez más, solo y alerta.

वह एक बार फिर जंगल में अकेला और सतर्क होकर घूमने लगा।

Pero el hermano salvaje no regresó y el aullido no se escuchó.

लेकिन जंगली भाई वापस नहीं आया, और चीख़ भी नहीं सुनी गई।

Buck comenzó a dormir a la intemperie, manteniéndose alejado durante días.

बक ने बाहर सोना शुरू कर दिया, और कई दिनों तक बाहर ही रहने लगा।

Una vez cruzó la alta divisoria donde había comenzado el arroyo.

एक बार वह उस ऊंचे विभाजन को पार कर गया जहां से खाड़ी शुरू हुई थी।

Entró en la tierra de la madera oscura y de los arroyos anchos y fluidos.

वह काले घने जंगलों और चौड़ी बहती नदियों के देश में प्रवेश कर गया।

Durante una semana vagó en busca de señales del hermano salvaje.

एक सप्ताह तक वह अपने जंगली भाई के चिन्हों की खोज में घूमता रहा।

Mataba su propia carne y viajaba con pasos largos e incansables.

वह स्वयं अपना मांस मारता था और लम्बे, अथक कदमों से यात्रा करता था।

Pescaba salmón en un ancho río que llegaba al mar.

वह समुद्र तक पहुंचने वाली एक चौड़ी नदी में सैल्मन मछली पकड़ता था।

Allí luchó y mató a un oso negro enloquecido por los insectos.

वहां उन्होंने कीड़ों से परेशान एक काले भालू से लड़ाई की और उसे मार डाला।

El oso estaba pescando y corrió ciegamente entre los árboles.

भालू मछली पकड़ रहा था और अंधाधुंध पेड़ों के बीच से भाग रहा था।

La batalla fue feroz y despertó el profundo espíritu de lucha de Buck.

यह युद्ध बहुत ही भयंकर था, जिसने बक की गहरी लड़ाकू भावना को जगा दिया।

Dos días después, Buck regresó y encontró glotones en su presa.

दो दिन बाद बक वापस लौटा तो उसने देखा कि उसके शिकार स्थल पर वूल्वरिन मौजूद थे।

Una docena de ellos se pelearon con furia y ruidosidad por la carne.

उनमें से एक दर्जन लोग मांस को लेकर शोरगुल मचाते हुए झगड़ने लगे।

Buck cargó y los dispersó como hojas en el viento.

बक ने उन पर हमला किया और उन्हें हवा में उड़ते पत्तों की तरह बिखेर दिया।

Dos lobos permanecieron atrás, silenciosos, sin vida e inmóviles para siempre.

दो भेड़िये पीछे रह गए - हमेशा के लिए चुप, निर्जीव और अविचल।

La sed de sangre se hizo más fuerte que nunca.

खून की प्यास पहले से भी अधिक बढ़ गई।

Buck era un cazador, un asesino, que se alimentaba de criaturas vivas.

बक एक शिकारी था, एक हत्यारा था, जो जीवित प्राणियों को खाकर अपना पेट भरता था।

Sobrevivió solo, confiando en su fuerza y sus sentidos agudos.

वह अपनी ताकत और तीव्र इन्द्रियों पर भरोसा करते हुए अकेले जीवित रहे।

Prosperó en la naturaleza, donde sólo los más resistentes podían vivir.

वह जंगल में पनपा, जहां केवल सबसे मजबूत लोग ही रह सकते थे।

A partir de esto, un gran orgullo surgió y llenó todo el ser de Buck.

इससे बक के पूरे अस्तित्व में एक महान गर्व की भावना उत्पन्न हुई।

Su orgullo se reflejaba en cada uno de sus pasos, en el movimiento de cada músculo.

उसका गर्व उसके हर कदम में, हर मांसपेशी की हलचल में झलकता था।

Su orgullo era tan claro como sus palabras, y se reflejaba en su manera de comportarse.

उनका अभिमान उनकी वाणी की तरह स्पष्ट था, जो उनके व्यवहार से झलकता था।

Incluso su grueso pelaje parecía más majestuoso y brillaba más.

यहां तक कि उसका मोटा कोट भी अधिक राजसी और चमकीला लग रहा था।

Buck podría haber sido confundido con un lobo gigante.

बक को एक विशालकाय लकड़ी भेड़िया समझ लिया गया होगा।

A excepción del color marrón en el hocico y las manchas sobre los ojos.

उसके थूथन पर भूरे रंग और आंखों के ऊपर के धब्बों को छोड़कर।

Y la raya blanca de pelo que corría por el centro de su pecho.

और उसकी छाती के बीच से नीचे तक फैली फर की सफ़ेद लकीर।

Era incluso más grande que el lobo más grande de esa feroz raza.

वह उस खूंखार नस्ल के सबसे बड़े भेड़िये से भी बड़ा था।

Su padre, un San Bernardo, le dio tamaño y complexión robusta.

उनके पिता, जो सेंट बर्नार्ड थे, ने उन्हें आकार और भारी शरीर दिया।

Su madre, una pastora, moldeó esa masa hasta darle forma de lobo.

उनकी मां, जो एक चरवाहा थीं, ने उस विशालकाय शरीर को भेड़िये जैसा आकार दिया।

Tenía el hocico largo de un lobo, aunque más pesado y ancho.

उसका थूथन भेड़िये जैसा लम्बा था, यद्यपि भारी और चौड़ा था।

Su cabeza era la de un lobo, pero construida en una escala enorme y majestuosa.

उसका सिर भेड़िये जैसा था, लेकिन बहुत विशाल और भव्य आकार का था।

La astucia de Buck era la astucia del lobo y de la naturaleza.

बक की चालाकी भेड़िये और जंगली जानवरों जैसी चालाकी थी।

Su inteligencia provenía tanto del pastor alemán como del san bernardo.

उनकी बुद्धिमत्ता जर्मन शेफर्ड और सेंट बर्नार्ड दोनों से आई थी।

Todo esto, más la dura experiencia, lo convirtieron en una criatura temible.

इन सब बातों के साथ-साथ कठोर अनुभवों ने उसे एक डरावना प्राणी बना दिया।

Era tan formidable como cualquier bestia que vagaba por las tierras salvajes del norte.

वह उत्तरी जंगल में विचरण करने वाले किसी भी जानवर के समान ही दुर्जेय था।

Viviendo sólo de carne, Buck alcanzó el máximo nivel de su fuerza.

केवल मांस पर जीवित रहते हुए, बक अपनी शक्ति के पूर्ण शिखर पर पहुंच गया।

Rebosaba poder y fuerza masculina en cada fibra de él.

उसके रोम-रोम में शक्ति और पुरुष शक्ति भरी हुई थी।

Cuando Thornton le acarició la espalda, sus pelos brillaron con energía.

जब थॉर्नटन ने उसकी पीठ पर हाथ फेरा तो उसके बालों में ऊर्जा की चमक आ गयी।

Cada cabello crujió, cargado con el toque de un magnetismo vivo.

प्रत्येक बाल जीवंत चुंबकत्व के स्पर्श से आवेशित होकर खड़खड़ा उठा।

Su cuerpo y su cerebro estaban afinados al máximo nivel posible.

उनका शरीर और मस्तिष्क सर्वोत्तम संभव सुर में लयबद्ध थे।

Cada nervio, fibra y músculo trabajaba en perfecta armonía.

प्रत्येक तंत्रिका, तंतु और मांसपेशी पूर्ण सामंजस्य में काम कर रही थी।

Ante cualquier sonido o visión que requiriera acción, él respondía instantáneamente.

किसी भी ध्वनि या दृश्य पर, जिस पर कार्रवाई की आवश्यकता होती थी, वह तुरंत प्रतिक्रिया देते थे।

Si un husky saltaba para atacar, Buck podía saltar el doble de rápido.

यदि कोई हस्की हमला करने के लिए छलांग लगाता, तो बक दोगुनी तेजी से छलांग लगा सकता था।

Reaccionó más rápido de lo que los demás pudieron verlo o escuchar.

उन्होंने इतनी तेजी से प्रतिक्रिया की कि अन्य लोग देख या सुन भी नहीं पाए।

La percepción, la decisión y la acción se produjeron en un momento fluido.

धारणा, निर्णय और कार्रवाई सभी एक ही क्षण में आ गए।

En realidad, estos actos fueron separados, pero demasiado rápidos para notarlos.

सच तो यह है कि ये क्रियाएं अलग-अलग थीं, लेकिन इतनी तीव्र थीं कि उन पर ध्यान नहीं दिया जा सका।

Los intervalos entre estos actos fueron tan breves que parecían uno solo.

इन कृत्यों के बीच अंतराल इतना कम था कि ऐसा लग रहा था कि वे एक ही हैं।

Sus músculos y su ser eran como resortes fuertemente enrollados.

उसकी मांसपेशियां और शरीर कसकर कुंडलित स्प्रिंगों की तरह थे।

Su cuerpo rebosaba de vida, salvaje y alegre en su poder.

उसका शरीर जीवन से भर गया, उसकी शक्ति उग्र और आनंदित थी।

A veces sentía como si la fuerza fuera a estallar fuera de él por completo.

कभी-कभी उसे ऐसा महसूस होता था कि मानो उसकी सारी शक्ति उसके अंदर से पूरी तरह बाहर निकल जायेगी।

"Nunca vi un perro así", dijo Thornton un día tranquilo.

"ऐसा कुत्ता कभी नहीं था," थॉर्नटन ने एक शांत दिन कहा।

Los socios observaron a Buck alejarse orgullosamente del campamento.

साझेदारों ने बक को गर्व से शिविर से बाहर जाते हुए देखा।

"Cuando lo crearon, cambió lo que un perro puede ser", dijo Pete.

पीट ने कहा, "जब वह बना, तो उसने कुत्ते की असली पहचान ही बदल दी।"

—¡Por Dios! Yo también lo creo —respondió Hans rápidamente.

"हे भगवान! मैं भी ऐसा ही सोचता हूँ," हंस ने तुरंत सहमति जताई।

Lo vieron marcharse, pero no el cambio que vino después.

उन्होंने उसे जाते तो देखा, लेकिन उसके बाद आए बदलाव को नहीं देखा।

Tan pronto como entró en el bosque, Buck se transformó por completo.

जैसे ही वह जंगल में दाखिल हुआ, बक पूरी तरह से बदल गया।

Ya no marchaba, sino que se movía como un fantasma salvaje entre los árboles.

वह अब मार्च नहीं करता था, बल्कि पेड़ों के बीच एक जंगली भूत की तरह घूमता था।

Se quedó en silencio, con pasos de gato, un destello que pasaba entre las sombras.

वह चुप हो गया, बिल्ली के पैरों की तरह, छायाओं के बीच से गुजरती हुई एक झिलमिलाहट की तरह।

Utilizó la cubierta con habilidad, arrastrándose sobre su vientre como serpiente.

वह सांप की तरह पेट के बल रेंगते हुए कुशलता से छिपने लगा।

Y como una serpiente, podía saltar hacia adelante y atacar en silencio.

और साँप की तरह, वह चुपचाप आगे छलांग लगाकर वार कर सकता था।

Podría robar una perdiz nival directamente de su nido escondido.

वह एक तीतर (ptarmigan) को उसके छिपे हुए घोंसले से सीधे चुरा सकता था।

Mató conejos dormidos sin hacer un solo sonido.

उसने बिना कोई आवाज किये सोये हुए खरगोशों को मार डाला।

Podía atrapar ardillas en el aire cuando huían demasiado lentamente.

वह चिपमंक्स को हवा में ही पकड़ सकता था, क्योंकि वे बहुत धीमी गति से भागते थे।

Ni siquiera los peces en los estanques podían escapar de sus ataques repentinos.

यहां तक कि तालाबों में मौजूद मछलियां भी उसके अचानक प्रहार से बच नहीं सकीं।

Ni siquiera los castores más inteligentes que arreglaban presas estaban a salvo de él.

यहां तक कि बांधों की मरम्मत करने वाले चतुर बीवर भी उससे सुरक्षित नहीं थे।

Él mataba por comida, no por diversión, pero prefería matar a sus propias víctimas.

वह भोजन के लिए हत्या करता था, मनोरंजन के लिए नहीं - परन्तु उसे स्वयं शिकार करना अधिक पसंद था।

Aun así, un humor astuto impregnaba algunas de sus cacerías silenciosas.

फिर भी, उनके कुछ मौन शिकारों में एक धूर्त हास्य झलकता था।

Se acercó sigilosamente a las ardillas, pero las dejó escapar.

वह गिलहरियों के करीब गया, ताकि वे भाग सकें।

Iban a huir hacia los árboles, parloteando con terrible indignación.

वे भयभीत होकर बड़बड़ाते हुए पेड़ों की ओर भागने वाले थे।

A medida que llegaba el otoño, los alces comenzaron a
aparecer en mayor número.

जैसे-जैसे पतझड़ आया, मूस बड़ी संख्या में दिखाई देने लगे।

Avanzaron lentamente hacia los valles bajos para
encontrarse con el invierno.

वे सर्दी से बचने के लिए धीरे-धीरे निचली घाटियों की ओर
बढ़े।

Buck ya había derribado a un ternero joven y perdido.

बक पहले ही एक छोटे, आवारा बछड़े को मार गिरा चुका था।

Pero anhelaba enfrentarse a presas más grandes y peligrosas.

लेकिन वह बड़े और अधिक खतरनाक शिकार का सामना
करना चाहता था।

Un día, en la divisoria, a la altura del nacimiento del arroyo,
encontró su oportunidad.

एक दिन, नदी के मुहाने पर, उसे अपना अवसर मिल गया।

Una manada de veinte alces había cruzado desde tierras
boscosas.

बीस मूस का एक झुंड जंगली भूमि से पार हो गया था।

Entre ellos había un poderoso toro; el líder del grupo.

उनमें एक शक्तिशाली बैल भी था, जो समूह का नेता था।

El toro medía más de seis pies de alto y parecía feroz y
salvaje.

बैल छह फुट से अधिक लंबा था और भयंकर एवं जंगली दिख
रहा था।

Lanzó sus anchas astas, con catorce puntas ramificándose
hacia afuera.

उसने अपने चौड़े सींग फड़फड़ाये, जिनमें से चौदह सींग बाहर
की ओर निकले हुए थे।

Las puntas de esas astas se extendían siete pies de ancho.

उन सींगों के सिरे सात फुट तक फैले हुए थे।

Sus pequeños ojos ardieron de rabia cuando vio a Buck
cerca.

जब उसने बक को पास में देखा तो उसकी छोटी-छोटी आंखें क्रोध से जल उठीं।

Soltó un rugido furioso, temblando de furia y dolor.

वह क्रोध और पीड़ा से कांपते हुए भयंकर दहाड़ने लगा।

Una punta de flecha sobresalía cerca de su flanco, emplumada y afilada.

उसके पार्श्व भाग के पास एक तीर का सिरा निकला हुआ था, जो पंखदार और नुकीला था।

Esta herida ayudó a explicar su humor salvaje y amargado.

इस घाव से उनकी क्रूर, कटु मनोदशा को समझने में मदद मिली।

Buck, guiado por su antiguo instinto de caza, hizo su movimiento.

बक ने अपनी प्राचीन शिकार प्रवृत्ति से प्रेरित होकर अपना कदम उठाया।

Su objetivo era separar al toro del resto de la manada.

उसका उद्देश्य बैल को बाकी झुंड से अलग करना था।

No fue una tarea fácil: requirió velocidad y una astucia feroz.

यह कोई आसान काम नहीं था - इसके लिए गति और भयंकर चतुराई की आवश्यकता थी।

Ladró y bailó cerca del toro, fuera de su alcance.

वह बैल के पास भौंकने और नाचने लगा, बस उसकी सीमा से बाहर।

El alce atacó con enormes pezuñas y astas mortales.

मूस अपने विशाल खुरों और घातक सींगों के साथ झपट्टा मारता था।

Un golpe podría haber acabado con la vida de Buck en un instante.

एक ही झटके से बक की जिंदगी खत्म हो सकती थी।

Incapaz de dejar atrás la amenaza, el toro se volvió loco.

खतरे को पीछे छोड़ने में असमर्थ, बैल पागल हो गया।

Él cargó con furia, pero Buck siempre se le escapaba.

वह क्रोध में हमला करने लगा, लेकिन बक हमेशा बच निकलता।

Buck fingió debilidad, lo que lo alejó aún más de la manada.

बक ने कमजोरी का नाटक किया, जिससे वह झुंड से दूर चला गया।

Pero los toros jóvenes estaban a punto de atacar para proteger al líder.

लेकिन युवा बैल अपने नेता की रक्षा के लिए पीछे हटने वाले थे।

Obligaron a Buck a retirarse y al toro a reincorporarse al grupo.

उन्होंने बक को पीछे हटने पर मजबूर कर दिया और बैल को समूह में पुनः शामिल होने पर मजबूर कर दिया।

Hay una paciencia en lo salvaje, profunda e imparable.

जंगल में धैर्य है, गहरा और अजेय।

Una araña espera inmóvil en su red durante incontables horas.

एक मकड़ी अपने जाल में अनगिनत घंटों तक बिना हिले-डुले प्रतीक्षा करती रहती है।

Una serpiente se enrosca sin moverse y espera hasta que llega el momento.

साँप बिना हिले-डुले कुंडली मारकर बैठा रहता है और समय आने तक प्रतीक्षा करता है।

Una pantera acecha hasta que llega el momento.

एक तेंदुआ घात में बैठा रहता है, जब तक कि वह क्षण न आ जाए।

Ésta es la paciencia de los depredadores que cazan para sobrevivir.

यह शिकारियों का धैर्य है जो जीवित रहने के लिए शिकार करते हैं।

Esa misma paciencia ardía dentro de Buck mientras se quedaba cerca.

बक के अंदर भी वही धैर्य जल रहा था, जब वह उसके करीब रहा।

Se quedó cerca de la manada, frenando su marcha y sembrando el miedo.

वह झुंड के पास ही रहा, उसकी गति धीमी कर दी और डर पैदा कर दिया।

Provocaba a los toros jóvenes y acosaba a las vacas madres.

वह युवा बैलों को चिढ़ाता था और माता गायों को परेशान करता था।

Empujó al toro herido hacia una rabia más profunda e impotente.

उसने घायल बैल को और भी अधिक असहाय क्रोध में धकेल दिया।

Durante medio día, la lucha se prolongó sin descanso alguno.

आधे दिन तक लड़ाई बिना किसी आराम के चलती रही।

Buck atacó desde todos los ángulos, rápido y feroz como el viento.

बक ने हर कोण से हमला किया, हवा की तरह तेज़ और भयंकर।

Impidió que el toro descansara o se escondiera con su manada.

उसने बैल को अपने झुंड के साथ आराम करने या छिपने से रोका।

Buck desgastó la voluntad del alce más rápido que su cuerpo.

बक ने मूस की इच्छाशक्ति को उसके शरीर से भी अधिक
तेजी से कमजोर कर दिया।

El día transcurrió y el sol se hundió en el cielo del noroeste.

दिन बीत गया और सूर्य उत्तर-पश्चिमी आकाश में नीचे डूब
गया।

Los toros jóvenes regresaron más lentamente para ayudar a
su líder.

युवा बैल अपने नेता की मदद करने के लिए धीरे-धीरे वापस
लौटे।

Las noches de otoño habían regresado y la oscuridad ahora
duraba seis horas.

पतझड़ की रातें लौट आई थीं और अब अँधेरा छह घंटे तक
रहता था।

El invierno los estaba empujando cuesta abajo hacia valles
más seguros y cálidos.

सर्दी उन्हें सुरक्षित, गर्म घाटियों की ओर नीचे की ओर धकेल
रही थी।

Pero aún así no pudieron escapar del cazador que los retenía.

लेकिन फिर भी वे उस शिकारी से बच नहीं सके जिसने उन्हें
रोक रखा था।

Sólo una vida estaba en juego: no la de la manada, sino la de
su líder.

केवल एक ही जीवन दांव पर लगा था - झुंड का नहीं, केवल
उनके नेता का।

Eso hizo que la amenaza fuera distante y no su preocupación
urgente.

इससे खतरा दूर हो गया और उनकी तत्काल चिंता का विषय
नहीं रहा।

Con el tiempo, aceptaron ese coste y dejaron que Buck se
llevara al viejo toro.

समय के साथ, उन्होंने इस लागत को स्वीकार कर लिया और बक को बूढ़ा बैल लेने दिया।

Al caer la tarde, el viejo toro permanecía con la cabeza gacha.

जैसे ही शाम होने लगी, बूढ़ा बैल अपना सिर नीचे झुकाए खड़ा रहा।

Observó cómo la manada que había guiado se desvanecía en la luz que se desvanecía.

उसने देखा कि जिस झुंड का वह नेतृत्व कर रहा था वह लुप्त हो रही रोशनी में गायब हो गया।

Había vacas que había conocido, terneros que una vez había engendrado.

वहाँ कुछ गायें थीं जिन्हें वह जानता था, कुछ बछड़े थे जिनके पिता वह कभी था।

Había toros más jóvenes con los que había luchado y gobernado en temporadas pasadas.

वहां कुछ युवा बैल थे, जिनसे उसने पिछले सीजनों में लड़ाई की थी और उन पर विजय प्राप्त की थी।

No pudo seguirlos, pues frente a él estaba agazapado nuevamente Buck.

वह उनका पीछा नहीं कर सका - क्योंकि बक फिर से उसके सामने बैठा था।

El terror despiadado con colmillos bloqueó cualquier camino que pudiera tomar.

निर्दयी दांतेदार आतंक ने उसके हर रास्ते को अवरुद्ध कर दिया।

El toro pesaba más de trescientos kilos de densa potencia.

बैल का वजन तीन सौ से अधिक वज़नी था।

Había vivido mucho tiempo y luchado con ahínco en un mundo de luchas.

उन्होंने लंबे समय तक संघर्षपूर्ण जीवन जिया और कड़ा संघर्ष किया।

Pero ahora, al final, la muerte vino de una bestia muy inferior a él.

तथापि अब, अंत में, मृत्यु उससे बहुत नीचे स्थित एक पशु से आई।

La cabeza de Buck ni siquiera llegó a alcanzar las enormes rodillas del toro.

बक का सिर बैल के विशाल घुटनों तक भी नहीं उठा।

A partir de ese momento, Buck permaneció con el toro noche y día.

उस क्षण से बक रात-दिन बैल के साथ रहने लगा।

Nunca le dio descanso, nunca le permitió pastar ni beber.

उसने उसे कभी आराम नहीं करने दिया, कभी चरने या पानी पीने नहीं दिया।

El toro intentó comer brotes tiernos de abedul y hojas de sauce.

बैल ने युवा सन्टी की टहनियाँ और विलो के पत्ते खाने की कोशिश की।

Pero Buck lo ahuyentó, siempre alerta y siempre atacando.

लेकिन बक ने उसे भगा दिया, हमेशा सतर्क और हमेशा हमलावर रहा।

Incluso ante arroyos que goteaban, Buck bloqueó cada intento de sed.

यहां तक कि टपकती धाराओं में भी, बक ने प्यासे लोगों के हर प्रयास को रोक दिया।

A veces, desesperado, el toro huía a toda velocidad.

कभी-कभी, हताश होकर, बैल पूरी गति से भाग जाता था।

Buck lo dejó correr, trotando tranquilamente detrás, nunca muy lejos.

बक ने उसे दौड़ने दिया, वह शांतिपूर्वक उसके पीछे-पीछे दौड़ता रहा, कभी ज्यादा दूर नहीं गया।

Cuando el alce se detuvo, Buck se acostó, pero se mantuvo listo.

जब मूस रुका तो बक लेट गया, लेकिन तैयार रहा।

Si el toro intentaba comer o beber, Buck atacaba con toda furia.

यदि बैल कुछ खाने या पीने की कोशिश करता तो बक पूरे क्रोध से उस पर हमला कर देता।

La gran cabeza del toro se hundió aún más bajo sus enormes astas.

बैल का विशाल सिर उसके विशाल सींगों के नीचे झुक गया।

Su paso se hizo más lento, el trote se hizo pesado, un paso tambaleante.

उसकी चाल धीमी हो गई, उसकी चाल भारी हो गई, वह लड़खड़ाता हुआ चलने लगा।

A menudo se quedaba quieto con las orejas caídas y la nariz pegada al suelo.

वह प्रायः कान और नाक जमीन पर झुकाये स्थिर खड़ा रहता था।

Durante esos momentos, Buck se tomó tiempo para beber y descansar.

उन क्षणों के दौरान, बक ने पानी पीने और आराम करने के लिए समय निकाला।

Con la lengua afuera y los ojos fijos, Buck sintió que la tierra estaba cambiando.

जीभ बाहर निकाले, आँखें स्थिर किये, बक को महसूस हुआ कि धरती बदल रही है।

Sintió algo nuevo moviéndose a través del bosque y el cielo.

उसे जंगल और आकाश में कुछ नया चलता हुआ महसूस हुआ।

A medida que los alces regresaban, también lo hacían otras criaturas salvajes.

जैसे ही मूस वापस लौटा, वैसे ही जंगल के अन्य जीव भी वापस आ गए।

La tierra se sentía viva, con presencia, invisible pero fuertemente conocida.

यह भूमि अस्तित्व से जीवंत महसूस हुई, अदृश्य लेकिन अच्छी तरह से जानी गई।

No fue por el sonido, ni por la vista, ni por el olfato que Buck supo esto.

बक को यह बात न तो ध्वनि से, न दृष्टि से, न ही गंध से पता चली।

Un sentimiento más profundo le decía que nuevas fuerzas estaban en movimiento.

एक गहरी अनुभूति ने उन्हें बताया कि नई शक्तियां आगे बढ़ रही थीं।

Una vida extraña se agitaba en los bosques y a lo largo de los arroyos.

जंगलों और नदियों के किनारे अजीब जीवन की हलचल मची हुई थी।

Decidió explorar este espíritu, después de que la caza se completara.

उन्होंने शिकार पूरा होने के बाद इस आत्मा का पता लगाने का संकल्प लिया।

Al cuarto día, Buck finalmente logró derribar al alce.

चौथे दिन, बक ने अंततः मूस को नीचे गिरा दिया।

Se quedó junto a la presa durante un día y una noche enteros, alimentándose y descansando.

वह पूरा दिन और रात शिकार के पास रहा, उसे खाना खिलाया और आराम किया।

Comió, luego durmió, luego volvió a comer, hasta que estuvo fuerte y lleno.

उसने खाया, फिर सोया, फिर खाया, जब तक कि वह
शक्तिशाली और तृप्त नहीं हो गया।

Cuando estuvo listo, regresó hacia el campamento y
Thornton.

जब वह तैयार हो गया, तो वह वापस शिविर और थॉर्नटन की
ओर मुड़ गया।

Con ritmo constante, inició el largo viaje de regreso a casa.

स्थिर गति से वह घर की लम्बी यात्रा पर निकल पड़ा।

Corría con su incansable galope, hora tras hora, sin desviarse
jamás.

वह घंटों तक बिना थके दौड़ता रहा, एक बार भी नहीं भटका।

A través de tierras desconocidas, se movió recto como la
aguja de una brújula.

अज्ञात भूमियों में वह कम्पास की सुई की तरह सीधे आगे
बढ़ता रहा।

Su sentido de la orientación hacía que el hombre y el mapa
parecieran débiles en comparación.

उनकी दिशा बोध की तुलना में मनुष्य और मानचित्र कमजोर
प्रतीत होते थे।

A medida que Buck corría, sentía con más fuerza la agitación
en la tierra salvaje.

बक जैसे-जैसे भागता गया, उसे जंगली भूमि में हलचल
अधिक तीव्रता से महसूस हुई।

Era un nuevo tipo de vida, diferente a la de los tranquilos
meses de verano.

यह एक नये प्रकार का जीवन था, जो शांत ग्रीष्म महीनों से
भिन्न था।

Este sentimiento ya no llegaba como un mensaje sutil o
distante.

यह अनुभूति अब किसी सूक्ष्म या दूरस्थ संदेश के रूप में नहीं
आती।

Ahora los pájaros hablaban de esta vida y las ardillas parloteaban sobre ella.

अब पक्षी इस जीवन के बारे में बात करने लगे और गिलहरियाँ इसके बारे में चहचहाने लगीं।

Incluso la brisa susurraba advertencias a través de los árboles silenciosos.

यहां तक कि हवा भी खामोश पेड़ों के बीच से चेतावनी फुसफुसा रही थी।

Varias veces se detuvo y olió el aire fresco de la mañana.

कई बार वह रुका और सुबह की ताज़ी हवा को सूँघा।

Allí leyó un mensaje que le hizo avanzar más rápido.

उसने वहां एक संदेश पढ़ा जिससे वह तेजी से आगे बढ़ने लगा।

Una fuerte sensación de peligro lo llenó, como si algo hubiera salido mal.

उसके अंदर खतरे का भारी अहसास भर गया, मानो कुछ गलत हो गया हो।

Temía que se avecinara una calamidad, o que ya hubiera ocurrido.

उसे डर था कि विपत्ति आ रही है - या आ चुकी है।

Cruzó la última cresta y entró en el valle de abajo.

वह आखिरी पहाड़ी को पार कर नीचे घाटी में प्रवेश कर गया।

Se movió más lentamente, alerta y cauteloso con cada paso.

वह धीरे-धीरे आगे बढ़ रहा था, हर कदम पर सतर्क और सावधान।

A tres millas de distancia encontró un nuevo rastro que lo hizo ponerse rígido.

तीन मील आगे जाकर उसे एक नया रास्ता मिला, जिससे उसका मन अकड़ गया।

El cabello de su cuello se onduló y se erizó en señal de alarma.

उसकी गर्दन के बाल घबराकर खड़े हो गए।

El sendero conducía directamente al campamento donde Thornton esperaba.

रास्ता सीधे उस शिविर की ओर ले गया जहां थॉर्नटन इंतजार कर रहा था।

Buck se movió más rápido ahora, su paso era silencioso y rápido.

बक अब और तेजी से चलने लगा, उसकी चाल शांत और तीव्र थी।

Sus nervios se tensaron al leer señales que otros no verían.

जैसे ही उसने उन संकेतों को पढ़ा जिन्हें अन्य लोग नहीं समझ पाए, उसकी घबराहट बढ़ गई।

Cada detalle del recorrido contaba una historia, excepto la pieza final.

निशान का प्रत्येक विवरण एक कहानी कहता था - सिवाय अंतिम टुकड़े के।

Su nariz le contaba sobre la vida que había transcurrido por allí.

उसकी नाक उसे उस जीवन के बारे में बता रही थी जो इस तरह से गुजरा था।

El olor le dio una imagen cambiante mientras lo seguía de cerca.

जैसे ही वह उसके पीछे गया, उसे गंध से बदलती हुई तस्वीर दिखाई दी।

Pero el bosque mismo había quedado en silencio; anormalmente quieto.

लेकिन जंगल शांत हो गया था; अस्वाभाविक रूप से स्थिर।

Los pájaros habían desaparecido, las ardillas estaban escondidas, silenciosas y quietas.

पक्षी गायब हो गए थे, गिलहरियाँ छिप गई थीं, शांत और स्थिर।

Sólo vio una ardilla gris, tumbada sobre un árbol muerto.

उसने केवल एक ग्रे गिलहरी को देखा, जो एक मृत पेड़ पर लेटी हुई थी।

La ardilla se mimetizó, rígida e inmóvil como una parte del bosque.

गिलहरी जंगल के एक हिस्से की तरह अकड़कर और गतिहीन होकर उसमें घुलमिल गई।

Buck se movía como una sombra, silencioso y seguro entre los árboles.

बक छाया की तरह, चुपचाप और निश्चितता के साथ पेड़ों के बीच से गुजर रहा था।

Su nariz se movió hacia un lado como si una mano invisible la tirara.

उसकी नाक बगल की ओर इस तरह झुकी मानो किसी अदृश्य हाथ ने उसे खींचा हो।

Se giró y siguió el nuevo olor hasta lo profundo de un matorral.

वह मुड़ा और नई खुशबू का पीछा करते हुए झाड़ियों की गहराई में चला गया।

Allí encontró a Nig, que yacía muerto, atravesado por una flecha.

वहां उन्होंने निग को मृत अवस्था में पाया, जिसके शरीर में एक तीर लगा हुआ था।

La flecha atravesó su cuerpo y aún se le veían las plumas.

तीर उसके शरीर के आर-पार हो गया, लेकिन पंख अभी भी दिखाई दे रहे थे।

Nig se arrastró hasta allí, pero murió antes de llegar para recibir ayuda.

निग खुद को घसीटकर वहां पहुंचा था, लेकिन मदद पहुंचने से पहले ही उसकी मौत हो गई।

Cien metros más adelante, Buck encontró otro perro de trineo.

सौ गज आगे बक को एक और स्लेज कुत्ता मिला।

Era un perro que Thornton había comprado en Dawson City.

यह एक कुत्ता था जिसे थॉर्नटन ने डावसन सिटी से खरीदा था।

El perro se encontraba en una lucha a muerte, agitándose con fuerza en el camino.

कुत्ता मौत से संघर्ष कर रहा था, रास्ते पर जोर-जोर से छटपटा रहा था।

Buck pasó a su alrededor, sin detenerse, con los ojos fijos hacia adelante.

बक उसके चारों ओर से गुजरा, बिना रुके, उसकी आँखें सामने की ओर टिकी रहीं।

Desde la dirección del campamento llegaba un canto distante y rítmico.

शिविर की दिशा से दूर से लयबद्ध जयघोष की ध्वनि आ रही थी।

Las voces subían y bajaban en un tono extraño, inquietante y cantarín.

आवाजें अजीब, भयानक, गायन-गीत जैसी स्वर में उठती और गिरती रहीं।

Buck se arrastró hacia el borde del claro en silencio.

बक चुपचाप रेंगता हुआ मैदान के किनारे तक चला गया।

Allí vio a Hans tendido boca abajo, atravesado por muchas flechas.

वहां उसने देखा कि हंस अनेक बाणों से घायल होकर मुंह के बल लेटा हुआ है।

Su cuerpo parecía el de un puercoespín, erizado de plumas.

उसका शरीर साही जैसा लग रहा था, जिसके पंख लगे हुए थे।

En ese mismo momento, Buck miró hacia la cabaña en ruinas.

उसी क्षण, बक ने खंडहर हो चुके लॉज की ओर देखा।

La visión hizo que se le erizara el pelo de la nuca y de los hombros.

यह दृश्य देखकर उसकी गर्दन और कंधों के रोंगटे खड़े हो गए।

Una tormenta de furia salvaje recorrió todo el cuerpo de Buck.

बक के पूरे शरीर में भयंकर क्रोध का तूफान दौड़ गया।

Gruñó en voz alta, aunque no sabía que lo había hecho.

वह जोर से गुर्राया, हालांकि उसे पता नहीं था कि उसने ऐसा किया है।

El sonido era crudo, lleno de furia aterradora y salvaje.

आवाज़ कच्ची थी, डरावनी, क्रूर क्रोध से भरी हुई।

Por última vez en su vida, Buck perdió la razón ante la emoción.

अपने जीवन में अंतिम बार बक ने अपनी भावनाओं पर काबू नहीं पाया।

Fue el amor por John Thornton lo que rompió su cuidadoso control.

यह जॉन थॉर्नटन के प्रति प्रेम ही था जिसने उनके सावधानीपूर्वक नियंत्रण को तोड़ दिया।

Los Yeehats estaban bailando alrededor de la cabaña de abetos en ruinas.

यीहाट्स बर्बाद स्प्रूस लॉज के चारों ओर नृत्य कर रहे थे।

Entonces se escuchó un rugido y una bestia desconocida cargó hacia ellos.

तभी एक दहाड़ सुनाई दी और एक अज्ञात जानवर उनकी ओर झपटा।

Era Buck; una furia en movimiento; una tormenta viviente de venganza.

यह बक था; गतिमान रोष; प्रतिशोध का जीवंत तूफान।

Se arrojó en medio de ellos, loco por la necesidad de matar.

वह उनके बीच में कूद पड़ा, और उसे मारने की इच्छा से वह पागल हो गया।

Saltó hacia el primer hombre, el jefe Yeehat, y acertó.

वह पहले आदमी, यीहाट प्रमुख, पर झपटा और सीधा वार किया।

Su garganta fue desgarrada y la sangre brotó a chorros.

उसका गला फट गया था और खून की धार बह रही थी।

Buck no se detuvo, sino que desgarró la garganta del siguiente hombre de un salto.

बक रुका नहीं, बल्कि एक ही छलांग में अगले आदमी का गला फाड़ दिया।

Era imparable: desgarraba, cortaba y nunca se detenía a descansar.

वह अजेय था - फाड़ता, काटता, कभी रुकता नहीं।

Se lanzó y saltó tan rápido que sus flechas no pudieron tocarlo.

वह इतनी तेजी से उछला कि उनके बाण उसे छू नहीं सके।

Los Yeehats estaban atrapados en su propio pánico y confusión.

येहट्स अपनी ही घबराहट और असमंजस में फंस गए थे।

Sus flechas no alcanzaron a Buck y se alcanzaron entre sí.

उनके तीर बक को छूते हुए एक दूसरे पर जा लगे।

Un joven le lanzó una lanza a Buck y golpeó a otro hombre.

एक युवक ने बक पर भाला फेंका जो दूसरे व्यक्ति को लगा।

La lanza le atravesó el pecho y la punta le atravesó la espalda.

भाला उसकी छाती में घुस गया, और उसकी नोक उसकी पीठ पर लगी।

El terror se apoderó de los Yeehats y se retiraron por completo.

यीहाट्स पर आतंक छा गया और वे पूरी तरह से पीछे हटने लगे।

Gritaron al Espíritu Maligno y huyeron hacia las sombras del bosque.

वे दुष्ट आत्मा को भगाने के लिए चिल्लाए और जंगल की छाया में भाग गए।

En verdad, Buck era como un demonio mientras perseguía a los Yeehats.

सचमुच, बक एक राक्षस की तरह था, जब वह यीहाट्स का पीछा कर रहा था।

Él los persiguió a través del bosque, derribándolos como si fueran ciervos.

वह जंगल में उनका पीछा करता हुआ हिरणों की तरह उन्हें नीचे गिराने लगा।

Se convirtió en un día de destino y terror para los asustados Yeehats.

भयभीत यीहाट्स के लिए यह भाग्य और आतंक का दिन बन गया।

Se dispersaron por toda la tierra, huyendo lejos en todas direcciones.

वे देश भर में बिखर गए और हर दिशा में दूर-दूर तक भाग गए।

Pasó una semana entera antes de que los últimos supervivientes se reunieran en un valle.

एक पूरा सप्ताह बीत जाने के बाद आखिरी बचे लोग घाटी में मिले।

Sólo entonces contaron sus pérdidas y hablaron de lo sucedido.

उसके बाद ही उन्होंने अपने नुकसानों का हिसाब लगाया और जो कुछ हुआ उसके बारे में बताया।

Buck, después de cansarse de la persecución, regresó al campamento en ruinas.

बक, पीछा करते-करते थक गया और बर्बाद शिविर में लौट आया।

Encontró a Pete, todavía en sus mantas, muerto en el primer ataque.

उन्होंने पाया कि पीट अभी भी अपने कम्बल में था और पहले हमले में मारा गया था।

Las señales de la última lucha de Thornton estaban marcadas en la tierra cercana.

थॉर्नटन के अंतिम संघर्ष के निशान पास की मिट्टी में अंकित थे।

Buck siguió cada rastro, olfateando cada marca hasta un punto final.

बक ने हर निशान का पीछा किया, प्रत्येक निशान को अंतिम बिंदु तक सूँघता रहा।

En el borde de un estanque profundo, encontró al fiel Skeet, tumbado inmóvil.

एक गहरे तालाब के किनारे उसे अपनी वफादार स्कीट निश्चल पड़ी हुई मिली।

La cabeza y las patas delanteras de Skeet estaban en el agua, inmóviles por la muerte.

स्कीट का सिर और अगले पंजे पानी में थे, मृत्यु के बाद भी वे हिल नहीं रहे थे।

La piscina estaba fangosa y contaminada por el agua que salía de las compuertas.

पूल कीचड़युक्त था तथा स्लुइस बक्सों से बहते पानी के कारण दूषित हो गया था।

Su superficie nublada ocultaba lo que había debajo, pero Buck sabía la verdad.

इसकी धुंधली सतह ने उसके नीचे छिपी हुई चीज़ों को छिपा दिया, लेकिन बक को सच्चाई पता थी।

Siguió el rastro del olor de Thornton hasta la piscina, pero el olor no lo condujo a ningún otro lugar.

उन्होंने थॉर्नटन की गंध को पूल तक पहुंचाया - लेकिन वह गंध कहीं और नहीं ले गई।

No había ningún olor que indicara que salía, solo el silencio de las aguas profundas.

वहाँ कोई सुगंध नहीं थी - केवल गहरे पानी का सन्नाटा था।

Buck permaneció todo el día cerca de la piscina, paseando de un lado a otro del campamento con tristeza.

सारा दिन बक पूल के पास रहा और दुःख में शिविर में घूमता रहा।

Vagaba inquieto o permanecía sentado en silencio, perdido en pesados pensamientos.

वह बेचैनी से घूमता रहता था या फिर शांति से बैठा रहता था, गहरे विचारों में खोया रहता था।

Él conocía la muerte; el fin de la vida; la desaparición de todo movimiento.

वह मृत्यु को जानता था; जीवन का अंत; समस्त गति का लुप्त हो जाना।

Comprendió que John Thornton se había ido y que nunca regresaría.

वह समझ गया कि जॉन थॉर्नटन चला गया है और कभी वापस नहीं आएगा।

La pérdida dejó en él un vacío que palpitaba como el hambre.

इस क्षति ने उसके अंदर एक खालीपन पैदा कर दिया था जो भूख की तरह धड़क रहा था।

Pero ésta era un hambre que la comida no podía calmar, por mucho que comiera.

लेकिन यह ऐसी भूख थी जिसे भोजन से शांत नहीं किया जा सकता था, चाहे वह कितना भी खा ले।

A veces, mientras miraba a los Yeehats muertos, el dolor se desvanecía.

कभी-कभी, जब वह मृत यीहट्स को देखता, तो उसका दर्द गायब हो जाता।

Y entonces un orgullo extraño surgió dentro de él, feroz y completo.

और फिर उसके अंदर एक अजीब सा गर्व जाग उठा, भयंकर और पूर्ण।

Había matado al hombre, la presa más alta y peligrosa de todas.

उसने मनुष्य को मार डाला था, जो सबसे बड़ा और सबसे खतरनाक खेल था।

Había matado desafiando la antigua ley del garrote y el colmillo.

उसने प्राचीन कानून, गदा और नुकीले हथियार की अवहेलना करते हुए हत्या की थी।

Buck olió sus cuerpos sin vida, curioso y pensativo.

बक ने उत्सुकता और विचार से उनके निर्जीव शरीरों को सूँघा।

Habían muerto con tanta facilidad, mucho más fácil que un husky en una pelea.

वे बहुत आसानी से मर गए थे - किसी लड़ाई में किसी हस्की की मृत्यु से भी अधिक आसानी से।

Sin sus armas, no tenían verdadera fuerza ni representaban una amenaza.

हथियारों के बिना, उनके पास कोई वास्तविक ताकत या खतरा नहीं था।

Buck nunca volvería a temerles, a menos que estuvieran armados.

बक को उनसे कभी डर नहीं लगने वाला था, जब तक कि वे हथियारबंद न हों।

Sólo tenía cuidado cuando llevaban garrotes, lanzas o flechas.

केवल तभी जब वे लाठियां, भाले या तीर लेकर आते थे, वह सावधान हो जाता था।

Cayó la noche y la luna llena se elevó por encima de las copas de los árboles.

रात हो गई और पूरा चाँद पेड़ों की चोटियों से ऊपर उठ गया।

La pálida luz de la luna bañaba la tierra con un resplandor suave y fantasmal, como el del día.

चाँद की पीली रोशनी ने धरती को दिन के समान एक नरम, भूतिया चमक से नहला दिया।

A medida que la noche avanzaba, Buck seguía de luto junto al estanque silencioso.

जैसे-जैसे रात गहराती गई, बक अभी भी शांत तालाब के पास विलाप कर रहा था।

Entonces se dio cuenta de que había un movimiento diferente en el bosque.

तभी उसे जंगल में एक अलग हलचल का अहसास हुआ।

El movimiento no provenía de los Yeehats, sino de algo más antiguo y más profundo.

यह हलचल यीहाट्स से नहीं, बल्कि किसी पुरानी और गहरी चीज से थी।

Se puso de pie, con las orejas levantadas y la nariz palpando la brisa con cuidado.

वह खड़ा हो गया, कान ऊपर उठाए, नाक से हवा का ध्यानपूर्वक परीक्षण किया।

Desde lejos llegó un grito débil y agudo que rompió el silencio.

दूर से एक हल्की, तीखी चीख आई जिसने सन्नाटे को चीर दिया।

Luego, un coro de gritos similares siguió de cerca al primero.

फिर पहले के ठीक पीछे समान प्रकार की चीखों का एक समूह गूंज उठा।

El sonido se acercaba cada vez más y se hacía más fuerte a cada momento que pasaba.

आवाज़ पास आती गई और हर पल तेज़ होती गई।

Buck conocía ese grito: venía de ese otro mundo en su memoria.

बक इस चीख को जानता था - यह उसकी स्मृति में उस दूसरी दुनिया से आई थी।

Caminó hasta el centro del espacio abierto y escuchó atentamente.

वह खुले स्थान के मध्य में चला गया और ध्यान से सुनने लगा।

El llamado resonó, múltiple y más poderoso que nunca.

यह आह्वान गूंज उठा, अनेकों बार सुना गया तथा पहले से भी अधिक शक्तिशाली था।

Y ahora, más que nunca, Buck estaba listo para responder a su llamado.

और अब, पहले से कहीं अधिक, बक अपनी बुलाहट का उत्तर देने के लिए तैयार था।

John Thornton había muerto y ya no tenía ningún vínculo con el hombre.

जॉन थॉर्नटन मर चुका था, और उसके भीतर मनुष्य के प्रति कोई बंधन नहीं बचा था।

El hombre y todos sus derechos humanos habían desaparecido: él era libre por fin.

मनुष्य और सभी मानवीय दावे समाप्त हो गए थे - वह अंततः स्वतंत्र था।

La manada de lobos estaba persiguiendo carne como lo hicieron alguna vez los Yeehats.

भेड़ियों का झुंड मांस की तलाश में था, जैसे कभी येहट्स ने किया था।

Habían seguido a los alces desde las tierras boscosas.

वे जंगल वाली भूमि से मूस का पीछा करते हुए नीचे आये थे।

Ahora, salvajes y hambrientos de presa, cruzaron hacia su valle.

अब, वे जंगली और शिकार के भूखे थे, इसलिए वे उसकी घाटी में चले गए।

Llegaron al claro iluminado por la luna, fluyendo como agua plateada.

वे चाँदनी रात में चाँदी के पानी की तरह बहते हुए आये।

Buck permaneció quieto en el centro, inmóvil y esperándolos.

बक बीच में स्थिर खड़ा रहा, बिना हिले-डुले, उनका इंतजार करता रहा।

Su tranquila y gran presencia dejó a la manada en un breve silencio.

उनकी शांत, विशाल उपस्थिति ने समूह को कुछ देर के लिए मौन में डाल दिया।

Entonces el lobo más atrevido saltó hacia él sin dudarlo.

तभी सबसे साहसी भेड़िया बिना किसी हिचकिचाहट के सीधे उस पर झपटा।

Buck atacó rápidamente y rompió el cuello del lobo de un solo golpe.

बक ने तेजी से वार किया और एक ही झटके में भेड़िये की गर्दन तोड़ दी।

Se quedó inmóvil nuevamente mientras el lobo moribundo se retorcía detrás de él.

वह फिर से निश्चल खड़ा रहा, जबकि मरता हुआ भेड़िया उसके पीछे घूम गया।

Tres lobos más atacaron rápidamente, uno tras otro.

एक के बाद एक तीन और भेड़ियों ने तेजी से हमला कर दिया।

Todos retrocedieron sangrando, con la garganta o los hombros destrozados.

प्रत्येक व्यक्ति खून से लथपथ होकर पीछे हट गया, उसके गले या कंधे कट गए।

Eso fue suficiente para que toda la manada se lanzara a una carga salvaje.

यह पूरे समूह को उग्र आक्रमण के लिए प्रेरित करने के लिए पर्याप्त था।

Se precipitaron juntos, demasiado ansiosos y apiñados para golpear bien.

वे एक साथ दौड़े, इतने उत्सुक और भीड़ में कि कोई अच्छा हमला नहीं कर सका।

La velocidad y habilidad de Buck le permitieron mantenerse por delante del ataque.

बक की गति और कौशल ने उन्हें हमले से आगे रहने में मदद की।

Giró sobre sus patas traseras, chasqueando y golpeando en todas direcciones.

वह अपने पिछले पैरों पर घूमकर सभी दिशाओं में वार करने लगा।

Para los lobos, esto parecía como si su defensa nunca se abriera ni flaqueara.

भेड़ियों को ऐसा लगा जैसे उनका बचाव कभी खुला ही नहीं या कभी लड़खड़ाया ही नहीं।

Se giró y atacó tan rápido que no pudieron alcanzarlo.

वह इतनी तेजी से मुड़ा और वार किया कि वे उसके पीछे नहीं आ सके।

Sin embargo, su número le obligó a ceder terreno y retroceder.

फिर भी, उनकी संख्या ने उन्हें पीछे हटने पर मजबूर कर दिया।

Pasó junto a la piscina y bajó al lecho rocoso del arroyo.

वह तालाब के पास से होते हुए नीचे चट्टानी नाले में चला गया।

Allí se topó con un empinado banco de grava y tierra.

वहाँ उसे बजरी और मिट्टी का एक गहरा किनारा मिला।

Se metió en un rincón cortado durante la antigua excavación de los mineros.

वह खनिकों द्वारा की गई पुरानी खुदाई के दौरान काटे गए एक कोने में जा घुसा।

Ahora, protegido por tres lados, Buck se enfrentaba únicamente al lobo frontal.

अब, तीन तरफ से सुरक्षित, बक को केवल सामने वाले भेड़िये का सामना करना पड़ा।

Allí se mantuvo a raya, listo para la siguiente ola de asalto.

वहां, वह अगले हमले के लिए तैयार खड़ा था।

Buck se mantuvo firme con tanta fiereza que los lobos retrocedieron.

बक ने इतनी दृढ़ता से अपना स्थान बनाए रखा कि भेड़िये पीछे हट गए।

Después de media hora, estaban agotados y visiblemente derrotados.

आधे घंटे के बाद वे थक चुके थे और स्पष्टतः पराजित दिख रहे थे।

Sus lenguas colgaban y sus colmillos blancos brillaban a la luz de la luna.

उनकी जीभें बाहर लटक रही थीं, उनके सफ़ेद नुकीले दांत चाँदनी में चमक रहे थे।

Algunos lobos se tumbaron, con la cabeza levantada y las orejas apuntando hacia Buck.

कुछ भेड़िये लेट गए, सिर उठाए, कान बक की ओर तान दिए।

Otros permanecieron inmóviles, alertas y observando cada uno de sus movimientos.

अन्य लोग स्थिर खड़े रहे, सतर्क रहे और उसकी हर हरकत पर नजर रखी।

Algunos se acercaron a la piscina y bebieron agua fría.

कुछ लोग पूल के पास चले गए और ठंडे पानी का आनंद लेने लगे।

Entonces un lobo gris, largo y delgado, se acercó sigilosamente.

तभी एक लम्बा, दुबला भूरा भेड़िया धीरे से आगे बढ़ा।

Buck lo reconoció: era el hermano salvaje de antes.

बक ने उसे पहचान लिया - यह तो पहले वाला जंगली भाई था।

El lobo gris gimió suavemente y Buck respondió con un gemido.

भूरे भेड़िये ने धीरे से रोना शुरू किया, और बक ने भी कराहते हुए जवाब दिया।

Se tocaron las narices, en silencio y sin amenaza ni miedo.

उन्होंने चुपचाप, बिना किसी धमकी या डर के, एक-दूसरे की नाकें छूईं।

Luego vino un lobo más viejo, demacrado y lleno de cicatrices por muchas batallas.

इसके बाद एक बूढ़ा भेड़िया आया, जो कई लड़ाइयों के कारण दुबला-पतला और जख्मी था।

Buck empezó a gruñir, pero se detuvo y olió la nariz del viejo lobo.

बक गुर्राने लगा, लेकिन फिर रुका और बूढ़े भेड़िये की नाक सूँघने लगा।

El viejo se sentó, levantó la nariz y aulló a la luna.

बूढ़ा बैठ गया, अपनी नाक उठाई, और चाँद को देखकर चिल्लाया।

El resto de la manada se sentó y se unió al largo aullido.

बाकी लोग बैठ गए और लम्बी चीख़ में शामिल हो गए।

Y ahora el llamado llegó a Buck, inconfundible y fuerte.

और अब बक के पास कॉल आई, स्पष्ट और मजबूत।

Se sentó, levantó la cabeza y aulló con los demás.

वह बैठ गया, अपना सिर उठाया और दूसरों के साथ चिल्लाने लगा।

Cuando terminaron los aullidos, Buck salió de su refugio rocoso.

जब चीखना बंद हुआ तो बक अपने चट्टानी आश्रय से बाहर निकला।

La manada se cerró a su alrededor, olfateando con amabilidad y cautela.

झुंड उसके चारों ओर घिर गया, और दयालुता तथा सावधानी से सूँघने लगा।

Entonces los líderes dieron un grito y salieron corriendo hacia el bosque.

तब नेता चिल्लाये और जंगल में भाग गये।

Los demás lobos los siguieron, aullando a coro, salvajes y rápidos en la noche.

अन्य भेड़िये भी रात में तेजी से और बेतहाशा चिल्लाते हुए उनके पीछे-पीछे आ गए।

Buck corrió con ellos, al lado de su hermano salvaje, aullando mientras corría.

बक उनके साथ, अपने जंगली भाई के पास, भागता हुआ
चिल्ला रहा था।

Aquí la historia de Buck llega bien a su fin.
यहाँ, बक की कहानी अपने अंत तक पहुँचती है।
En los años siguientes, los Yeehat notaron lobos extraños.
इसके बाद के वर्षों में, यीहाट्स ने अजीब भेड़ियों को देखा।
Algunos tenían la cabeza y el hocico de color marrón y el
pecho de color blanco.
कुछ के सिर और थूथन भूरे रंग के थे, तथा छाती सफेद रंग
की थी।
Pero aún más temían una figura fantasmal entre los lobos.
लेकिन इससे भी अधिक उन्हें भेड़ियों के बीच एक भूतिया
आकृति का डर था।
Hablaban en susurros del Perro Fantasma, líder de la
manada.
वे झुंड के नेता भूत कुत्ते के बारे में फुसफुसाते हुए बात कर
रहे थे।
Este perro fantasma tenía más astucia que el cazador Yeehat
más audaz.
इस भूत कुत्ते में सबसे साहसी यीहट शिकारी से भी अधिक
चालाकी थी।
El perro fantasma robó de los campamentos en pleno
invierno y destrozó sus trampas.
भूत कुत्ता गहरी सर्दियों में शिविरों से चोरी करता था और
उनके जालों को फाड़ देता था।
El perro fantasma mató a sus perros y escapó de sus flechas
sin dejar rastro.
भूत कुत्ते ने उनके कुत्तों को मार डाला और बिना किसी निशान
के उनके तीरों से बच निकला।

Incluso sus guerreros más valientes temían enfrentarse a este espíritu salvaje.

यहां तक कि उनके सबसे बहादुर योद्धा भी इस जंगली आत्मा का सामना करने से डरते थे।

No, la historia se vuelve aún más oscura a medida que pasan los años en la naturaleza.

नहीं, जंगल में जैसे-जैसे वर्ष बीतते जाते हैं, कहानी और भी गहरी होती जाती है।

Algunos cazadores desaparecen y nunca regresan a sus campamentos distantes.

कुछ शिकारी गायब हो जाते हैं और अपने दूरस्थ शिविरों में कभी वापस नहीं लौटते।

Otros aparecen con la garganta abierta, muertos en la nieve.

अन्य लोगों के गले कटे हुए तथा बर्फ में मृत पाए गए हैं।

Alrededor de sus cuerpos hay huellas más grandes que las que cualquier lobo podría dejar.

उनके शरीर के चारों ओर निशान हैं - किसी भी भेड़िये द्वारा बनाए गए निशानों से बड़े।

Cada otoño, los Yeehats siguen el rastro del alce.

प्रत्येक शरद ऋतु में, यीहाट्स मूस के निशान का अनुसरण करते हैं।

Pero evitan un valle con el miedo grabado en lo profundo de sus corazones.

लेकिन वे अपने दिलों में गहरे डर के साथ एक घाटी से बचते हैं।

Dicen que el valle fue elegido por el Espíritu Maligno para vivir.

वे कहते हैं कि इस घाटी को दुष्ट आत्मा ने अपने घर के लिए चुना है।

Y cuando se cuenta la historia, algunas mujeres lloran junto al fuego.

और जब कहानी सुनाई जाती है, तो कुछ महिलाएं आग के पास बैठकर रोती हैं।

Pero en verano, un visitante llega a ese tranquilo valle sagrado.

लेकिन गर्मियों में, एक पर्यटक उस शांत, पवित्र घाटी में आता है।

Los Yeehats no saben de él, ni tampoco pueden entenderlo.

येहात लोग न तो उसके विषय में जानते थे, न ही उसे समझ सकते थे।

El lobo es grande, revestido de gloria, como ningún otro de su especie.

भेड़िया महान है, गौरव से लदा हुआ, अपनी प्रजाति का कोई अन्य नहीं।

Él solo cruza el bosque verde y entra en el claro.

वह अकेले ही हरे पेड़ों को पार कर जंगल के मैदान में प्रवेश करता है।

Allí, el polvo dorado de los sacos de piel de alce se filtra en el suelo.

वहां, मूस की खाल की बोरियों से निकली सुनहरी धूल मिट्टी में रिस रही है।

La hierba y las hojas viejas han ocultado el amarillo al sol.

घास और पुरानी पत्तियों ने पीले रंग को सूरज से छुपा दिया है।

Aquí, el lobo permanece en silencio, pensando y recordando.

यहाँ भेड़िया चुपचाप खड़ा होकर सोच रहा है और याद कर रहा है।

Aúlla una vez, largo y triste, antes de darse la vuelta para irse.

वह एक बार चीखता है - लंबे समय तक और शोकाकुल होकर - जाने से पहले।

Pero no siempre está solo en la tierra del frío y la nieve.

फिर भी वह ठंड और बर्फ की भूमि पर हमेशा अकेला नहीं रहता।

Cuando las largas noches de invierno descienden sobre los valles inferiores.

जब निचली घाटियों पर लम्बी सर्दियों की रातें उतरती हैं।

Cuando los lobos persiguen a la presa a través de la luz de la luna y las heladas.

जब भेड़िये चांदनी और ठंड के बीच शिकार का पीछा करते हैं।

Luego corre a la cabeza del grupo, saltando alto y salvajemente.

फिर वह झुंड के सबसे आगे दौड़ता है, ऊंची छलांग लगाता हुआ।

Su figura se eleva sobre las demás y su garganta está llena de canciones.

उसका आकार अन्यों से ऊंचा है, उसका गला गीत से जीवंत है।

Es la canción del mundo más joven, la voz de la manada.

यह युवा जगत का गीत है, समूह की आवाज है।

Canta mientras corre: fuerte, libre y eternamente salvaje.

वह दौड़ते हुए गाता है - ताकतवर, स्वतंत्र और हमेशा उन्मुक्त।